当代国际政治丛书
Contemporary International Politics Series

国际制度性权力

现实制度主义与国际秩序变迁

INTERNATIONAL INSTITUTIONAL POWER

REALIST INSTITUTIONALISM

AND INTERNATIONAL ORDER CHANGE

张发林

著

上海人民出版社

本书的出版得到南开大学亚洲研究中心资助。

本书的相关研究系南开大学文科发展基金
项目成果(项目号:ZB22BZ0329)。

丛书总序

当今世界,正在前所未有地进入一个变化和动荡的时代。人类的创造和生产能力在带来繁荣与奇迹之后,正在经历成功所伴生的挑战。全球化进程依然不折不挠地向前推进,但已遭逢挫折。第二次世界大战之后的总体和平虽能维持,显然也面临着不只是擦枪走火的严重威胁。国家、地区和全球层面上的治理模式在不断获得更新改造的同时,明显地要为满足人们的各种诉求而付出进一步的艰巨努力。

激荡着当今世界变迁的,远不止当下来自四面八方的利益诉求和观念纷争,而且,还来自长时段的各种因素重现于世。远比人类存在更为悠久的地理现象,以及由此而产生的空间条件的差异,正在重新成为当今国际政治的动因之一。千百年来,人类各民族魂牵梦绕的文明因素,正在大步进入国际政治最为敏感的争议领域。同时,始终与人类相伴随的气候条件也直截了当地成为国际政治最紧迫的工作目标。这些状况,使得当代国际政治不仅充满盎然新意,而且也始终沉潜与贯穿着人与人、人与自然世代共生的丰厚积淀。

如果说,几十年前人们的求索目标,是在纷繁复杂的国际现象背后,不仅要知其然,还要知其所以然,那么,今天人们更为关切的是,究竟以怎样的思想原则、怎样的路径方法,包括怎样的心理和交往态度,来探求被称为国际政治研究的这一知识和认知领域。

虽然,世界范围内的政治、经济、文化和军事等问题与国家间关系的研究是一个非常年轻的学科门类,但是,对于这一新兴门类的各方面需求之急迫、这一门类自身学科发展与演进的节奏之迅速、这一学科与其他学科之间交往互动之频繁和深入,足以令世人叹为观止。甚至,有关未来国际社会和国家间关系的讨论与辩论,从来没有像今天这样,几乎成为街谈巷议的一个经常的主题。

正因为年轻,恰恰给予国际政治学科一个非常有利的条件,那就是从已有的各门学科中博采众长。纵观国际政治学科百多年的历史,可以清晰地看到,无论本身历史悠长的人文学科,还是刚刚形成规模的社会学科,都给予国际政治这一后起门类以无数滋养和正反面的教益。从今天来看,无论是来自古希腊史的"修昔底德陷阱"争议,还是带有20世纪系统结构理论中的"单极""两极""多极"等极化现象的描述,都有来自各门人文社会学科投射的痕迹。令人欣慰的是,世纪之交以来,一个更为深入而广泛的学科借鉴进程,正围绕着国际研究学科的成长而展开。不光是政治学、经济学、社会学等社会科学的理论和方法与国际研究的紧密交织,而且,来自哲学、伦理学、心理学、行为科学,尤其是全球史、文明史、思想史、民族与人类学研究等诸多门类正在进一步把国际现象作为自己的探索研究对象。人们似乎已经越来越难以容忍国际研究客体与各门学科研究对象被相互分离的现状,因为这个世界早已被结合成为一个整体。所以,国际政治研究的多学科、跨学科背景这一与生俱来的特性,可能会始终伴随这一学科继续前行的步履。

国际研究学科自身的开放特性,使其也受到来自既是学科多源,同时也是相关的社会利益与观念偏好的多元、多样特性的必不可免的影响。如果说,数千年来人文学科的演进尚且难以规避来自不同地域、不同时代、不同观念、不同利益背景与意愿的影响,那么,与近现代欧美社会,特别是与19世纪工业化进程相伴随的现代社会科学形成过程,更是难以避免其成长环境与其学科内容与原则的内在关联性。而在此背景下形成的现代国际政治理论,尤其体现这一特征。正当国际政治现实中的利益与观念之争越来越进入一个白热化的阶段,国际政治研究中的利益与观念之争、学派之争、方法论之争,很可能使得国际政治研究领域也硝烟弥漫,不亚于战场上的刀光剑影。尤其作为直接与国家利益、国家对外政策,乃至与国际社会整体发展相关联的一个知识与认知门类,国际政治研究承担着处理内部与外部、局部与整体、当下与长远、人类社会与自然环境等相互之间关系的智识供应的重大责任。在此背景下,如何区分人类文明遗产中的精华与糟粕,如何取舍普遍性要义与被无端添加的各类局部性偏好与利益,对于构建国际政治学科而言,乃是一个艰巨而持续的考验。

当代国际政治研究,尤其是国际政治理论研究的领域,是一个充满着进取与反思精神的研究领域。这一现象,既体现于学派争议之间、学派思潮更替的内部,也反映来自不同国别和文明背景之下的理论与学术的创新竞争。从前者来看,尤其是在欧美国际政治理论各大流派之间,从来就没有停止过关于基本思想原则的激烈争议,而且,经常可见与时俱进的演进。包括各个思想流派的内部在维护各自基本原则的前提之下,时有革故更新。这样一种从思想原则到基本认知规则与方法的学术辩论,既内在深入,又全面广泛,是一个值得进一步开掘的学术演进历程。尤其需要一提的是,在西方国际政治研究的学术发展进程中,出现过不少与现实的欧美政治取向与战略政策并不一致、甚至保持尖锐批评态度的理论学说和专家。从这个意义上说,国际政治研究并非仅仅寻求克敌制胜之术,而是通晓天下各家之说,知己知彼,寻求互赢共存之道。由此看来,先从思想理论切入,乃是未来国家间政治的必经之道。

考察近几十年来世界范围的合作与竞争态势,可以看到,不同国家与文明背景下的国际政治研究,出现了若干重要变化。冷战终结前后,很多新兴国家程度不等地出现了对于西方国际政治理论研究的热潮,特别是美国国际关系理论的传播是20世纪八九十年代以后一个极其广泛的现象。世纪之交开始,首先是在欧美国际政治研究领域的内部,出现了对于美国式国际关系理论的既来自局部又有整体性的反思。而在此之前,大体是在20世纪80年代,建构主义学派的出现本身,就是对欧美传统国际政治研究的一个批判性和规范性的总结与反思。与此同时,非欧美国家学术界的国际政治理论研究也在深入推进,出现了不少带有新兴国家和非欧美文明的本土特色的理论创新之作。尤为值得重视的是,随着21世纪以来国际政治经济领域本身的变化加快,国际研究领域的学术与理论推进也是层峦叠起,创新不断。无论是对传统的西方主导的国际史的重新界说,还是对曾经流行于世的国际理论的重新阐发,一个深入探究、重新构建的热潮正在跃跃欲试。

如果把国际政治理论研究作为一个社会学过程来加以观察的话,那么至少可以发现,这一领域的起源、发展、反思和创新的过程几乎与国际政治经济现象本身的起落,是同步行进的。总体上说,国际政治学科本身的出现要落后于一般现代社会科学研究领域,更不用说历史悠久的人文研究。这可能与 20 世纪之前国际社会本身成熟、发展,包括受到全球性巨大变故冲击的程度有关。当代国际研究,特别是理论性研究的崛起发端于第二次世界大战之后的冷战阶段,这与美苏对抗与美国称霸的时局密切关联。其间若干流派的涌现,如新自由主义流派的出现,与经济政治危机状态下西方社会的自身反思有关。实证统计表明,建构主义思潮的崛起、乃至替代新自由主义学派而风行各国,是与从 20 世纪 80 年代一直到冷战终结前后更为广泛而复杂的国际局势与思潮变迁相互联系的。而近年来,在东西方几乎同时出现的对于既有国际政治理论的观照与总结,对现有思想成果的吸收与批评,结合现状所做的理论与学术创新,显然与这一时段以来"世界处于百年未有之大变局"有着密切的关联。

世界大变局下的中国,无可推卸地承担着推进国际政治理论研究的责任。与数千年前中华文明创建时期诸子百家对于当时背景下的世界秩序和对外交往的思考相比,与百多年来为救亡图存、实现国家现代化和世界大国地位的仁人志士前赴后继的卓绝努力相比,与 40 多年来中国改革开放实践的巨大成就相比,我们没有任何理由,甘愿承受中国的国际理论研究落后于人而长期不被改变的现状。固然,思想与理论构建对于任何一方的学术专家而言,都非易事。尤其在信息社会,有时连"后真相""后事实"的局面尚难以改变,何况经常处于纷争与对立状态下的思想与理论思辨。然而,反观人类思想演进的任何一次重大进步,哪一次不是在极其艰难困厄的条件之下,千寻百觅、上下求索之后,方得真经。

26 年前,为建构中国背景的国际政治理论体系,回应国际社会走向新世界进程中提出的重大问题,本丛书应运而生,先后出版了几十种著作,推动了中国国际政治学科的发展。26 年后,我们更希望这套丛书能为处于世界大变局下的中国国际政治理论体系的建设和创新作出新的贡献。

生逢变世,凡智识者,不能不闻道而立言;凡欲自立于世界先进民族之林者,不能不明理而立志。以上所言,乃本丛书所邀同仁相约共推此举之宗旨。

冯绍雷、陈昕

2021 年 3 月 29 日

序

　　我与发林相识于清华大学苏世民书院,2016 年至 2020 年间我与复旦大学的倪世雄教授在书院共同负责《国际关系前沿问题》课程,发林博士在课程团队中负责联络和组织工作。在发林的协助下,我们邀请了许多中国国内和国际学术界的知名学者参与课程,如哈佛大学的约瑟夫·奈(Joseph S. Nye)教授、美国有线电视新闻网主持人法里德·扎卡里亚(Fareed Zakaria)教授、清华大学的阎学通教授、外交学院前院长秦亚青教授、复旦大学的唐世平教授、新加坡华裔历史学家和汉学家王赓武教授、国际货币基金组织前副总裁朱民、苏格兰历史学家尼尔·弗格森(Niall Ferguson)、亚洲基础设施投资银行副行长丹尼·亚历山大爵士(Sir Danny Alexander)等,我们共同为才华横溢的苏世民学者和清华大学的学生讲授了非常精彩的课程。当时新冠疫情还未发生,国际关系(IR)学界的国际学术交流处于全盛时期,正是从那时起,我与发林建立了很好的工作关系和深厚的个人友谊。发林在北京大学完成博士后研究之后入职南开大学,他和周恩来政府管理学院的同事曾多次邀请我到南开进行学术访问以及参加会议,我后来还被聘为南开大学的客座教授。发林还组织翻译了我的著作《建构全球秩序》(*Constructing Global Order*)。

　　我知道发林一直在国际政治经济学(IPE)领域开展研究工作,并在全球金融治理和货币政治等方向发表了很多中英文成果,其中给我留下深刻印象的是他曾向我征询意见并最终发表于 *International Studies Review*(ISR)的一篇英文文章。[1]我们也多次一起在中国和其他国家旅行和调研,并经常在国际研究协会(ISA)年会等国际会议上见面,无论是私下交流还是在正式会议上，发林都曾向我谈到他对国际关系理论的兴趣，以及他对国际制度和国际权力的理解。即便如此，当得知他完成了这本国际关系理论专著后，我还是感到非常惊喜。

发林的新书试图为国际制度研究提供一种宏观的理论路径。国际关系学中的宏观理论研究非常具有挑战性，原因主要有以下三点。第一，宏观理论研究很难建立在已有研究的基础上，尤其是十分稀缺的非西方学者的研究成果之上。国际关系的研究仍然由西方学者主导，他们通常从西方，特别是欧洲的经验事实中进行理论推导。第二，非西方学者确实发展了一些自己的思想和研究路径，但其往往被西方学者忽视。语言障碍也是导致这一问题的重要原因，受诸多因素的影响，西方学者和非西方学者在理论发展方面没有太多的交流，只有少数中国国内的国际关系学者能够进入西方主导的国际关系理论领域，如阎学通、秦亚青、唐世平等。对于有中国背景的海外学者来说，情况也没有太大不同，如澳大利亚的中国学者贺凯，他在制度现实主义或制度制衡等方面做了大量工作，这与本书的主题有很多关联，但本书采用了更为折中或混合的方法。

宏观理论研究的第三个挑战是经验事实和抽象理论之间的脱节。另一个同样重要的问题是，以几种主流"主义"形式存在的学术宗派主义，使得构建不同于这些主流国际关系理论的尝试尤其困难。在非西方学术界，许多国际关系研究往往是非理论的，部分原因在于学者们对理论和方法缺乏兴趣或缺乏更高水平的知识。因此，非西方学者的理论创新尝试是亟须的，也是值得鼓励的。

这本书正是国际关系理论创新的一次宝贵尝试。基于从不同层面进行理论融合的既有研究，本书试图在宏观理论层面综合国际关系理论的两个主流理论流派（现实主义和新自由制度主义），融合解释国家行为和国际关系形态的权力逻辑和制度逻辑，并由此提出"国际制度性权力"的概念，从而构建一种新的理论——"现实制度主义"，以解释国际关系现实中的新变化，尤其是所谓的"冲突-合作复合形态"和国际秩序的演变。发林对全球金融治理的研究更多是基于国际制度理论，因为国际制度是全球治理的关键支柱，但他对货币政治和货币权力的研究又更多地建立在权力政治的基础上。我很高兴看到他将自己对国际制度和国际权力的理解融入到一个完整而综合的理论框架中。理论常常都是这样构建起来的,它不会突然进入我们的脑海,而是从我们对特定事件或问题的日常思考中逐渐甚至无意识地浮现出来。

我的国际关系理论偏好和理论体系明显不同于权力导向和基于国际制度的相关理论,但是无论与发林在本书中所提出的想法相似抑或不同,我都欢迎他的这项成果,并在此强调以下几点。

首先,国际关系理论在时间和空间上是否具有普遍性?在本书中,发林认为国际关系理论很难在时间和空间上具有普遍适用性。理论总是有时间、空间或文化背景的,西方理论所谓的普适性主张亦是如此,包括著名的现实主义、自由主义和建构主义理论及其分支,如新现实主义(结构现实主义)、古典自由主义、新自由制度主义,以及以国家为中心且具有批判性的建构主义。甚至连后现代主义和女性主义等批判理论也很难证明其普遍适用性,还常被公正地或不公正地指责为带有西方偏见。而后殖民主义则与非西方国家的现实困境联系得太紧密,因此在西方常常被视为理论大争论核心舞台的局外人。

这种情况为中国国际关系理论的发展开辟了空间。但是,发展国际关系的中国理论或学派的尝试并非毫无争议,如被指责为文化相对论、文明主义者,或被认为在中国或东亚之外没有解释力。但是这种批评可能是不公正的,如果处理得当,中国的国际关系学可以而且确实具有更广泛的适用性。阎学通的"道义现实主义"和秦亚青的"关系理论"就是实例,它们可以很好地概括和解释超出中国以外的文化和政治世界,[2]包括唐世平的研究(特别是他在《国际政治的社会演化》一书中所呈现的成果),这些作品都应被视为是重要的、原创性的和极有价值的尝试,这些研究为全球国际关系学的发展作出了贡献,而全球国际关系学的发展将使整个国际关系学界受益。[3]

此外,从地方经验(特别是非西方经验)发展而来的理论是国际关系理论创新的重要思想和现实源泉。与所有政治相同,所有理论最终都是地方性的。大多数思想,包括支撑国际关系理论的思想,都源自地方经验。例如,尽管均势理论已经成为一种具有普适性的理论,但其起源于欧洲或以欧洲为中心的话语体系。同样,抛开美国和欧洲的国内和地区竞争经验去理解自由制度主义理论是很困难的。这并不意味着类似的想法和方法在其他地方不存在。事实上,许多理论概念和方法论路径起源于不同的、平行的或相互关联的世界。但目前西方主导的理论争论和国际关系理论话语体系往往掩盖了西方国际关系理论的地方起源,将其非西方起源视为微不足道或"文化相对论"。这纯粹是认识上的虚伪,需要被直接挑战,这也正是全球国际关系学的主要目标。

进而言之,像所有一般的想法一样,当理论从一个地方传播到另一个地方时,它们从来不会被简单地采纳,而是在其传入之时被"改造"(adapted)或被"本地化",甚至被"遣返"(repatriated)。[4]因此,当非西方学者借用源自西方的国际关系理论时,他们并不是简单地全盘接受,而是有选择性的,并且经常将这些理论植入到自己预先存在的想法和知识主张中。这个过程可能是双向的:西方理论被非西方学者本土化,而非西方思想和实践被西方学者改造或本土化,无论后者是否被西方学者所承认。很多时候,在本地(无论是在西方还是非西方)产生的思想会被输出到更广阔的世界。这种双向的动态互动在更宽泛的国际关系理论和学科结构中创造了共性和差异。换言之,理论思想可能有不同的起源和演进过程,但它们也会相互交叉和借鉴,我将其称之为"多元普遍主义"(pluralistic universalism)。没有一种理论适用于所有国家和文化,但它们之间有足够的相似、重叠和共同之处,这便为国际关系的理论化创造了共同的基础,这种理论化过程或者从本地到全球,或者是反过来。这正是发林在本书中所尝试的国际关系理论创新的另一个亮点,他将本地视角和外部视角结合了起来。

发林的研究对于理解国际秩序的演变,以及进一步对演变过程进行理论化都很重要。他认为,中美国际制度性权力竞争将决定当前国际秩序的演进。关于这一点可能存在不同的看法,但已有大量证据表明,由于自由主义国际秩序为国际制度和国际合作提供了一个相对同质的、以美国为中心的框架,随着自由主义国际秩序的削弱,中美制度竞争正在加剧。换句话说,中美在战略层面、经济层面和意识形态层面的竞争已经通过联合国安理会、世界贸易组织、世界卫生组织等国际机构展开,这种竞争已成为重塑当今国际秩序的重要因素之一。发林还颇为犀利地提出,国际秩序正在"转向东方"。如果这意味着东方(或者说东方的思想和互动)将在塑造国际秩序的过程中发挥更重要的作用,那么他是正确的;但如果这被解读为未来的国际秩序将与过去以中国为中心的东亚等级秩序相类似,这一点将存在持续的争论。

发林博士在新书中提出的上述问题值得中国和国际学者更多的关注和研究。中国的国际关系学者应该更多地反思什么是国际关系理论,是否有必要理论化,如何开展理论工作,以及如何将本土理论与更宽泛的全球背景联系起来,而这正是本书应该被视为一项重要贡献的主要原因之一。

阿米塔·阿查亚(Amitav Acharya)[5]

美国华盛顿哥伦比亚特区

2023 年 2 月 20 日

注释

1. Falin Zhang, "Rising Illusion and Illusion of Rising: Mapping Global Financial Governance and Relocating China," *International Studies Review*, Vol.23(2021), pp.1—29.

2. 参见 Amitav Acharya, "From Heaven to Earth: 'Cultural Idealism' and 'Moral Realism' as Chinese Contributions to Global International Relations," *The Chinese Journal of International Politics*, Vol.12, No.4(Winter 2019), pp.467—494。

3. 关于全球国际关系学,参见 Amitav Acharya, "Global International Relations(IR) and Regional Worlds: A New Agenda for International Studies," *International Studies Quarterly*, Vol.58, No.4(2014), pp.647—659;[加拿大]阿米塔·阿查亚、[英]巴里·布赞:《迈向全球国际关系学:国际关系学科百年反思》,《中国社会科学评价》2019 年第 4 期,第 25—34 页;[加拿大]阿米塔·阿查亚、[英]巴里·布赞:《全球国际关系学的构建:百年国际关系学的起源和演进》,刘德斌等译,上海人民出版社 2021 年版。

4. Amitav Acharya, *Constructing Global Order: Agency and Change in World Politics*, Cambridge: Cambridge University Press, 2018;[加拿大]阿米塔·阿查亚:《建构全球秩序:世界政治中的施动性与变化》,姚远、叶晓静译,张发林校,上海人民出版社 2021 年版。

5. 阿米塔·阿查亚系美国华盛顿特区美利坚大学国际事务学院杰出教授、联合国教科文组织"跨国挑战与治理中心"主席、国际研究协会(ISA)前主席。

前　言

　　2018 年 4 月 17 日，戴维·莱克(David A. Lake)教授来到南开大学周恩来政府管理学院 128 大会议室，用醒目的红色标题开始了他的讲座——"Theory is Dead，Long Live Theory"(理论已逝，理论不朽)，哀婉言辞之间颇有一番为理论祭奠之意。从第二次世界大战后的古典现实主义算起，国际关系大理论在数轮争辩中蓬勃发展，但又在经济全球化深度发展的现实背景下，渐渐沉寂，鲜有创新。莱克转而强调针对具体问题的中层理论(middle range theory)和基于等级制的国际体系。莱克的讲座和他在南开访问期间我们的交谈，激发了我(一个国际政治经济学研究者)对国际关系理论的兴趣。

　　这种兴趣转化成之后对国际关系理论的更多学习和关注，但并不是本书写作的直接动力。换言之，本书并不是长期周密计划的结果，而更多是随着研究演进自然生长出来的结果。从博士求学阶段开始，我便一直致力于全球金融治理的相关研究，对全球金融治理体系的演进和特征、中美在体系中的地位和博弈、中国在全球货币治理中的积极作用、国际货币制度变迁的现状与困境、宏观审慎性金融监管的发展和问题等进行了探讨。2020 年出版的专著《全球金融治理与中国》(中国人民大学出版社 2020 年 7 月版)对上述研究进行了较为系统的总结和梳理。这些研究在学科方向上归属于国际政治经济学(IPE)范畴，研究路径更侧重于对全球金融治理体系和相关具体问题的经验分析，貌似与国际关系理论相去甚远。但事实上，国际关系理论研究的种子已在这些研究中不经意地播撒。

　　全球金融治理体系涉及三个最基本的核心概念——体系的本质内涵

是"国际制度",问题领域是"金融",在体系中主权国家所追逐的是"权力"。由此,金融、制度和权力间的关系组合便形成了不同的研究路径,这些路径渐渐将我引向国际关系理论研究的圣地。

第一条路径是对国际金融制度的思考。国际金融制度是全球金融治理体系的最重要构成要素,广泛涉及了国际金融组织、国际金融观念和国际金融规范等。通过对国际金融制度及其之间的关系进行梳理,便可更形象和直观地描绘出全球金融治理体系的全貌。从 20 世纪 70 年代以来关于体制(regime)、体制复合体(regime complex)和制度互动(institutional interplay)等相关研究,已经尝试在气候治理等不同领域进行类似探讨。斯蒂芬·克拉斯纳(Stephen D. Krasner)关于国际体制的研究、罗伯特·基欧汉(Robert O. Keohane)等关于气候变化体制复合体的研究等等,都产生了深远的影响。可是,如何在这些研究的基础上,更有新意地描绘由国际金融制度所构成的全球金融治理体系? 2018 年 4 月我在美国旧金山参加国际研究协会(ISA)年会时,这个问题的答案被找到了。在当年 ISA 新任主席致辞中,美国南加州大学帕特里克·詹姆斯(Patrick James)教授发表了名为《国际问题研究的可视化转向》(A Visual Turn of for International Studies)的演讲,这给了我很大的启发。此后我更加坚定地尝试通过描绘行为主体间的关系和国际金融制度间的关系,将全球金融治理体系可视化,甚至将这一思路拓展至全球治理的一般性研究中,探索全球治理体系的一般性模式,如 2021 年在《世界经济与政治》发表《统筹兼治或分而治之:全球治理的体系分析框架》一文,探讨全球治理的体系模式。

第二条路径是对国际金融权力的思考。"权力"是国际关系学中最基础的概念之一,是现实主义理论最为倚重的概念和思考逻辑。在全球金融治理体系中,主权国家是最重要的行为主体,而但凡涉及主权国家,必讨论利益和权力。国家在全球金融治理体系中追逐什么样的权力呢? 正当这个研究问题在脑海中若隐若现、呼之欲出之时,美国前总统特朗普及其政府所挑起的中美贸易摩擦爆发了,中美贸易失衡被中美双方不同地指责为美元霸权或货币干预。这些无外乎涉及两个方面的内容:金融的权力属性和权力的金融工具。前者正是不对称相互依赖的权力属性,基欧汉和奈已有系统论述,后者最常见的例子便是金融制裁。这两个方面正是"国际金融权力"的全部内涵。于是,我的另一部学术专著由此萌芽和结果(《国际金融权力:大国关系与中国方略》,人民出版社 2023 年版)。

第三条路径是对国际制度性权力的思考,这些思考正是本书的思想源泉。全球治理体系的核心内涵和载体是国际制度,若要清晰呈现全球金融治理体系的全貌,对国际制度的深度学习成为必要。这让我重拾了很多在求学阶段便已翻阅数遍的经典著作,尤其是新自由制度主义对国际制度的颇多论述。再读经典,收获和感悟更多,疑问和困惑也更多——作为国际关系学中最重要的概念之一,国际制度定义的模糊和分歧远超我所以为;国际制度的功能性得到较多探讨,但国际制度的权力属性似乎缺乏系统性分析;国际制度绝非新自由制度主义的专属概念,几大主流国际关系理论对国际制度与权力政治的关系,均有较多论述,且存在较大分歧。恰逢思考这些问题之际,美国特朗普政府退出一众国际制度的单边主义行为,使国家间的制度竞争引起了更多的关注,也让我更为确信,大国间的国际制度性权力竞争与国际秩序变迁间的关系,是一个亟待探究的理论问题。

这一问题有较为特殊的时代背景。自冷战结束后,经济全球化真正意义上快速且深度发展,一些国家在这一进程中更加受益,国家间的差异化发展直接导致了国际政治经济结构的变化,尤其表现为以中国为代表的新兴国家的经济发展和以美国为代表的西方国家的经济危机、党派斗争、恐怖主义侵扰等。新兴国家的发展和传统西方国家的烦恼,都是在战后所建立的自由主义国际秩序内部发生的,这使得很多西方政客和学者质疑这一秩序的国家间分配效应和权责分配,美国领导的自由主义国际体系甚至被认为已走向终结。阿米塔·阿查亚(Amitav Acharya)将关于"美国世界秩序的终结"的争论推向了高潮。

这里需要特别感谢亦师亦友的阿查亚教授,从 2016 年在清华大学苏世民书院为他和倪世雄老师共同负责的课程做课程联络人开始,我们便建立了深厚的友谊。此后我们几乎每年都会共同参加国内和国际会议,组织家庭聚会,直到新冠疫情暴发。我来到南开后不久,他也成为了南开大学客座教授。虽然他的建构主义路径我并不完全理解，也便谈不上赞同或批判，甚至他对国际制度的理解也与我有较大差异，但他在理论创新路径和学术职业素养等方面都给了我极大的帮助和启发，我还组织翻译了他继《美国世界秩序的终结》后的另一力作《建构全球秩序：世界政治中的施动性和变化》（上海人民出版社 2021 年版）。当我请他给本书作序时，他毫不迟疑地接受了。

无论美国领导的自由主义国际秩序是否终结，国际秩序已步入调整期的判断鲜有争论，国际秩序调整期的大国间关系便自然成为国际关系研究的焦点。关于这一议题，最成功或获得最广流行度的观点莫过于格雷厄姆·艾利森（Graham Allison）的"修昔底德陷阱"。2018 年 12 月，我原本有机会参加外交学院组织的一个闭门会议，与艾利森教授交流讨论"修昔底德陷阱"和中美经贸关系，后因与本科生课程冲突，遗憾未能参与。虽然艾利森的观点广受质疑，且缺乏理论基础和系统论证，但这丝毫没有削弱他的观点和概念所带来的学术和政策影响，我也曾在 *Journal of Contemporary China* 上发表的英文文章中论证了中美金融关系是否存在"修昔底德陷阱"。

对于"修昔底德陷阱"所反映出的观点和逻辑，真正的坚守者和弘扬者是约翰·米尔斯海默（John J. Mearsheimer）。2019 年 10 月 21 日，正值南开大学建校百年校庆月的校庆周，米尔斯海默到访南开，进行了题为"大幻想：自由主义之梦与国际现实"的讲座。他是一位和蔼可亲、能言善辩、对抽象简洁的宏观理论情有独钟的老者，只有在谈及他的被称为"进攻现实主义"的观点时，才会偶尔显示出不可侵犯和咄咄逼人。正如本书正文中所示，他对国际制度的评判是我不赞同的，但老先生对宏观理论的执着和坚持，让我深受触动和启发。

无论是莱克的"等级制"、基欧汉和奈的"复合相互依赖"、阿查亚的"复合世界"（multiplex world）、艾利森的"修昔底德陷阱"或米尔斯海默的"现实主义世界"，他们争论的都是国际关系的形态。大国间关系以及主要由大国间关系所构成的国际体系究竟呈现何种形态，这是国际关系理论尝试探究的根本问题，也是几大宏观理论的争论和分歧之处。古典现实主义者的国际关系形态是冲突性的，这种冲突是由人性的天然权力倾向和国家的权力追逐所导致。结构现实主义也认同国际关系形态的冲突性，但更加强调国际结构对国家行为的决定性作用。新自由制度主义通过复合相互依赖和国际制度的功能性来论证国家间合作的可能性。建构主义（至少温特式的建构主义）则通过对不同文化对身份和利益的建构作用，判断国际关系的冲突性或合作性。

然而，这些宏观理论的主要发展期都是在 21 世纪之前，21 世纪以来国际关系现实的重要变化呼吁和要求理论的发展与创新。这些重要变化至少表现在以下两个方面。其一，国际体系逐渐发展成了一个国际制度体系。双边、小多边和多边关系都主要以国际制度的形式建立和发展，国际体系的核心内涵是一个由主权国家主导的、多元行为体参与的国际制度体系。如若国际体系的内涵和特征发生了变化，国家和非国家行为体在其中的行为必然发生变化，国家间的关系也随之发生变化。这便导致了第二个重要变化。其二，国际关系形态愈发表现为冲突-合作的复合形态。康德式的理想世界和霍布斯式的现实主义世界都是极端情形，在两者之间，国际关系的更常见形态是冲突-合作的复合形态。这种复合形态在政策和实践中已有极高的共识，但这种复合形态在时间和空间维度有不同的表现，需要更加深入的研究。

在这一背景下，本书在解释国际关系形态的权力逻辑和制度逻辑基础上，深入剖析"国际制度性权力"，尝试合成一种新的理论，这一理论被称之为"现实制度主义"（Realist Institutionalism）。如上所述，国际关系现实发生诸多新变化，国际体系表现出无政府性和制度性的双重特征，大国间关系呈现出"冲突-合作复合形态"，国际秩序变迁态势渐强。主流国际关系理论与不断变化的经验现实间的错位加剧，无法很好地解释新变化，理论式微现状与理论创新需求并存。现实制度主义融合主流理性理论的权力逻辑和制度逻辑，尝试合成一种新理论，以解释国际体系的新特征、国际关系的新形态和国际秩序的变迁。由此可见，现实制度主义的核心关怀是国际秩序的变迁，认为大国间国际制度性权力竞争将最终决定国际秩序变迁的方向和方式。

具体而言,本书的主体内容由八章构成,各章将做如下安排。

第一章定义国际关系理论,讨论其困境与创新路径。国际关系理论衰落的论调和担忧激励了理论创新。在诸多创新方式中,理论综合是重要的一种,具体包含了理论折中和理论合成,且主要发生在宏观范式之间或内部,由此形成了四种主要的理论综合方式:范式间折中或合成、范式内折中或合成。理论合成的严格理论与理论折中的实用性分析框架之间,还存在较多模糊地带。更多的研究既没有清晰的理论创造或运用,亦没有明确的折中分析框架。但是,这并不意味着国际关系"理论已逝"的论断已成事实。在理论合成与理论折中之间还存在一种理论综合的方式——理论回归,即从相关的多层次和多学科理论中拟合出简约且共性最大(或平均差异最小)的基础路径。所谓"基础路径"即介于宏观哲学元理论或思想传统与具体学科内理论之间的、若干相邻学科或理论共享的、具有一定范围内共识性的研究议题及解答思路。本章对理论创新方式的探讨为现实制度主义理论构建奠定了方法论基础。

第二章梳理制度研究和国际制度研究的演进,对国际制度的概念进行再界定,并基于第一章对理论回归和基础路径的讨论,总结了国际制度研究所存在的五种"基础路径":权力-结构、理性-功能、文化-建构、历史-阶级、反思-批判。这一章描绘了国际制度研究的整体图景,为后文的理论综合提供了基本要素。

第三章是本书的核心,是在前文章节的基础上,尝试合成现实制度主义理论。现实制度主义认为:在无政府性和制度性的国际体系下,对权力和利益的追逐是主权国家行为的最根本动力,国际制度性权力成为一种基础性权力形式,国际制度具有多重权力属性,国际关系呈现出冲突-合作复合形态,大国间的国际制度竞争将决定国际秩序演进的方向和方式。现实制度主义较好地解释了国际关系的冲突-合作复合形态,以及大国制度竞争对国际秩序演进的重要影响。

第四章和第五章分别聚焦在现实制度主义的两个核心概念:冲突-合作复合形态和国际制度性权力。冲突-合作复合形态可从四个方面进行剖析:关系细分、关系分层、关系聚类和关系波动(第四章)。关系细分是指互动方式不仅是冲突与合作的二分，而是可细化成一个从冲突到合作的谱系，这个谱系至少包含显性暴力冲突、显性非暴力冲突、隐性冲突、胁迫性合作、竞争性合作、依附性合作和对称性合作七个明确的类型。在不同的问题领域间，国家间互动和关系形态存在多样性，形成了关系分层。在地理空间上，国际关系表现出以各自为中心的关系聚类和关系网络，具体体现为国家在不同关系网络中的重要性，以及与相关国家的亲疏远近。关系细分、关系分层和关系聚类综合导致了关系波动，关系波动又可区分为关系调整和结构性变化。冲突-合作复合形态既为国际关系理论的发展提供了新问题和新动力，也推动了本书现实制度主义的形成和发展。

国际制度性权力已成为一种重要的国际权力，其也是现实制度主义的核心概念（第五章）。国际制度性权力是指在规范、规则和组织的形成、存续和变迁过程中，行为体依据其实力和意愿，影响国际社会中其他行为体的认知和行为能力。这种权力有两大来源：一是既有国家权力，即国家权力通过国际制度向国际社会延伸和转化；二是国际制度自主性，即具有相对自主性的国际制度在特定问题领域为行为体带来的权力。在实践中，国家的国际制度性权力是基于创建、参与、改革、退出和破坏国际制度等不同策略建构而成的。正是主要大国对国际制度性权力的争夺导致和决定了国际秩序的演进。

第六章分析国家如何在理论和实践上将国际制度视为一种权力工具，即制度方略。借鉴方略和经济方略的相关研究，制度方略（institutional statecraft）可被用以概括国家运用国际制度实现对外政策目标的策略、方法和技巧。制度方略包含三大构成要素：制度内涵、权力属性和操作策略。国际制度的内涵通过一个"属性-层级"框架得到梳理，不同概念间的关系被厘清（第二章）。国际制度存在三重权力属性，即国际制度作为权力的结果、工具或来源。后两种权力属性具体表现为三类权力：操作性（规范塑造权、组织决策权和规则制定权）、工具性（议程设置权）和结果性（国际话语权和国际秩序主导权）。这些权力正是国家在国际政治中所使用的工具和争夺的目标。在政策实践中，制度方略的操作策略区可以分为如下五类：利他、合作、诱陷、强迫和排他。制度内涵、权力属性和操作策略共同构成了制度方略的完整理论框架。

第七章从理论分析回归到经验分析,运用前文构建的理论对中美制度竞争,及其对国际秩序演进的影响进行分析。在这些理论和经验分析的基础上,第八章探讨中国应制定何种国际制度策略,以提升其国际制度性权力,并推动国际秩序的和平演进。

国际关系的学习者大抵都是从理论开始,再到现实中去验证、运用或批判;而国际关系的研究者大抵都有专长的经验问题和领域,又最终都会有意识或无意识地回到理论中去。理论研究与经验研究没有天然的鸿沟,亦不应被人为地隔离,但理论构建确实较之经验分析有着更高的要求和挑战。本书对现实制度主义理论的合成,也必然存在我已认识到但尚未解决,或毫无察觉的纰漏,这些将成为我继续进行理论探索的动力,也以此希冀为国际关系理论的发展注入一丝新动力。

目　录

第一章

国际关系理论的困境与创新

国际关系理论的科学性不等于一种理论被接受的普遍性。可以用来解释国际关系现象的理论是多种类型的。在诸多种类的国际关系理论中，科学的理论对人类来讲并不一定是最有影响力的理论。[1]

——阎学通

时值国际关系学科建设百年之际，国际关系理论范式之争或主义之争的格局逐渐发生变化，理论争辩式微，问题和方法导向的经验研究渐强。相关研究表现出问题领域、分析层次、研究方法、研究地域等方面的多样化。故此，国际关系理论式微的论调常有出现，如戴维·莱克(David A. Lake)国际关系"理论已逝"的论断等。[2]这一状况呼吁和激发了国际关系理论创新的讨论和尝试。例如，从地区国别经验和文化中开展理论创造(如关系理论、道义现实主义、天下观念、和合主义)，从跨学科中寻找理论创新的灵感(如社会演化理论)，从历史中借鉴经验和教训(如对春秋战国时期思想的借鉴)等等。这些理论创新的方法侧重于创造区别于现有理论的新理论。除此之外，另一类理论创新的方法是在既有理论的基础上进行理论综合，以打破现有理论分野的状况，对其进行更新和完善。理论综合的创新方法正是本书讨论和运用的重点。

现有国际关系理论综合的讨论和尝试主要涉及两种方式：折中(eclecticism)与合成(synthesis)，且主要发生在国际关系宏观范式之间或内部，并由此形成了四种主要的理论综合方式：范式间折中或合成、范式内折中或合成。关于这四种理论综合的研究已取得了较多成果。[3]比较而言,理论合成需要遵从生成新理论的归纳与演绎的严格逻辑,且需要经受实证研究检验,而理论折中是不同理论有用要素的简单排列组合,其目的是建立针对具体问题的分析框架。在一般性的严格理论和实用性的分析框架之间,还存在很多的模糊地带。由于理论合成的高要求,在大量的相关研究中,尝试创造新理论的研究实为少数,建立折中性理论分析框架的研究逐渐增多,但是更多的研究貌似是问题导向的或去理论化的,既没有清晰的理论创造或运用,亦没有明确的折中分析框架。这一研究状况是否证实了国际关系"理论已逝"的论断呢?对这一问题的回答,以及对理论创新的讨论和尝试,需要首先界定国际关系理论。

第一节　什么是国际关系理论?

"理论"的词典定义是:概念和原理的体系,系统化的理性认知,对客观事物的本质和规律的正确反映。由此可见,理论的分析对象是客观事物,核心目标是揭示本质和规律,构成内涵是概念和原理(即具有普遍意义的最基本规律),认知逻辑是系统化的理性主义。将这一定义套用到国际关系中便可得出国际关系理论的一个最基本定义——关于国际关系本质和规律的系统化理性认知。这一基本定义引发出了一系列相关问题和争论:什么是国际关系?国际关系是否是存在跨时空本质和规律的客观事物?对这些本质和规律的认知是(或仅是)理性方式吗?对这些问题的不同回答是国际关系理论出现多层次(如范式、宏观理论、理论分支、中层理论等)和多流派(现实主义、自由主义、建构主义和反思主义理论等)的重要原因。

国际关系可简单理解为超越单个主权国家的关系,其复杂之处在于对关系主体、关系维度、关系内涵和关系形态,及其逻辑联系之间的界定。[4]主权国家是最核心的关系主体,为国际关系的界定提供了基本标尺,即超越主权国家的关系便是国际关系。但是,关系主体不仅限于主权国家,超国家、次国家和非国家行为体也是愈发重要的关系主体,如国际组织、非政府组织(NGOs)和决策者。这些不同主体间错综复杂的交往使得国际关系的现实较为混乱,形成了国家间关系和跨国关系(transnational relations)等不同维度。[5]主流国际关系理论都是将主权国家抽离出来,视为最基本(即不可还原)和最核心(甚至唯一)的行为主体,将国家间关系视为决定性和主导性的,由此建立简洁的理论。[6]本书的现实制度主义理论也沿袭了这一点。除了国家间关系和跨国关系的维度外,另一种更重要的关系维度是问题领域,对军事(或安全)、经济和文化等不同问题领域内关系重要性的认知,使不同理论得以发展。现实主义关注军事和安全、新自由制度主义关注经济领域的复合相互依赖、建构主义认为文化是核心的问题领域。由此,国际关系的核心内涵被区分为权力、制度和文化。[7]探讨关系主体、维度和内涵的最终目的是要解释或预测关系形态,即冲突或合作、战争或和平。关系形态是关系主体行为的结果,而主权国家又被认为是最核心的关系主体,由此,国际关系理论常被狭义地理解为解释、指导和预测国家行为的理论。

不同主体在不同维度所构建的具有不同内涵和形态的国际关系是客观事物吗?广义而言,这一问题是关于"政治科学或国际关系学是不是科学"争论中的重要部分,承认这种客观性是国际关系学成为科学的前提。狭义而言,是否存在国际关系理论中国学派本质上也依赖于这一问题的回答。一种一元论观点认为,社会科学和自然科学本质上是一样的,都是发现客观规律,国际关系学便是发现关于关系主体、维度、内涵和形态的客观规律的科学。[8]这种科学实在论观点既承认研究者的价值中性,即研究者与研究对象的分离,也承认研究对象的客观性和跨时空性。[9]由此,国际关系的客观规律和真理是存在的,国际关系理论的争论是揭示规律和发现真理的过程,国际关系的跨时空性决定中国学派是不存在的。[10]这种视角才会出现库恩式范式和范式转移,以及国际关系学知识的积累和科学的进步。另一种观点则认为社会科学中研究对象和研究者都是人,既没有客观社会世界的存在,也没有价值中立的研究者,国际关系是具有时间性和空间性的。换言之,随着时间的推移和空间的变换,国际关系的本质和规律存在差异,不会出现库恩式的统领性范式和对抗性范式转移,而往往是多种拉里·劳丹(Larry Laudan)式"研究传统"的并存和争论,这些研究传统在特定时间和空间具有更强的解释力。[11]因此,依据中国文化和现实的中国学派既有可能,也是必然。[12]在当前国际关系理论界,上述两种观点交织并存,体现出国际关系的科学向往与人文现实的双重属性,这也是国际关系理论发展的困境之一。本章第二节将进一步讨论国际关系理论的困境。

现有国际关系理论的认知逻辑不仅仅是理性主义。国际关系理论中所指的理性主义至少存在三个不同层次的用法。一种是与经验主义相对的哲学方法论,将理性和推理作为知识的主要来源,这种用法具有广泛接受的一般性内涵。另一种是与反思主义(reflectivism)相对应的研究范式,其普遍认同物质主义本体论、实证主义认识观、利己主义和功利主义方法论。[13]罗伯特·基欧汉(Robert O. Keohane)对国际制度研究的理性路径和反思路径的论述正是指这个层面的理性主义。[14]秦亚青将国际关系理论分类为行为主义、理性主义、批判理论、建构主义等,并认为理性主义理论主要包含新现实主义与新自由主义。[15]第三种用法是指具体的理论,可被视为自由主义的代名词,与现实主义和革命主义等并列,强调人"与其他个体友好交往并且结合成有序社会的天然倾向"。[16]正是从这一视角出发,马丁·怀特(Martin Wight)将国际关系理论传统归纳为现实主义、革命主义和理性主义。[17]无论就哪种层次而言,国际关系理论都不全然是系统性的理性认知。

由上述对理论三个核心问题的论述可知,国际关系理论与纯自然科学式的理论存在较大差异,传统意义的理论定义在国际关系学中存在诸多例外和反常,国际关系理论的发展也由此陷入困境。具体而言,国际关系的非完全客观性和非跨时空性,使得变化的经验世界与不变的理论间的错位不断加剧,而主流理论一旦建立,便会产生理论分野固化和学术话语束缚,其解释力和解释范围往往随着时间和空间的变化而波动。为解释复杂和变化的经验现实,问题导向研究兴起,构建针对具体问题的"中层理论"的呼声渐强,不同理论的边界逐渐模糊。但即使在问题导向的研究中,国际关系的科学属性和人文属性并存,多种研究方法交织。于是,国际关系理论衰落之声渐强,甚至被认为"理论已逝"。[18]在此背景下,国际关系理论创新的尝试也屡屡出现,理论合成是其中重要的一种创新方式。本书对国际制度性权力和现实制度主义理论的分析,正是尝试在结构现实主义和新自由制度主义的基础上,合成一种理论。但在此之前,有必要提出一个更加符合国际关系学学科属性和本书理论合成的"理论"定义。

沃尔兹对理论的定义有重要的借鉴意义。为构建简洁的国际关系理论,肯尼斯·沃尔兹(Kenneth N. Waltz)认为理论不仅是规律的集合,更是对这些规律提出系统的解释,是"为了解释事实而进行的思辨过程",是"头脑中形成的一幅关于某一有限领域或范围内的行动的图画",并认为规律与理论不同,规律可被发现,而理论只能通过简化现实而构建。[19]这一定义强调理论的解释功能,忽略或弱化了理论的实践指导功能、现实发现功能和预测功能,是一种内涵较窄的理论定义,即理论是对规律的系统解释。[20]上文对国际关系理论三个核心问题的讨论,使国际关系理论定义可通过三个方面被进一步限定。其一,规律是关于关系主体、关系维度、关系内涵和关系形态间的逻辑关系,其核心是通过对关系主体、维度和内涵的讨论,解释和预测关系形态。其二,国际关系并非是自然科学视域下的客观事物,而是具有历时性和空间性的。其三,理性主义不是国际关系理论的必要条件,能对特定时空下国际关系形态进行系统解释的认知逻辑,都能构建起国际关系理论,如国际政治的社会理论和国际政治的关系理论。由此,国际关系理论可被定义为:关于特定时间和空间中国际关系形态的规律发现和系统解释。

第二节　国际关系理论的困境:理论已逝?

推动国际关系学科建设与发展的核心动力之一是国际关系几大主流理论的争论与发展。然而,进入 21 世纪后,国际关系理论的发展步伐缓慢,一些学者甚至质疑和批判国际关系的"主义化",即不同研究和理论被归为几大流派,如戴维·莱克指出,主义化的国际关系理论至少存在五大弊病,并随后得出"理论已逝"的论断。[21]总结而言,当前国际关系理论的困境大致表现在以下几个方面。

其一,经验世界与抽象理论的错位加剧。国际关系理论源发于对经验世界的总结与反思,并试图解释、引导和预测国家或集体的行为。例如,两次世界大战的混乱与残酷是古典现实主义聚焦于生存和国家安全的直接经验缘由;经济全球化的发展催生了强调通过国际制度建立合作的新自由制度主义。经验世界是抽象理论的根本基础,抽象理论原则上应与经验世界保持高度的一致性。这一点正是自然科学和社会科学的根本区别所在——自然科学的经验对象保持相对稳定,而社会科学的经验对象处于快速变化之中。因此,自然科学相对容易或更加可能得出在较长时间内(甚至是永久)公认的真理,而社会科学需要不断地理论创新才能更加趋近真实世界。进入新世纪以来,国际关系的现实发生了快速变化,具体表现如:国际权力格局调整(非西方国家的崛起)、恐怖主义问题凸显、自由主义国际秩序危机等等。这些变化加剧了抽象理论与经验现实的错位,这种错位具体表现在空间和时间两个维度。在空间维度,主流国际关系理论主要是基于西方世界的经验现实而建立,面对上述新变化,西方中心主义的国际关系理论与非西方崛起间的错位,必然使理论的解释力和有效性下降。全球国际关系学的兴起,[22]国际关系理论"中国学派"的争论与发展,[23]正是对这种错位的回应。在时间维度,主流的国际关系理论大多诞生于21世纪前,在其理论构建阶段,自然没有将新世纪以来的经验变化纳入考量之中。这些正是既有国际关系理论衰落和亟须创新的根本原因。

其二是理论分野固化与话语束缚。国际关系理论几派并立与争辩的格局由来已久,且已逐渐被(有意或无意地)构建成了国际关系学科的基本范式。这一点从主流国际关系学教材的结构安排便可见一斑。这种用范式及其争辩定义学科的逻辑有本末倒置之嫌,"'大辩论'的学科史叙事误导了国际关系理论的发展路径和演进模式"。[24]在过去的近二十年里,打破这种固化的理论话语模式,成为一些学者的目标,如国际政治经济学(IPE)中关于"超越'吉尔平式'"IPE的论述,[25]国际关系学理论中较早关于"综合解释模式"的呼吁,[26] 近期关于范式间融合的论述等。[27] 这些研究致力于打破理论分野的藩篱,摆脱近百年来固化理论话语的束缚,其结果是推动了下文所述问题导向国际关系研究的发展。

其三是问题导向研究的兴盛与理论边界的模糊。在宏观理论式微的背景下,问题导向的经验研究逐渐成为国际关系研究的主流。以国际制度研究为例,问题导向的强化具体表现为问题领域、分析层次、研究地域以及制度研究内容的多样化。国际制度研究的问题领域拓展到了政治和经济的方方面面,例如金融全球化、投资、贸易、环境、人权、经济安全、国际税收、民主、劳工、文化多样性、气候治理、艾滋病防治、全球健康、反腐败、武器控制、反恐怖、女性权利、知识产权、难民等。上述不同问题领域的研究普遍涉及国内、国家和国际三个层面,如国际制度形成的国内政治过程和国内制度的国际传播,国家对不同国际规则的执行,以及国际层面不同问题领域的制度体系。研究地域和对象除了传统的核心区域欧美以外,其他边缘地区的国家、经济体或组织也得到广泛关注,如中小国家、发展中国家、民主转型国家、非洲国家、后共产主义国家、后殖民地国家等。[28]

问题导向国际制度研究的强化,直接导致了国际制度内涵的宽泛化与分歧,以及国际制度研究的去理论化,而这两大现象往往是国际关系"理论已逝"的有力论据。国际制度内涵的宽泛化与分歧是指,问题导向的研究往往根据问题的需要,对国际制度进行定义,并因此导致国际制度的内涵不断拓宽,国际制度的定义出现诸多分歧。在相关研究中,国际制度的内涵广泛涉及国际机构、国际法、国际规则、国际惯例、国际规范、国际体制、认知共同体等。[29] 国际制度研究的去理论化是指,问题导向的研究往往不在几大传统理论(即主义)的视角下展开,并因此导致其理论假设变得宽松,理论归属变得模糊。这正是戴维·莱克呼吁从大理论转向"中层理论",并在具体问题领域和中层理论内进行小范围知识积累的理由和论据。[30]

其四,科学向往与人文现实的矛盾愈发突出。随着问题导向研究的兴盛和国际关系研究的"去主义化",国际关系研究出现了方法转向,即推崇严格方法的研究快速发展。[31] 例如,一些国际制度研究广泛采用了(多元)线性回归、(定序)概率回归、空间回归模型、截面分析、比例风险模型、事件史分析、博弈模型等不同方法。[32]方法导向研究的发展挤压了国际关系理论的发展空间,但却又不能替代理论应有的功能。严格的方法往往内含特定的关系逻辑,运用这些方法就默认了这些假设前提、操作程序和关系逻辑。这些严格的假设和既定的逻辑往往试图将复杂的经验世界简化,而国际关系本体的强主观性、多样性和不确定性使得这种简化的逻辑在很多场景下并不适用。故此,国际关系学研究中的科学向往与国际关系本体的特性并非完美契合,这就呼吁国际关系方法、理论和视角的多元化。

其五,分工细化与理论普遍性的分歧。上述理论分野、问题导向和方法转向都表明国际关系研究的分工更加细化,这既表现在学科间,也表现在学科内的不同研究方向,甚至表现在同一研究方向下的不同理论倾向、方法偏好或分析视角。传统的国际关系大理论具有很强的整体主义色彩,即将国际体系和国家分别视为不可分的单一整体。这种倾向被批判存在"整体主义失败"的问题——忽略了国际体系和国家内部的复杂构成,在具体问题的分析上缺乏解释力。[33]正是这些问题推动了国际关系研究从宏观到微观的细化发展。这种"实用主义转向"是有益的,其推动了国际关系基础知识和数据的积累,增加了国际关系学的现实解释力和应用价值。[34]但是,这种转向也带来了问题,尤其是被称之为"还原主义赌局"(reductionist gamble)和"归纳主义幻想"(inductivist illusion)的问题。"还原主义赌局"是指过度关注微观层面的个例和特性,忽视了宏观层面的规律和共性。[35]"归纳主义幻想"认为对真实世界的正确解释可通过微观数据和观察分析的不断累积而获得。[36]

国际关系理论所存在的上述问题,使得主义无用论、理论终结论、学科衰落论等批评之声渐起。[37]然而,国际关系"理论已逝"的论断有待商榷,也不乏批评。例如,斯特凡诺·古齐诺(Stefano Guizzino)指出,此类论断忽视了不同类型的理论化——规范性理论化、元理论理论化、本体理论化、经验性理论化。正是在国际关系理论式微的背景下,关于国际关系理论创新的呼吁和尝试更盛。一些国际关系理论学者积极推动理论完善或创新,具体做法包括:从地区经验和文化中汲取理论养分,打破西方中心主义,突破理论的空间局限,如全球国际关系学和中国国际关系理论的发展(如关系理论、道义现实主义、社会演化理论等);[38]引入其他学科的概念和理论,拓宽学科边界,打破学科间藩篱,如传播学的议程设置理论在国际关系学中的发展等;[39]借古鉴今,从历史中寻求理论的新基础,突破理论的时间局限,如"清华路径"下的中国古代思想研究等;[40]在既有理论的基础上寻求理论综合,既包括不同宏观理论间的融合,也包括特定宏观理论内的"范式合成"。[41]在上述理论创新路径中,本章第三节对国际关系理论回归的讨论正是从理论综合的角度出发的。

第三节　理论综合的方式比较与理论回归

国际关系宏观理论分野所带来的上述弊端为理论综合的发展提供了动力,国内外学者较早便开始呼吁理论综合。[42]所谓"理论综合"即打破既有理论范式之间或内部的相互争论和排斥的状态,寻找其关联性和共性,并将其有机地或简单组合式地结合起来。与此定义相关,既有理论综合的研究主要包含了两种方式,即折中(eclecticism)与合成(synthesis),且主要发生在宏观范式之间和范式内两个维度。

一、理论综合的主要方式:折中与合成

折中是指从不同的理论范式或研究传统中选取有利于解决特定问题的要素(包括概念、逻辑、解释机制等),并将其组合起来形成一个针对特定问题的分析框架。鲁德拉·希尔(Rudra Sil)和彼得·卡赞斯坦(Peter Katzenstein)关于分析折中主义(analytical eclecticism)的论述对"折中"的理论综合方法进行了系统的介绍。[43]折中具有较强的实用主义色彩,其目的和最终结果不是生成理论,而是解决问题。这种有用要素组合的逻辑具有很强的问题导向,学科和理论的边界在很大程度上被打破。正如相关研究所述,这种实用主义的分析框架生成逻辑在本质上接近于拉里·劳丹(Larry Laudan)的研究传统(research tradition)。[44]劳丹的"研究传统"

概念更适于解释和概括理论折中,因为研究传统不仅可以并存,且时常互动和融合。[45]而库恩的范式概念是用于解释新知识对旧知识的挑战和替代,即"范式转移",新老范式间的关系是对抗性的,往往无法融合和长期并存。[46]

相较于折中,合成是指将不同理论范式的相关要素进行有机融合,形成一个内部逻辑结构严密的整体的过程。合成的目的和结果是生成新理论,因此遵循理论的归纳和演绎的基本逻辑。合成理论本质上更接近伊·拉卡托斯(Imre Lakatos)式的"研究纲领"(research program)。[47]拉卡托斯认为,拥有不同"研究纲领"的科学共同体是可以并存的,且研究纲领有进步性和退化性之分。[48]虽然依据拉卡托斯的观点,各流派会视彼此的研究纲领为退化性的,视自己的研究纲领为进步性的,这会给理论合成带来困难,[49]但理论合成的目的可被理解为"创造新的研究纲领,在这一新研究纲领指导下预见新颖事实,并在经验层面上证实其中的一部分,以实现科学知识的不断积累,以此来判断研究纲领的进步性。"[50]创造新的研究纲领(合成)比构建新的分析框架(折中)要更加困难。

折中和合成往往发生在宏观范式之间或内部,并由此组合出了四种理论综合的具体方式:范式间折中、范式间合成、范式内折中、范式内合成。范式间折中即根据研究问题的需要,博采不同宏观范式的有用要素,将其简单排列组合而构建出一个新的分析框架。这一层面上的折中正是希尔和卡赞斯坦的"分析折中主义"的核心要义,其著作中的主要案例也均是讨论不同宏观理论范式之间的折中。[51]总体而言,相较其他几种理论综合方式,范式间折中的理论分析和经验运用更多,其原因主要是:不同宏观范式的存在以及其对特定概念和逻辑的深入阐释,为范式间折中提供了较多成熟可用的分析要素;打破宏观范式间藩篱的需求变得愈发强烈;折中较合成的要求和门槛更低,可操作性相对更高。最为普遍的一种范式间折中是将国际关系三大宏观范式的核心概念(即利益、制度、观念)结合起来分析经验问题,[52]如将利益与观念结合起来对东北亚地区碎片化的分析。[53]一些国际制度研究尝试将理性主义与建构主义结合起来。[54]例如,一项关于理性主义和建构主义折中的制度研究将相关研究中的理论对话归纳为四种:竞争性检验、应用领域、排序、合并,其中合并(incorporation/subsumption)本质上是指理论合成,其他三种方法是理论折中。[55]相较之下,范式内折中与范式间折中的最核心区别是新分析框架构成要素的选择范围被局限在特定的宏观范式之内,其试图弥合特定宏观范式内部不同分支之间的分歧,或综合利用其在解决特定经验问题上的优势。

范式间合成试图弥合不同宏观范式间的差异,进而构建出一个新的理论。理论(或研究纲领)较分析框架(或研究传统)有更加严格的假设和逻辑结构,以及更加一般性的经验适用性要求,因此范式间合成较范式间折中难度更大,这也体现在相关经验研究的数量差别上。虽然范式间合成的研究相对较少,但也不乏一些有意义的尝试和成果,比如现实建构主义、[56]新现实主义与新自由主义的合成、现实制度主义的初步尝试、[57]制度现实主义[58]等等。这些尝试虽然并未全都形成了新的理论,但却都不同程度地带有理论构建的色彩,而不是针对特定问题的可用要素综合。一项研究通过对几大理论范式及其分支理论的系统排列组合,列举出了理论上可能存在的所有范式间合成类型,其中包括两种范式的组合和三种范式的组合。[59]不同组合是否存在合成的可能性,还有待进一步的研究,这也意味着范式间合成的研究还有着广阔的发展空间。相较之下,范式内合成将新理论的范围限定在特定的宏观范式之内,试图弥合宏观范式内部的分歧,典型的例子包括新古典现实主义对古典现实主义和结构现实主义的合成,以及关于防御性与进攻性现实主义合成的研究。[60]

二、理论回归:一种新的综合方式

范式(间/内)折中和合成的研究推动了国际关系理论综合的发展,但却并不是理论综合的全部内容。国际关系学中的(或许越来越多的)另一大类研究并不是理论导向(即运用特定理论或进行理论合成),也没有构建明确的折中理论分析框架。但是,这些研究也并不是完全去理论化,而是出现了本章所谓的"理论回归",即遵循或暗含了超越特定宏观范式的一般性基础理论路径。此处的"回归"(regression)有两层含义:取字面之意,指从貌似去理论化和完全问题导向的研究回到理论中去;取统计学之

意,指从繁杂的相关理论中拟合出一个简约且与相关理论平均差异最小
的共同研究路径。"回归"是与折中和合成并列的另一种理论综合路径。

理论回归、折中和合成的核心区别在于其综合不同理论的内在逻辑。
理论折中是一种组合逻辑,即从不同理论中选择有用的元素,将其机械地
组合在一起,用以解释特定现象或解决特定问题。这种组合往往不具有
一般性,而是带有较强的问题导向。理论合成是一种融合逻辑,即将相关
的若干理论或理论中的相关内容,通过特定的关系进行重构或再造,并将
其融为一个新的整体。理论回归是一种拟合逻辑,即在相关理论中寻求
共性最大或差异最小的分析路径,其类似于从复杂的数据中拟合共性最
大(或差异最小)的曲线或直线。这三种逻辑的结果是显著不同的。理论
折中意在建立针对具体问题的、有实用价值的理论分析框架,这种理论分
析框架与既有理论并没有明显的竞争关系。理论合成旨在生成具有严格
认识论、本体论假设和内在逻辑关系的理论或拉卡托斯式的研究纲领,这
些理论或研究纲领与既有理论或研究纲领并立且往往相互竞争。理论回
归形成了具有一定范围内共识性和一般性的研究议题及解答思路,即基
础性理论路径(本书称之为"基础路径")。这些基础路径是对既有相关理
论的进一步提炼和简化,后文将详述基础路径与不同层面范式或理论的
关系。图 1.1 对三种逻辑进行了形象化的描述和比较。

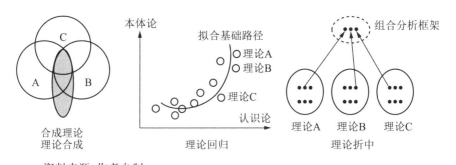

资料来源:作者自制。

图 1.1　三种理论综合方式的内在逻辑

在不同综合逻辑和核心内涵的基础上,三种理论综合方式呈现出了
较大的差异,表 1.1 对其进行了总结和对比。具体而言,就生成路径而言,

理论合成既可发生在宏观范式之间(横向的),也可发生在特定宏观范式内部(纵向的),而理论折中也可区分为横向或纵向的,但实际操作中往往是散点式的,即从不同层次和不同学科的理论中选取有用元素。相较之下,理论回归的生成路径是自下而上的,是从相关的多层次理论中拟合出具有一定共识性的基础路径。理论合成是理论导向的,理论折中是问题导向的,而理论回归将从相关理论中拟合出的基础理论路径与具体问题结合起来,兼顾了理论和问题。因此,在理论回归的拟合逻辑下,知识的积累是多形态的,既可能发生在理论演进的层面,也可发生在经验数据和案例积累层面。同时,理论回归及其形成的基础路径依然受到本体论和认识论偏见的束缚,即不同的基础路径倾向特定的认识论和本体论。这种偏见与理论合成所形成的新理论类似,但理论范式的本体论和认识论假设更为严格,而基础路径的认识论和本体论偏好是模糊存在的。

表 1.1　三种理论综合方式的比较

方式　　　　维度	理论合成(Synthesis)	理论回归(Regression)	理论折中(Eclecticism)
内涵形式	研究纲领	基础路径	分析框架
生成逻辑	融合逻辑	拟合逻辑	组合逻辑
产生新理论	是	否,但形成认知共识	否
生成路径	纵向/横向	自下而上	散点式
理论层次	多层次	超范式	多层次
认识论视角	清晰且严格区分	模糊存在	实用主义
研究方向	理论导向	理论与问题融合	问题导向
理论/学科边界	清晰存在	模糊存在	不存在
评价标准	解释和预测	解决、解释、预测	解决问题
知识积累范式	接近线性	多形态	非线性

资料来源:作者自制。部分内容参考庞中英、黄云卿:《国际关系理论合成与分析折中主义比较评析:基于科学哲学的视角》,《国际论坛》2016 年第 3 期,第45 页。

从理论综合的不同理论层次而言,理论回归及其所形成的基础路径往往发生在"超范式"层面,且介于哲学元理论或思想传统与宏观理论之间。图 1.2 描述了理论回归和基础路径在理论体系中的定位。综合考虑理论回归的内在逻辑和理论层次,基础路径被定义为:介于宏观哲学元理论或思想传统与具体学科内理论之间的、若干相邻学科或理论共享的、具有一定范围内共识性的研究议题及解答思路。就前述斯特凡诺·古齐诺的四大理论化分类而言,基础路径介于元理论理论化和经验性理论化之间,即在特定元理论或思想传统之下,但又不拘泥于具体的研究议程和方法;同时,其还体现了一定程度的本体理论化特征,即对共识性研究议题的关注。通过与其他相关概念的比较,及对其之间的关系进行分析,基础路径的内涵和特征可以得到更清晰的呈现。

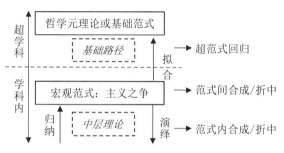

资料来源:作者自制。

图 1.2　基础路径的定位

首先,基础路径与基础范式是不同的。唐世平关于基础范式的研究给本章带来了启示,他认为:在哲学元理论层面的 11 种基础范式及其不同组合是社会科学不同理论流派的根本基础,而寻求 11 种基础范式的有机融合才能"充分理解更特定的社会事实"。[61] 基础范式是对哲学元理论的梳理,而基础路径是对不同理论指导下的特定问题分析路径的梳理。就理论抽象的层级而言,基础路径是介于基础范式和具体理论之间的。但是,两者的"基础性"特征是相同的,基础范式是不同理论流派的构成基础,而基础路径是不同理论分析路径的构成基础。换言之,基础范式的拓展和组合便可形成不同的理论流派,而基础路径的扩展和组合便可形成不同的分析路径。

其次,基础路径与宏观范式是不同的。如前所述,宏观范式可视为一种研究纲领,有相对严格的假设和逻辑关系,以及比较明确的学科属性。

在国际关系学中,宏观范式往往指几大主流和批判理论。基础路径是一种解答问题的思路,没有严格的假设和逻辑关系,但却在认识论和本体论上存在模糊的共识。基础路径和宏观范式间存在双向的关系。一方面,基础路径可被视为是不同学科和不同宏观范式所共享的、一般性的解答思路,是通过对相关理论相似的解答思路的拟合而获得。另一方面,基础路径往往受特定基础范式和宏观范式的指导或影响。

最后,基础路径与戴维·莱克的"中层理论"是不同的。"中层理论"的"中层"最早源于美国社会学家罗伯特·默顿(Robert Merton),莫顿的"中层"强调将宏观理论与微观经验分析结合起来。[62] 戴维·莱克推崇的国际关系中层理论是莫顿式的中层理论,其不追求建立可推广和验证的假设,而寻求解释具体的问题。[63] 基础路径强调介于超学科的宏观哲学元理论或思想传统与学科内的具体理论间的跨学科和跨理论属性。中层理论是特定学科内的宏观理论演绎发展的结果,而基础路径是相邻若干(亚)学科中理论回归发展的结果。中层理论往往是宏观理论极端主义的延伸,体现的是一种自上而下的实用主义逻辑,而基础路径带有明显的理论综合的色彩,体现的是一种自下而上的拟合逻辑。如第二章对国际制度研究的梳理所显示,大量的国际制度研究虽时常没有明确的理论地位(理论折中或合成),但并未完全脱离多层次的理论基础,多样化的国际制度研究逐渐有意或无意地向五大基础路径聚集:权力-结构、理性-功能、文化-建构、历史-阶级、反思-批判。

国际关系理论来源于对经验现实的归纳和总结,又被用于解释经验现象和问题,过去的经验现实和当前的经验现象和问题往往不同,故理论需要修正和发展,这正是国际关系理论大争辩的缘由和逻辑。国际关系理论的繁荣是认识论和方法论极端主义的胜利,或推崇方法论个体主义,或遵循整体主义,或强调理性主义,或提倡解释主义等等。认识论和方法论的极端主义有益于构建简洁且逻辑自洽的理论,但却未必能够令人信服或客观地解释复杂的经验事件。因此,理论争辩存在必然性和重要性,理论综合产生了必要性。作为理论综合的另一种方式,理论回归及其生成的基础路径并未去除理论极端主义色彩,而是试图在宏观本体论和认识论上存在交集的具体理论间,寻求可被进一步简化和拟合的解释路径,这些解释路径摆脱了具体理论假设的约束,但又在本体论和认识论上存在共识,并因此在极端主义和实用主义间寻找折中和平衡。戴维·莱克等学者也强调综合和折中,如试图通过综合纳入利益、互动和制度等因素解释世界政治,[64]但莱克式的"中层理论"强调从宏观转向中微观,从理论传统转向实际理论,在一定程度上呈现出演绎逻辑,但又忽略了宏观之于中微观、理论传统之于实际理论的关联性和指导性。因此,具体问题领域内的知识积累和进步如何上升为整体学科的知识积累和进步,便成为问题。不同于莱克式的"中层理论",本章的基础路径则强调从中微观到更宏观,从貌似千差万别的具体研究到较高共识性的抽象路径,体现出较强的回归逻辑。中层理论的演绎逻辑和基础路径的回归逻辑相结合,完善了国际关系知识积累和学科进步的逻辑链,更有益于国际关系理论和学科的发展。

注释

1. 阎学通:《科学方法与国际关系研究》,《中国社会科学》2004 年第 1 期,第 84 页。

2. David A. Lake, "Why 'isms' Are Evil: Theory, Epistemology, and Academic Sects as Impediments to Understanding and Progress," *International Studies Quarterly*, Vol.55, No.2, 2011, pp.465—480; David A. Lake, "Theory is Dead, Long Live Theory: The End of the Great Debates and the Rise of Eclecticism in International Relations," *European Journal of International Relations*, Vol.19, No.3, 2013, pp.567—587; Tim Dunne, Lene Hansen, and Colin Wight, "The End of International Relations Theory?" *European Journal of International Relations*, Vol.19, No.3, 2013, pp.405—425.

3. 参见[美]鲁德拉·希尔、[美]彼得·卡赞斯坦:《超越范式:世界政治研究中的分析折中主义》,秦亚青、季玲译,上海:上海人民出版社 2013 年版;刘丰:《范式合成与国际关系理论重构:以现实主义为例的分析》,《中国社会科学》2019 年第 8 期,第 187—203 页;庞中英、黄云卿:《国际关系理论合成与分析折中主义比较评析:基于科学哲学的视角》,《国际论坛》2016 年第 3 期,第 45 页;李开盛:《东北亚地区碎片化的形成与治理:基于分析折中主义的考察》,《世界经济与政治》2014 年第 4 期,第 21—38 页;李巍:《国际秩序转型与现实制度主义理论的生成》,《外交评论(外交学院学报)》2016 年第 1 期,第 31—59 页;高奇琦:《现实主义与建构主义的合流及其发展路向》,《世界经济与政治》2014 年第 3 期,第 87—110 页。

4. 相关研究中常常将国际关系与国际政治混用,其区别在于国际关系是多元主体间的互动和关系,而国际政治往往限定于主权国家间的关系,国际关系包含了国际政治,本书统一使用"国际关系"。参见秦亚青:《权力·制度·文化:国际关系理论与方法研究文集(第 2 版)》,北京:北京大学出版社 2016 年版,第 259 页。

5. 一些学者较早便关注和讨论了跨国关系,参见 Joseph S. Nye and Robert O. Keohane,

"Transnational Relations and World Politics：An Introduction，"*International Organization*，Vol. 25，No.3，1971，pp.329—349。

6. 主流国际关系理论是指三种体系理论：结构现实主义、新自由制度主义和温和建构主义。参见秦亚青：《权力·制度·文化：国际政治学的三种体系理论》，《世界经济与政治》2002 年第 6 期，第 5 页。

7. 秦亚青：《权力·制度·文化：国际关系理论与方法研究文集（第 2 版）》，北京：北京大学出版社 2016 年版，第 48—52 页。

8. 秦亚青：《国际关系理论中国学派生成的可能和必然》，《世界经济与政治》2006 年第 3 期，第 7 页。

9. ［英］萨米尔·奥卡沙：《科学哲学》，韩广忠译，江苏：译林出版社 2013 年版，第 56—57 页。

10. 阎学通：《再论为何没有"中国学派"》，《国际政治科学》2018 年第 1 期，第 4—7 页。

11. Larry Laudan，*Beyond Positivism and Relativism：Theory，Method，and Evidence*，Boulder：Westview Press，1996，p.83；林定夷：《科学理论的演变与科学革命》，广州：中山大学出版社 2016 年版，第 1—16 页。

12. 秦亚青：《国际关系理论中国学派生成的可能和必然》，《世界经济与政治》2006 年第 3 期，第 7—13 页。

13. 胡宗山：《西方国际关系理论中的理性主义论析》，《现代国际关系》2003 年第 10 期，第 56—61 页。

14. Robert O. Keohane，"International Institutions：Two Approaches，"*International Studies Quarterly*，Vol.32，No.4，1988，pp.379—396.

15. 秦亚青：《国际关系研究中科学与人文的契合》，《中国社会科学》2004 年第 1 期，第 78—82 页。

16. 时殷弘、叶凤丽：《现实主义、理性主义、革命主义：国际关系思想传统及其当代典型表现》，《欧洲研究》1995 年第 3 期，第 7 页。

17. Martin Wight，"Why is There No International Theory?" in James Der Derian eds.，*International Theory*，London：Palgrave Macmillan，1995，pp.15—35.

18. 刘丰：《国际关系理论研究的困境、进展与前景》，《外交评论（外交学院学报）》2017 年第 1 期，第 24—25 页；David A. Lake，"Theory is Dead，Long Live Theory：The End of the Great Debates and the Rise of Eclecticism in International Relations，"*European Journal of International Relations*，Vol.19，No.3，2013，pp.567—587.

19. ［美］肯尼思·华尔兹：《国际政治理论》，信强译，上海：上海人民出版社 2003 年版，第 8—13 页。此译本 Kenneth N. Waltz 的翻译是"肯尼思·华尔兹"，除涉及这本译著的引用，本书其他部分均统一使用"肯尼斯·沃尔兹"。

20. 谭再文：《三大国际关系范式的理论构成及其与中国传统理论模式之比较》，《国际观察》2009 年第 4 期，第 74—75 页。

21. 这五大弊病是指：强化理论传统、鼓励极端主义、将理论传统视为实际理论、选择性挑选议题、将所选择的学术传统视为科学范式。参见 David A. Lake，"Why 'isms' Are Evil：Theory，Epistemology，and Academic Sects as Impediments to Understanding and Progress，"*International Studies Quarterly*，Vol.55，No.2，2011，pp.465—480；David A. Lake，"Theory is Dead，Long Live Theory：The end of the Great Debates and the rise of eclecticism in International Relations，"*European Journal of International Relations*，Vol. 19，No. 3，2013，pp.567—587.

22. ［加拿大］阿米塔·阿查亚、［英］巴里·布赞：《迈向全球国际关系学：国际关系学科百年反思》，张发林译，《中国社会科学评价》2019 年第 4 期，第 25—34 页。

23. 秦亚青:《中国国际关系理论的发展与贡献》,《外交评论(外交学院学报)》2019 年第6 期,第1—10 页。

24. 刘丰:《国际关系理论研究的困境、进展与前景》,《外交评论(外交学院学报)》2017 年第1 期,第30 页;石贤泽:《"大辩论"与国际关系学科史的自我意象建构》,《世界经济与政治》2013 年第3 期,第134—153 页。

25. 王正毅:《超越"吉尔平式"的国际政治经济学:1990 年代以来 IPE 及其在中国的发展》,《国际政治研究》2006 年第2 期,第22—39 页。

26. 李少军:《国际关系大理论与综合解释模式》,《世界经济与政治》2005 年第2 期,第22—29 页。

27. 刘胜湘:《国际关系研究范式融合论析》,《世界经济与政治》2014 年第12 期,第95—117 页。

28. 参见 Christina J. Schneider, "Weak States and Institutionalized Bargaining Power in International Organizations," *International Studies Quarterly*, Vol. 55, No. 2, 2011, pp. 331—355; John W. McArthur and Eric Werker, "Developing Countries and International Organizations: Introduction to the Special Issue," *Review of International Organizations*, Vol. 11, No. 2, 2016, pp. 155—169; Mark S. Copelovitch and David Ohls, "Trade, Institutions, and the Timing of GATT/WTO Accession in Post-colonial States," *Review of International Organizations*, Vol. 7, No. 1, 2012, pp. 81—107。

29. 参见 Songying Fang and Erica Owen, "International Institutions and Credible Commitment of Non-democracies," *Review of International Organizations*, Vol. 6, No. 2, 2011, pp. 141—162; Terry Nardin, "Theorising the International Rule of Law," *Review of International Studies*, Vol. 34, No. 3, 2008, pp. 385—401; Leonardo Baccini and Mathias Koenig-Archibugi, "Why do States Commit to International Labor Standards?" *World Politics*, Vol. 66, No. 3, 2014, pp. 446—490。

30. David A. Lake, "Theory is Dead, Long Live Theory: The End of the Great Debates and the Rise of Eclecticism in International Relations," *European Journal of International Relations*, Vol. 19, No. 3, 2013, pp. 567—587.

31. 庞珣:《国际关系研究的定量方法:定义、规则与操作》,《世界经济与政治》2014 年第1 期,第5 页。

32. 参见 Edward D. Mansfield and Eric Reinhardt, "International Institutions and the Volatility of International Trade," *International Organization*, Vol. 62, No. 4, 2008, pp. 621—652; Songying Fang and Erica Owen, "International Institutions and Credible Commitment of Non-democracies," *Review of International Organizations*, Vol. 6, No. 2, 2011, pp. 141—162; Leonardo Baccini and Mathias Koenig-Archibugi, "Why do States Commit to International Labor Standards?" *World Politics*, Vol. 66, No. 3, 2014, pp. 446—490。

33. Falin Zhang, "Holism Failure: China's Inconsistent Stances and Consistent Interests in Global Financial Governance," *Journal of Contemporary China*, Vol. 26, No. 105, 2017, pp. 369—384.

34. 胡令远、王高阳:《国际关系理论正在走向终结吗?》,《国际观察》2015 年第6 期,第63 页。

35. Thomas Oatley, "The Reductionist Gamble: Open Economy Politics in the Global Economy," *International Organization*, Vol. 65, No. 2, 2011, pp. 311—341.

36. Kenneth N. Waltz, *Theory of International Politics*, Reading, Mass.: Addison-Wesley Publishing Company, 1979, p. 4.

37. 刘丰:《国际关系理论研究的困境、进展与前景》,《外交评论(外交学院学报)》2017

年第 1 期,第 24—25 页。

38. 余潇枫、章雅荻:《和合主义:国际关系理论的中国范式》,《世界经济与政治》2019 年第 7 期,第 49—76 页;卢凌宇:《国际关系理论中国学派生成的路径选择》,《欧洲研究》2016 年第 5 期,第 126—149 页。

39. 张发林:《全球金融治理议程设置与国际话语权》,《世界经济与政治》2020 年第 6 期,第 106—131 页;孙吉胜、何伟:《跨学科借鉴与国际关系理论的发展和创新》,《国际关系研究》2019 年第 4 期,第 49—66 页。

40. 漆海霞:《当前国际关系理论创新的途径》,《国际关系研究》2019 年第 4 期,第 67 页。

41. 刘丰:《范式合成与国际关系理论重构:以现实主义为例的分析》,《中国社会科学》2019 年第 8 期,第 187—203 页。

42. Michael Brecher, "International Studies in the Twentieth Century and Beyond: Flawed Dichotomies, Synthesis, Cumulation," *International Studies Quarterly*, Vol.43, No.42, 1999, pp.213—264;李少军:《国际关系大理论与综合解释模式》,《世界经济与政治》2005 年第 2 期,第 22—29 页。

43. [美]鲁德拉·希尔、彼得·卡赞斯坦:《超越范式:世界政治研究中的分析折中主义》,秦亚青、季玲译,上海:上海人民出版社 2013 年版。

44. 庞中英、黄云卿:《国际关系理论合成与分析折中主义比较评析:基于科学哲学的视角》,《国际论坛》2016 年第 3 期,第 45 页。

45. Larry Laudan, *Beyond Positivism and Relativism: Theory, Method, and Evidence*, Boulder, Colo.: Westview, 1996.

46. [美]托马斯·库恩:《科学革命的结构》,金吾伦、胡新和译,北京:北京大学出版社 2012 年版,第 4 页。

47. [匈]伊·拉卡托斯:《科学研究纲领方法论》,兰征译,上海:上海译文出版社 1986 年版。

48. 同上书。

49. Rudra Sil and Peter Katzanstein, *Beyond Paradigms: Analytic Eclecticism in the Study of World Politics*, Basingstoke: Palgrave Macmillan, 2010, p.6.

50. 庞中英、黄云卿:《国际关系理论合成与分析折中主义比较评析:基于科学哲学的视角》,《国际论坛》2016 年第 3 期,第 45 页。

51. [美]鲁德拉·希尔、彼得·卡赞斯坦:《超越范式:世界政治研究中的分析折中主义》,秦亚青、季玲译,上海:上海人民出版社 2013 年版。

52. 参见 Jeffry A. Frieden, David A. Lake and Kenneth A. Schultz, *World Politics: Interests, Interactions, Institutions*(third edition), New York: W. W. Norton & Company, 2015。

53. 李开盛:《东北亚地区碎片化的形成与治理:基于分析折中主义的考察》,《世界经济与政治》2104 年第 4 期,第 21—38 页。

54. Jeffrey T. Checkel, "Theoretical Pluralism in IR: Possibilities and Limits," in Walter Carlsnaes, Thomas Risse and Beth A. Simmons eds., *Handbook of International Relations*, Los Angeles: Sage, 2013, pp.226—227; Jeffrey T. Checkel ed., *International Institutions and Socialization in Europe*, Cambridge: Cambridge University Press, 2007.

55. Joseph Jupille, James A. Caporaso and Jeffrey T. Checkel, "Integrating Institutions: Rationalism, Constructivism, and the Study of the European Union," *Comparative Political Studies*, Vol.36, No.1—2, 2003, pp.19—23.

56. J. Samuel Barkin, "Realist Constructivism," *International Studies Review*, Vol.5, No.3, 2003, pp.325—342;高奇琦:《现实主义与建构主义的合流及其发展路向》,《世界经济

与政治》2014 年第 3 期,第 87—110 页。

57. 李巍:《国际秩序转型与现实制度主义理论的生成》,《外交评论(外交学院学报)》2016 年第 1 期,第 31—59 页。

58. Kai He, *Institutional Balancing in the Asia Pacific*:*Economic Interdependence and China's Rise*, New York:Routledge, 2009.

59. 刘胜湘:《国际关系研究范式融合论析》,《世界经济与政治》2014 年第 12 期,第 95—117 页。

60. 刘丰:《范式合成与国际关系理论重构:以现实主义为例的分析》,《中国社会科学》2019 年第 8 期,第 187—203 页。

61. 唐世平:《社会科学的基础范式》,《国际社会科学杂志(中文版)》2010 年第 1 期,第 84 页。

62. Robert K. Merton, *Social Theory and Social Structure*, New York:The Free Press, 1968.

63. David A. Lake, "Theory is Dead, Long Live Theory:The end of the Great Debates and the rise of eclecticism in International Relations," *European Journal of International Relations*, Vol.19, No.3, 2013, pp.567—587.

64. Jeffry A. Frieden, David A. Lake and Kenneth A. Schultz, *World Politics*:*Interests*, *Interactions*, *Institutions*(*third edition*), New York:W. W. Norton & Company, 2015.

第二章

国际制度研究的演进与基础范式

> 我们能够对人类的本性、人类彼此之间关系、人类与各种精神力量的关系以及他们所创造并生活于其间的社会制度进行理智的反思，这一想法至少同有记载的历史一样古老。[1]
>
> ——伊曼纽尔·沃勒斯坦

在国际关系理论式微的背景下，蓬勃发展的国际制度研究正无意间向几大基础范式聚集。本书通过理论合成进行现实制度主义理论创建的尝试，也正是建立在既有涉及国际制度的理性主义理论的基础之上。在理论构建之前，本章梳理制度研究的起源和演进，厘清国际制度的定义和研究脉络，总结国际制度研究的五大基础范式，为后文理论创建奠定概念和理论基础。

第一节　制度研究起源与学科范式

有学者认为，"institution"一词起源于意大利哲学家扬巴蒂斯塔·维柯（Giambattista Vico）的著作《新科学》（1725年），[2]其英译本中出现"institution(s)"40余次，[3]朱光潜的中译本亦多次出现"制度"一词。[4]此论述并不准确，至少在法国天主教神学家皮埃尔·沙朗（Pierre Charron）的著作《论智慧》英文版中（1707年），"institution"便已出现达十次之多。[5]中文"制度"一词，较英文"institution"出现时间更早，有据可考且存疑较少的起源可追溯至春秋战国时期。譬如，《管子·法法》："太上以制度"；《商君

21

书·壹言》："凡将立国，制度不可不察也"；《荀子》中近十次出现"制度"一词，如："上之于下，如保赤子，政令制度"（《荀子·王霸》），"是使群臣百姓皆以制度行，则财物积，国家案自富矣"（《荀子·王制》）。上述"制度"之含义，已与现代词义相近，但其既可指规范和规则，亦可指制定规范和规则的行为，即兼有英文中"institutionalize"（制度化）之意。

诚然，在"制度"概念及其理论形成之前，制度的实质内容和影响已然存在，且依据不同定义，其思想之滥觞亦有不同。从语言到文化、从婚姻家庭到契约社会，从城邦到国家、从习俗到法律、从物物交换到市场机制，从国内社会到国际体系等等，一切影响人行为的（正式或非正式的）规范和规则，都可被纳入制度的范畴，其可追溯的经验和思想起源亦如有记载的历史一样久远。词源学研究路径既无法厘清制度内涵的演进历程，更无法论证制度思想的起源，重要原因之一是：概念思想往往先于概念形式出现，相关实例在政治学中不胜枚举，譬如"主权"概念——一些学者从不同视角论证古代诸侯国具有主权属性，而现代"主权"的概念诞生于 17 世纪中期；[6]"外交"概念起源较晚，但其经验起源也被追溯至春秋盟会。[7]"制度"概念较于其思想的滞后性亦是如此，修昔底德的《伯罗奔尼撒战争史》便是很好的实例。用古希腊语写就于公元前 432 年的著作，已然出现制度思想，这一点可通过其英文和中文的翻译版本得以印证。谢德风和理查德·克劳利（Richard Crawley）的中英文译本均使用"制度"（institution）一词，[8]而原文中并未有此概念，一种合理的解释是：制度的基本思想已出现于原文之中，熟知"制度"概念的译者将其在现代社会科学语境下进行了概括。

制度内涵和制度思想是不同的，前者意指制度的实质内容及其表现形式，例如关于婚姻的规范和规则，以及基于婚姻的家庭和社会制度，如母系和父系氏族制；后者是关于人的思想和行为的一种解释，认为外在的规范和规则影响或决定人的思想和行为。对制度内涵的系统讨论至少可追溯至古中国和古希腊时期。在从聚焦自然和宇宙转向关注人类生活的过程中，古希腊哲学家开始将自然主义和理性精神运用于对人类社会的探索，并因此为现代人文社会科学奠定基石，譬如，苏格拉底把美学思想"注意的中心由自然界转到社会，美学也转变成为社会科学的一个组成部分"。[9]再如法律——这一当代社会最核心的制度之一,早在古希腊时期已得到诸多讨论,这为现代法学提供批评或继承的思想基础,如苏格拉底的"自然神论"、伊壁鸠鲁的"契约说"(法律是相互约定的产物)、斯多葛学派对自然法的极力推崇,以及柏拉图的"正义论"等。而在中国古代,春秋战国的诸子百家已开始较系统地思考法律,如相继坚持"礼治""宽猛相济""仁政"和"隆礼重法"的先秦儒家法律思想传承,[10]奉行"法治"的法家思想[11]等等。制度内涵往往有物化或组织化的外在形式,如家庭、宗教、法律、政治制度、经济体系、语言、国际组织等,因此相对较易追溯起源。相较之下,制度思想源发于对上述规范和规则与人的思想和行为间关系的探索,更加抽象和零散,故更难追溯起源。

制度思想及理论随着 19 世纪末以来社会科学学科的发展而逐渐体系化,起初其并不明确地隶属于某一特定社会科学学科,而是作为一种解释行为的思想和路径普遍存在于不同学科,此解释行为的思想是社会科学关于"代理人-结构"关系(agent-structure)持久争论中的一部分,强调制度作为一种结构之于代理人(或行为主体)行为的决定性作用。随后,结合不同的学科内涵,制度研究逐渐细化发展,形成了不同的学科内理论范式,并在不同社会科学学科中先后且相互影响地经历了从"旧"制度主义到"新"制度主义的发展。国际关系学科下的国际制度研究至少和三个相互影响的社会科学学科密切关联——社会学、经济学和政治学,社会制度、经济制度和政治制度本身便是这些学科的核心解释对象。[12]

社会学学科在其形成之初的较长时间里,一直在探索其学科研究主题,即"社会"或"社会性",因此相较社会科学其他学科,其发展较晚,这一点从"社会学"一词在 1838 年才首次出现于孔德的《实证哲学教程》中便可见一斑。但是,就制度思想而言,社会学自学科建立伊始便与社会制度研究和制度变迁的比较分析密切关联。[13]社会学研究的核心内容便是"使'社会'可能存在的形式和结构",[14]而社会制度通常被理解为该形式和结构的总称,因此(社会)制度是社会学的解释对象,具体包括社会制度的起源、本质、变迁、功能等多个研究维度。同时,制度也被视为解释社会行为和功能的手段。例如,以帕森斯为代表的结构功能主义理论将不同制度

（包括经济、政治、发展、教育等制度）视为执行社会系统不同功能的手段。社会学关于制度的研究传统，为经济学和政治学制度主义的发展提供了思想来源和启示。道格拉斯·诺斯关于制度的研究受到马克斯·韦伯、卡尔·马克思、塔尔科特·帕森斯等社会学家的影响，且新制度经济学中出现了"社会学转向"（sociological turn）的趋势；[15]正如其名所示，政治学中社会学新制度主义（sociological neo-institutionalism）深受社会学组织理论的影响。但是，在从"旧制度主义"向"新制度主义"发展的过程中，社会学却落后于政治学和经济学，[16]直到20世纪90年代政治学和经济学中的新制度主义蓬勃发展后，社会学研究才缓慢作出回应。[17]

在经济学中，19世纪末至20世纪30年代，制度主义研究（或制度经济学）以区别于并挑战古典经济学主流理论的角色诞生。在德国历史学派制度分析方法论的影响下，托斯丹·范伯伦（Thorstein Veblen）、韦斯利·米切尔（Wesley Mitchell）和约翰·康芒斯（John R. Common）等制度经济学先锋，从不同视角强调制度因素对经济的影响，其著作和思想被冠之以"旧制度学派"。[18]此后，在凯恩斯主义统治的西方经济学理论和政策制定中，"旧制度学派"日渐式微。直至60年代中后期，美国经济"滞涨"和社会矛盾尖锐化使凯恩斯主义陷入危机，制度主义经济学分析再次复苏，并在诸多具体问题领域中持续发展，如产权研究、[19]公共选择过程研究（包括寻租和分利联盟）、[20]组织理论[21]和交易成本理论[22]等，这些研究被合称为"新制度学派"，并依然被视为游离于主流新古典经济学体系的批判理论。

政治制度研究可追溯的历史更为久远，古希腊哲学家便开始有意或无意地对政治制度的内涵进行讨论，如柏拉图与亚里士多德对正义的城邦政治制度的讨论。[23]现代政治学自19世纪末至20世纪早期学科建立之初便关注政治制度，重点是以政府和主权为核心的正式制度，而较少关注理论构建，[24]这些研究便是政治学中的"旧"制度主义。[25]20世纪50—60年代，在科学主义和反理性思潮的推动下，政治学的"行为主义革命"将政治学研究对象从政策和制度转移到政治行为和行为互动，研究方法也偏重量化和实证分析。[26]行为主义奉行还原主义和功利主义，还原主义者坚信，政治现象的解释最终可以回归至个体的行为，功利主义者认为政治现象是基于理性的自利的结果,而非制度约束的结果。[27] 因此,行为主义影响下的制度研究倾向将政治视为社会的组成部分,将政治现象视为个人行为的集合和结果,将自利视为行为的动机,[28] 这实质上弱化了制度之于政治行为的影响。

20 世纪 70 年代和 80 年代政治学中的制度研究开始复苏和发展,原因一方面在于行为主义政治学对当时一系列经验事件缺乏解释力;[29] 一方面在于针对这些经验事件的公共政策反应往往涉及大规模的制度调整,亟须理论支撑;[30] 另一方面在于现实世界中的经济、社会和政治制度变得更加复杂,且对集体生活更加重要。[31] 詹姆斯·马奇(James G. March)和约翰·奥尔森(Johan P. Olsen)早期的研究被视为政治学新制度主义的开端,[32] 萨缪尔·亨廷顿(Samuel P. Huntington)等学者的研究推动了新制度主义分析的发展,例如亨廷顿通过对现代化理论的批评,探索了政治体系和政治制度的变化,对政治学新制度主义的发展有较大的启发性作用。[33] 总体而言,新制度主义质疑社会过程的原子论解释,强调制度安排的重要性(相较行为主义),更加关注制度的来源、内涵及变迁(相较旧制度主义)。[34] 相关新制度主义研究逐渐被归纳为四大类别,并在学术界形成了较高程度共识——理性选择制度主义、历史制度主义、社会学制度主义和建构制度主义。[35]

第二节　国际制度研究的缘起与演进

作为国际关系学的母学科,政治学中的制度研究自然对国际制度理论和经验研究产生直接影响,但二者不能完全等同,国际制度研究不能完全视为传统政治学制度研究在国际层面的简单拓展。在制度研究的国内和国际两个维度,共同的核心问题是制度如何影响行为。如上所述,为回答此核心问题,比较政治学形成了一套学科内理论范式,具体表现为不同的解释逻辑——"工具性逻辑"(理性选择制度主义)、[36]"适应性逻辑"(社会学制度主义)、[37]"关联性逻辑"(历史制度主义),[38] 以及最近发展起来的"观念性逻辑"(话语制度主义[39] 或建构制度主义[40])。比较政治学中的"制度"被视为制约或影响人的行为的约束,包括法律和法规等正式约束,以及文化传统和伦理道德等非正式约束,其"代理人-结构"模式中的代理人是个人,制度的外延在很大程度上限定于特定的地域或国家。相比之下,国际制度研究中的制度内涵和外延有所不同。

国际制度研究是在国际关系理论范式下展开的,其演进历程深受国际关系数轮理论争辩的影响。早期国际制度研究是古典现实主义的研究议题之一,主要聚焦于正式国际组织(如联合国)、正式国际条约(如联合国宪章)和国际法。国际制度被认为是植根于国家权力和国家利益间的博弈,是权力和利益的附属品。[41]国际制度研究的兴盛缘起于20世纪70年代的一系列经验事件以及国际合作的增加。古典现实主义以国家为中心的理论对此经验变化解释无力,因此,在前述政治学、经济学和社会学关于制度研究的基础上,国际制度研究开始较为系统地发展。[42]早期的系统性研究聚焦于"国际体制"(international regime)[43]。虽然"国际体制"一词早在1960年便出现在吉腾德拉·莫汉(Jitendra Mohan)对运河国际管理体系的研究中,[44]但国际体制研究的真正开拓者是约翰·鲁杰(John Ruggie)。鲁杰将"体制"定义为"一系列共享的期望、规则和规章、计划、组织能力和财政承诺",并认为制度化通常发生在认知共同体、国际体制和国际组织三个层面,此定义明确地将国际体制与国际组织区分开,且认为国际体制是政府间的互动关系。[45]比较有趣的是,此偏建构主义视角的定义在一定程度上拉开了新现实主义与新自由主义国际制度研究的大幕,并随后开启了在宏观理论、中层理论和微观理论等多个层次的范式之争。

在现实主义宏观理论内部,古典现实主义国际制度研究逐渐受到"新现实制度主义"[46]的挑战,代表性微观理论如斯蒂芬·克拉斯纳(Steven D. Krasner)的"基本力量模型"、[47]霸权稳定论国际制度研究、[48]进攻性现实主义消极国际合作和国际制度论[49]等。其中,克拉斯纳的相关研究对国际体制概念和定义的发展起到了重要作用,他将体制定义凝练为"一整套明示或默示的原则、规范、规则和决策程序"。[50]此定义相对获得更多共识并被广泛引用,但也受到诸多批评,如这四个组成部分的边界较为模糊,现实中很难清晰区分。[51]现实主义国际制度研究为其他理论流派国际制度研究树立了批判的标靶,并因此推动了国际制度研究的发展。

　　国际制度研究集大成于新自由主义,代表性理论是罗伯特·基欧汉(Robert O. Keohane)等开创的新自由制度主义。基欧汉接受政治现实主义关于国际社会无政府的理论假定,借鉴微观经济学的分析方法和理性行为体的假定,强调国际合作的可能性,并将国际制度和国际体制区分开来。在鲁杰和克拉斯纳体制定义的基础上,基欧汉将体制视为国家间关于国际关系特定问题的规则安排,将制度定义为"持续且相互联系的一系列(正式和非正式)规则",且这些规则具有规定行为角色、限制行动并塑造预期的功能。[52]基欧汉给予制度更加简练的内涵——规则(rule),以及更加宽泛的外延——国际体制、国际组织及国际惯例。[53]由此,体制逐渐被视为制度的组成部分,制度研究逐渐取代了体制研究。在新自由制度主义中层理论范式下,多种微观理论发展起来,如国际合作集体行动困境研究、[54]国际合作有限理性理论、国际制度问题结构理论、[55]理性制度设计理论[56]等。

　　此外,批判理论视角下的制度研究使国际制度的内涵和研究成果更加丰富。社会建构理论的发展挑战了上述制度研究的理性主义假设,用主观间(intersubjective)社会建构解释国际制度的形成和改变,将观念性因素视为核心解释变量,并形成了三种解释国际制度对国内政治影响的模型:组织趋同模型、社会学习模型和文化匹配模型。[57]在马克思主义国际关系宏观理论下,不同中层和微观理论从不平等关系的视角讨论国家间关系和国际制度,抑或阶级间的不平等,抑或国家/经济体间的不平等。

　　由此,国际关系学中的国际制度研究形成了多层次的理论之争。在国际关系学学科内部,不同理论可归纳为宏观、中层和微观三个层次。宏观层次的理论即(新)现实主义、(新)自由主义、建构主义和马克思主义等,在这些宏观理论下又细化发展出了很多中层和微观理论,具体如后文表2.2所示。这些国际关系学科内理论的学术传统和思想起源,既可追溯至现代学科体系建立以前的理论思想,尤其是古典政治经济学理论,又广泛来源于其他社会科学学科,譬如经济学、心理学、社会学和语言哲学等。上述诸多层次理论在哲学元理论层面表现为几大元理论之争:理性主义或实证主义、解释主义、历史唯物主义、后实证主义。

第三节　国际制度的再定义

尽管国际制度研究已获得了长足的发展，国际关系学中的国际制度研究至少存在两个问题。第一，在新自由制度主义理论发展的同时，一部分国际组织研究和国际体制研究依然在各自相对独立的发展，并未被系统地纳入到国际制度研究中。历史更为悠久的国际组织研究与 20 世纪 70 年代开始兴起的体制研究和 80 年代逐渐发展的制度研究并存或融合，导致了国际制度概念、理论和学术话语体系较为混乱的局面。[58]第二，国际制度概念依然存在较大分歧，缺乏共识性的定义和分类。约翰·杜费尔德（John Duffield）将相关研究中的国际制度内涵归为四大类：正式组织、实践、规则或规范，其表明不同研究传统和理论流派对国际制度的理解和侧重存在差异。[59]即使在新自由制度主义流派内，国际制度的定义也存在分歧。例如，丽萨·马丁（Lisa L. Martin）和本·西蒙斯（Beth A. Simmons）将国际制度与国际体制等同，认为其是指约束国家行为的一系列规则，而国际组织被定义为制度和体制的具体化和组织化。[60]这一定义与基欧汉较为宽泛的国际制度定义（即国际组织、国际规则和国际惯例）存在分歧。[61]由此可见，国际制度概念还存在一系列争论，如国际制度的核心内涵（或内核）是什么？国际组织是否属于国际制度？国际体制与国际制度存在何种关系？

借鉴杜费尔德的定义，本书认为国际制度的核心内涵是规范（norms）和规则（rules）。[62]规范是建构主义视角下的规范，具有主体间互动性，是指关于个体行为的国际社会共享期望和理解。个体行为的判断依赖长期自发形成的行为体主观间的主动观念认同与共享，并通过产生共识而形成非强制性约束，如通过劝说或社会化影响行为。[63]规范往往表现为非文本化的抽象观念，如人权规范、外交惯例、主权观念等。规则是理性功能主义视角下的规则，具有相对客观性，是指关于正确行为的共识性和权威性权利和义务约定。正确行为的判断依赖理性思维和相对客观的标准，其执行往往是理性共识和权威的结果，既有主动的，也有被动的观念认同与共享。这些约定通常是协商或权力博弈的结果,具有共识性或强制性约束力,且往往可文本化为具体条款,如国际条约和国际法。规范和规则共同构成了国际制度的核心内涵。

规范和规则在构成性、规定性和程序性功能三个方面的表现形式不同,两大制度内涵和三大功能形成了一个国际制度分类体系。构成性功能是指某一类国际制度为实体(个体或集体)或秩序的形成提供了最基本的规范或规则。在国际关系中,最重要的构成性规范是国际秩序观和主权观,它们是国际秩序和主权国家形成的观念基础。这正呼应了将国际秩序(如均势或单级格局)视为一种宏观国际制度或者国际制度的集合和结果的观点;[64] 主权国家也被普遍认为是国际社会中的一种重要制度。[65] 构成性规范无法单独塑造国际秩序和主权国家,构成性规则起着更为直接的作用,明确约定了实体或秩序的具体内容。最常见的构成性规则是国际组织宪章,其是国际组织创建和运行的基础和依据。本书将构成性规则的结果(如国际组织)也视为国际制度,后文将详述理由。

规定性功能是指特定国际制度直接或间接、强制或非强制性地引导行为。规定性规范更多是一种国际行为观,具体表现为惯例或习惯法。前述基欧汉的定义将“惯例”视为国际制度的三大核心内容之一。中国古代“两国交兵,不斩来使”便是规定性规范。在现代国际关系中,“多边主义”“主权平等”“性别平等”“种族平等”等都是重要的规定性规范,在国际关系实践中约束着行为体的行为,但往往不具有强制性。规定性规则是狭义国际制度所指的国际规则,具体表现为国际法或国际条约等,是易于观察的一类国际制度,通常具有较强的(甚至强制性的)行为约束力,如全球金融治理体系中的《巴塞尔协议》《保险核心规则》《证券监管目标和原则》等。

程序性功能是指特定国际制度对决策观念和过程产生影响。程序性规范是一种国际决策观,是关于决策过程中得体行为的共享期望和理解,如“民主决策”“国家一律平等”“全体一致同意”“协商合作”“共商共赢”等。程序性规则约定了决策的基本准则和过程,具体表现为正式的决策程序,如世界贸易组织(WTO)的争端解决机制。程序性规则的行为约束力较程序性规范更强,这是由规范和规则的本质区别所决定。另外,构成性和规定性国际制度同样也具有一定程度的程序性功能,这说明上述三大功能的划分并不是排他性的,而是存在交集和相互影响。综上所述,表2.1总结了国际制度的分类。

表 2.1　国际制度分类

功能		内　涵	
		规　范	规　则
构成性(constitutive)		国际秩序观和主权观	组织宪章/国际组织
规定性(regulative)		国际行为观(惯例/习惯法)	国际条约/国际法
程序性(procedural)		国际决策观	决策程序

资料来源:部分参考 John Duffield, "What Are International Institutions?" *International Studies Review*, Vol.9, No.1, 2007, p.15,笔者进行了修改。

上述分类参考了杜费尔德的国际制度定义和分类,但至少在以下三个方面与杜费尔德的研究存在差异且有所改进,并由此使国际制度的概念更加清晰。

首先,规范和规则不是独立存在,甚至彼此排斥,而是存在重叠地带,可相互影响和转化。非正式的行为习惯可能通过国际政治过程而转化成正式的国际规则,且多数国际规则都受特定国际规范的宏观影响。斯蒂芬·克拉斯纳(Stephen D. Krasner)国际体制定义中对"原则、规范、规则和决策程序"的区分,很好地体现了笔者规范和规则的联系,其认为"原则和规范"是定性要素,确定了体制的核心目标和宏观方向,而"规则和决策程序"是定义要素,确立了体制的具体内容。[66]由此可见,几乎所有规则都不同程度地暗含了特定的规范。因此,杜费尔德对规范和规则组合的讨论显得冗余,使相关分析变得复杂和难以操作。[67]

其次,国际制度包含国际体制和国际组织,国际组织是国际制度的重要内容。如前文所提及,基欧汉等学者认为国际制度应包含国际组织,[68]而另一些学者则将制度和组织区分开来,如杜费尔德明确认为"国际组织本身不是制度"。[69]对国际制度研究演进的梳理通常都追溯至第二次世界大战后的正式国际组织研究,如果将国际组织排除在国际制度定义之外,这与其学术脉络相矛盾。例如,即使西蒙斯和马丁的研究将制度和体制等同,并因此将组织和制度区分开来,认为国际组织是实体,国际制度是规则,但其对国际制度研究的回顾却追溯至第二次世界大战后对正式国际组织的研究。[70]根据前文分类,国际组织是构成性国际规则的形式化表现和结果,因此,国际制度包含国际组织和国际体制。

组织化程度是区分国际组织和国际体制的重要标准。组织化程度是指按照一定目的、任务和形式,通过特定的机构设置和构架安排,建立偏物质层面相互联系的程度。在国际层面,未被或无法被组织化的规范和规则即为国际体制,而组织化的规范和规则即为国际组织。两者密切联系,相互影响,互为基础。例如,世界贸易体制很难清晰地与世界贸易相关组织剥离开来;国际货币体制也很难与国际货币基金组织、世界银行等国际组织完全区分开来;前述《巴塞尔协议》《保险核心规则》《证券监管目标和原则》等主要国际规则是由巴塞尔银行监管委员会、国际保险监督官协会、国际证监会组织等国际机构主导建立和实施的。

根据组织化程度,国际组织又可被进一步区分为正式、半正式和非正式三种类型。正式国际组织(即国际机构)是组织化程度最高的一种国际制度,是狭义的国际组织,即有组织章程、会员制度、决策程序等正式组织构架的实体,其既可以是政府间的,抑可以是非政府间的。半正式国际组织是基于观念共享,但组织化程度相对较弱的一种国际组织,往往没有严格的组织构架,但却开展较为固定的组织活动。例如,七国集团(G7)和二十国集团(G20)便是国家或经济体基于特定观念或利益共识的半正式国际组织,虽然其组织化程度较高,但依然不是严格的国际机构。由于其灵活性和高效性,这种形态的国际组织逐渐成为重要的国际行为主体。非正式国际组织的组织化程度最低,没有正式的组织构架,但却在参与成员、议程设置、实践活动等方面有相对稳定的安排,如国际论坛和认知共同体(即局限在特定领域内具有共同专长、能力及权威政策主张的专业人士网络)。[71]

最后,上述诸多与国际制度相关的概念可通过一个"属性-层级"框架进一步得到梳理,不同概念间的关系可被厘清,相关研究中概念混用的问题即可被解决。国际制度概念混乱的原因主要有两个方面:一是缺乏较具共识性的定义和分类,二是不同层级和属性的概念常被混为一谈。前文对国际制度内涵的再界定尝试解决第一个问题,而解决第二个问题需要建立一个梳理不同概念的框架。

本章从概念属性和概念层级两个维度构建这一框架。概念属性被区分为偏观念或偏物质,偏观念性国际制度是指抽象的、未被组织化(即缺乏物质性组织形态)的规范或规则,而偏物质性国际制度是指具体的、被组织化的规范或规则。概念层级包含了单元、集合和结构。单元是国际制度的"原子",即不可再分的最基本构成单位,所有具体且明确的规范或规则都是单元层级的国际制度,如特定国际惯例、国际条约和国际机构。集合是指具有相似属性的单元所形成的一个类别,泛指一系列的规范或规则。国际体制和国际组织是构成国际制度的两个集合,其中国际体制偏观念,又包括了两个类别,即国际规则和国际规范。结构是不同国际制度间主动或被动的联系所构成的制度网络。体制复合体(regime complex)、体制互动、组织网络、制度互动等表述和研究都是指结构层面的国际制度,组织互动和体制互动共同构成了国际制度体系。由此,国际制度包含国际体制和国际组织,国际体制是指未被组织化的抽象规范或规则,而国际组织是指被组织化的具体规范或规则,这些规范和规则在构成

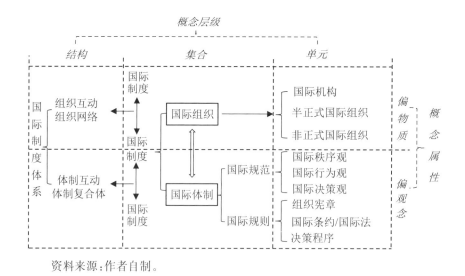

资料来源:作者自制。

图 2.1　国际制度概念

性、规定性和程序性三个方面表现为不同且具体的内容。图 2.1 的国际制度概念图梳理了不同概念间的逻辑关系。

第四节　国际制度理论的基础路径

如第一章所述，在大量的国际制度研究中，直接涉及特定理论的研究十分有限，这是否意味着其他更多的研究完全脱离了国际制度理论或国际关系理论呢？在第一章理论回归界定以及基础路径讨论和本章第三节国际制度定义的基础上，本节认为，问题导向的国际制度研究逐渐聚集为五大基础路径：权力-结构、理性-功能、文化-建构、历史-阶级、反思-批判。相关经验研究可能采用不同的研究方法或不同的学科范式，也可能聚焦于不同的经验问题，但其解答特定问题的思路，有意或无意地归属于这些基础路径。

一、权力-结构基础路径

国际制度研究的权力-结构路径构建于理性主义哲学原理基础之上，认为理性（reason）是知识的主要来源，并从古典重商主义思想传统中汲取养分，从权力和国家利益的视角解释国际制度。如第一章中所述，关于理性主义，国际关系研究至少存在三个层次的不同含义：哲学元理论层面的一种认识论和方法论、国际关系宏观理论的层面的理性主义研究范式和具体理论层面的理论。

权力-结构基础路径下的学科理论主要集中在政治学的国际关系亚学科里，尤其是古典现实主义制度理论和新现实制度主义，这与政治学聚焦权力的学科属性密切相关。虽然，具体研究解释国际制度的视角和结论都不相同，但都将国家权力及/或国际结构视为分析的核心变量，并因此强调国家利益对于国家行为的驱动性，且具体研究在中微观层面的理论定位愈发模糊。例如，在对国际投资体制的研究中，有学者认为，双边投资协议在执行条款上的差异主要由资本输出国的议价能力和偏好所决定，且这些投资协议主要体现大国的权力、利益和偏好；[72]另一项关于弱国在国际组织中议价能力的研究认为,政治和经济实力在正常情况下是议价能力的决定因素,但在一些特殊情况下却不是;[73]艾莉森·卡内基(Allison Carnegie)以世界贸易组织为案例的研究认为,国际制度对那些彼此之间可能存在"敲竹杠"问题的国家更为有效。[74]这些分析并没有明确地运用特定的中观或微观学科理论,而是强调具体问题和解决问题的方法,这正是前述"理论已逝"的论据,但其却有意或无意地透射出权力和结构的分析路径。

二、理性-功能基础路径

国际制度研究的理性-功能路径从理性行为逻辑和功能性的角度解释国际制度。理性行为逻辑一方面借鉴了经济学中"理性人"的基本假设,即认为行为体将不断获得自我利益的最大化,如国际政治经济学中契约主义(contractarianism)国际制度研究,[75]另一方面指国际关系新自由主义所强调的理性,即前文所述人"与其他个体友好交往并且结合成有序社会的天然倾向"。[76]例如,新自由制度主义正是基于此,对古典现实主义关于人性的假设进行批评,并因此论证国际合作的可能性和可行性,以及国际制度之于国际合作的作用。顾名思义,功能性强调国际制度的功能,以及由此产生的需求性和必要性,其思想主要来源于经济学组织研究和政治学国际组织研究中的功能主义,如国际贸易制度在减少贸易波动和贸易保护方面的功能、[77]国际组织对于促进国家民主的作用、[78]国际制度推动国内宏观经济改革和全球金融融合的作用等。[79]因此,理性-功能基础路径下的学科内理论广泛涉及了以弗里德里希·哈耶克(Friedrich Hayek)为代表的奥地利经济学派制度研究,以道格拉斯·诺思(Douglass North)为代表的经济学制度理论、行为经济学的有限理性理论、比较政治学理性选择制度主义、国际组织研究的功能学派、以斯蒂芬·克拉斯纳(Steven D. Krasner)为代表的现实主义国际体制研究、以基欧汉为代表的新自由主义国际制度研究等。

总体而言,理性-功能基础路径下的国际制度研究,解释了国际制度推进国际合作和(国际)社会福利改进的行为逻辑和运作机理。相关国际制度研究逐渐摆脱特定学科内相对严格的理论约束,在更加宽泛的基础路径层面进行问题导向的研究,体现出学科内和学科间理论借鉴和综合的趋势。例如,借鉴经济学家哈耶克对制度的分析,将其批判性地运用到国际制度研究中;[80]沿袭新自由制度主义的理性思维,但放松国家中心主义的束缚,从非政府行为体和国内机制的角度讨论国际制度的作用和影响;[81]借鉴社会心理学中的公平分配原则,分析国际制度的福利分配;[82]从(国际)法学视角研究国际制度的功能有效性;[83]借鉴行为经济学有限理性理论解释发展中国家缘何参与国际投资协定等等。[84]

另一些研究并没有明确的理论借鉴,但其论述逻辑却透射出上述关于国际制度的特定思考路径。例如,在探讨国际制度法制化问题时,一些研究并没有限定于具体的中观或微观理论,而是或者直接在制度主义关于某特定问题的假设上进行分析,如贸易争端解决机制作为一种国际制度的有效性,取决于其制度设计;[85]或者从理性-功能范式下的微观视角进行问题分析,如从国际制度的程序成本(procedural cost)视角对世界贸易组织争端解决机制的法制化进行分析。[86]

三、文化-建构基础路径

与上述理性主义相对应,反思主义或其他非主流理论的国际制度研究也逐渐发展起来。基欧汉早期(1988 年)指出,国际制度的研究存在理性主义和反思主义(reflectivism)两种路径,[87]基欧汉所指的反思主义泛指挑战理性主义理论,并强调主观性和历史性的思想或理论。按照此划分,反思主义实质上是一系列理论的抽象概括,包括批判理论、规范理论、后现代主义、女性主义、历史社会学和建构主义等。随后不久(1992 年),亚历山大·温特(Alexander Wendt)将建构主义从反思主义的集体中抽离出来,并认为从广义而言,建构主义实质上在理性主义和反思主义之间搭建了一座桥梁。[88]从温特的论述中可知,几大理论集团的核心争论在于代理人(或行为主体)身份和利益的外生性或内生性。围绕此核心问题,一系列非主流或批判性国际制度研究和理论,在国际关系理论争论的背景下逐渐发展起来。当前国际制度研究的基础路径,除了理性主义认识论和方法论下的权力-结构路径和理性-功能路径,还分别在建构主义、历史唯物主义和反思主义认识论和方法论下,逐渐形成了文化-建构、历史-阶级和反思-批评三大基础路径。

国际制度研究的文化-建构路径在哲学元理论层面秉承了解释主义,即将主动认知和解释作为知识的主要来源,因此强调观念性因素之于国际制度的重要性。这一基础路径形成于 20 世纪 80 年代以来国际关系学和比较政治学中的"观念性转向"或"社会学转向",[89]具体表现为国际关系学中建构主义与理性主义论战,[90]以及比较政治学中"话语制度主义""建构制度主义"或"观念制度主义"对其他新制度主义的挑战和补充。[91]正如秦亚青所述,此观念性转向深受社会学和语言哲学的影响,并借鉴了国际关系学中的英国学派、新功能主义和交流沟通理论。[92]随后,在观念性转向的旗帜下,不同概念和理论快速发展,并逐渐形成了一个较为混沌的局面。这一混沌状况从观念性因素的定义和建构理论的分类两个方面可见一斑。作为此观念性转向的最核心概念基础,观念性因素却缺乏清晰的定义,[93]相关研究广泛涉及文化、观念、规范、话语、身份、意识形态、知识等不同观念性因素,且这些概念的定义往往存在较多分歧。[94]建构主义呈现出了不同层次和不同类别的理论化发展,既可区分为社会理论或实质理论,[95]也有现代、后现代和自然主义(naturalist)之分,[96]又具体涉及安全文化理论、战略文化理论、体系演进理论、结构建构主义、规范建构主义、规则建构主义等具体流派。[97]

文化-建构基础路径下的国际制度研究逐渐摆脱上述多种理论流派和思想的限制,在解决经验问题的过程中寻求理论回归,而非一味为特定理论寻求经验佐证或完全的问题导向。该路径下的不同研究共享特定的解释思路,即强调观念性因素在国际制度的形成、变迁和有效性等方面的决定性或主导性作用,其结果是相关学科间和理论间的界限变得更加模糊,并出现理论综合的趋势。例如,在解释民族国家形成经典的政治学问题时,学者们从社会学社会互动的角度,将文化视为建构民族国家的重要因素。[98]另一大类研究并没有特定的理论归属,而是从广义的文化-建构路径进行问题导向的分析,如从规范变迁的视角对国际货币基金组织资本账户自由化的分析,[99] 从话语和叙述(narratives)的角度对联合国安理会第1325 号决议的分析,[100] 从身份构建的角度对跨国反基地网络的分析,[101] 从规范传播的角度对国际妇女权利及相关国际制度的研究,[102] 从国际官僚文化的角度分析"南南合作"的叙述如何影响相关国际组织,[103] 从社会化的角度讨论世界银行在国际发展规范传播上的积极作用,[104] 从全球协商(global deliberation)的角度分析关于大坝建设的国际规范的形成和传播等等。[105] 相较而言,理性-功能和文化-建构基础路径视角下的国际制度研究,依然是国际制度研究的主流。

四、历史-阶级基础路径

国际制度研究的历史-阶级基础路径可被视为古典马克思主义思想传统的延续和发展,其在认识论和方法论上奉行历史唯物主义,并强调国际制度的历史性及/或(国家间或阶级间的)不平等关系。历史性即承认历史对认知和解释现实的重要作用。马克思主义国际关系理论继承古典马克思主义,强调历史的必然性和有效性,将历史的生产方式及由此产生的生产关系视为解释国际制度的逻辑起点,例如世界体系论对 2008 年金融危机的分析。[106] 比较政治学历史制度主义在方法论属性、阶级与权力的结构性关系、历史观、个人作用以及制度变迁等方面继承和发展了历史唯物主义,但更加强调历史唯物主义关于历史偶然性的观点,并因此用路径依赖解释制度变迁。[107] 英国学派并不完全信奉唯物主义,但却强调历史发展的实际进程,并从大历史的角度解释国际制度。[108] 历史社会学同样追崇在历史过程中寻求社会发展的原因。不平等关系是指国家内或国家间所存在的不平等关系,如古典马克思主义关于资产阶级与无产阶级关系的论述,世界体系论和依附理论对于不同国家在国际体系中角色的划分,新葛兰西主义关于社会各个阶级之间关系的论述,即"文化霸权",考克斯批判理论对霸权世界秩序的思考,[109] 后殖民主义关于现代化进程中东方和西方的关系等。因此,从历史性及/或不平等关系的视角解释国际制度的具体理论,至少涉及依附理论、世界体系理论、新葛兰西主义、考克斯批判理论等马克思主义国际关系理论、后殖民主义、英国学派,以及历史制度主义比较政治理论等。

上述诸多理论通常具有较为严格的理论假设与推断,如马克思主义国际关系理论应具有冲突且动态的世界观、历史唯物主义的方法论、资本主义世界体系的社会分析、社会主义的向往,[110]具体中微观理论又有更加严格且彼此存在差异的理论框架。然而,问题导向的经验研究,往往逾越或忽略了这些概括性理论界定要素和具体理论假设与推断,并因此打破理论间或学科间的界限,逐渐围绕更加宽泛的解释路径形成跨学科或跨理论的历史-阶级基础路径。例如,有学者认为,一个全球性政府(global state)的雏形正在形成,此全球性政府表现为一个不断发展的国际制度网络体系,致力于为新兴的跨国资产阶级服务,并以牺牲其他阶级的利益为代价;[111]另一些研究从国际制度秩序的不平等性着手,批评并挑战现实主义和制度主义关于国际社会无序性的假设,并从等级性的视角对经验问题进行分析,如武器控制;[112]一些学者认为,某国的依附性网络(dependence network)是该国是否加入特定国际制度的决定性因素。[113]上述问题导向的研究都没有严格的理论归属和定位,但都不同程度地借鉴和综合了相关理论,并从不平等关系及/或历史性的角度,对不同问题领域的国际制度进行分析。

五、反思-批判基础路径

国际制度研究的反思-批判基础路径形成于对理性主义国际关系理论的反思和批判,即基欧汉所指理性主义与反思主义之争,其思想源泉可见于哲学中理性主义和非/反理性主义的思辨。反思主义国际关系理论群包括批判理论、后现代主义、女性主义等,它们都形成了各自的理论假设、研究对象和研究路径,且彼此之间存在较大差异,因此,其对主流理性主义国际关系理论的反思视角也存在差异。例如,批判理论质疑传统理论关于"既定"世界秩序的假设、后现代主义一系列思想对话语和文本的关注,以及对知识的权力和规范属性的研究,[114]女性主义理论对国际关系性别层面的思考等。但是,它们都共享一个基本的研究路径——对理性主义认识论和方法论的反思和批判,或强调理性主义国际关系理论对伦理和道德的忽视,或突出诠释之于社会科学知识探索的不可或缺性,或反思国际关系的性别特性,或用解构、互为文本和谱系学解释国际关系等。在国际制度研究中,高举反/非理性主义大旗的研究潮流,在依然被理性主义主导的国际关系学界,时常涌动。

上述反思主义理论缘起并发展于对主流理性主义理论的批判,却并未形成严格的理论体系,而更多地表现为特定视角下的研究议题。例如,女性主义理论其实是一系列以性别为核心视角的研究路径的总称,这些研究路径至少包括自由女性主义、马克思主义女性主义、后现代女性主义和观念女性主义等;[115]批判理论有广义与狭义之分,广义批判理论泛指对现实主义和自由主义持批评态度的所有理论,即使狭义批判理论也至少包括两个分支:以考克斯为代表的、受新葛兰西主义影响的批判理论,以及以理查德·阿什利(Richard K. Ashley)等为代表的、受法兰克福学派影响的批判理论;[116]后现代主义晦涩难懂,充满争议,无论其支持者和批评者都未对其理论内涵形成相对稳定的共识,其大致探讨知识与权力和政治的关系、政治中的伦理与道德因素、解构和文本的分析视角等等。[117]

上述反思主义理论的边界本就较为模糊,其涉及国际制度的研究更是逐渐超越具体中微观理论的界限,从更加微观的问题领域和更加宏观的理论视角进行研究,这也是前述“理论已逝”的经验证据。但是,相关国际制度研究也并未完全丢失其理论基础,而是围绕相较具体理论更加宏观的基础路径进行问题导向的研究。以女性主义理论为例,诸多女性主义理论分支更似不同宏观理论在解决性别不平等问题上的应用,马克思主义、后现代主义、建构主义、制度主义、心理分析、法学研究等与女性主义的结合,产生了不同的理论分支。从这些不同视角出发,女性主义国际制度研究更多表现为一系列与国际制度和性别平等相关的研究路径,而非严格意义上的理论。例如,自由女性主义关注国际组织中女性代表性不足;[118]马克思主义女性主义将妇女地位不平等归咎于(国内或国际)资本主义制度和父权制;[119]后现代主义女性主义认为世界政治的结构与过程建构了女性的社会角色,[120]而此结构和过程本质上是广义的国际制度;观念女性主义认为与国际制度相关的知识、文化和观念需要从女性的视角进行再叙述,等等;[121]女性制度主义借鉴国际制度研究成果对女性不平等问题的分析;[122]女性主义法学研究探讨性别平等与国际法的关系。[123]

总结而言,上述基础路径的学术传统和思想起源,既可追溯至现代学科体系建立以前的理论思想,尤其是古典政治经济学理论,又广泛来源于其他社会科学学科,如经济学、心理学、社会学、传播学和语言哲学等。这些基础路径是对国际制度相关宏观、中观和微观理论的回归,即在多层次和多学科的国际制度理论中拟合出最大共识(或最小差异)的研究路径。结合上文的分析,表 2.2 对多层次的国际制度理论及其形成的基础路径进行了总结。

表 2.2　国际制度理论的多层次之争与基础路径

超学科	哲学元理论	理性主义/实证主义		解释主义	历史唯物主义	反思主义/后实证主义
	传统及渊源	古典重商主义	古典自由主义	阐释学/现象学	古典马克思主义	哲学非/反理性主义
学科内理论	宏观理论	(新)现实主义	(新)自由主义	建构主义	马克思主义国际关系理论;历史社会学(?)	
	中观理论	古典现实主义制度理论、新现实制度主义	新自由制度主义;比较政治学理性选择制度主义;新制度经济学	国际关系建构主义制度理论;[124]比较政治学建构制度主义;世界政体理论[125]	依附理论、世界体系论等、后殖民主义、比较政治学历史制度主义、新葛兰西主义、考克斯批判理论	批判理论、后现代主义、女性主义等等
	微观理论	霸权稳定国际制度理论、进攻现实主义国际制度理论	多边主义博弈模型、国际制度交易成本理论、国际制度理性设计理论、遵约理论	组织趋同模型、社会学习模型、文化匹配模型[126]	阶级冲突与国际制度、国家间依附与国际制度、后殖民主义与国际制度、文化霸权论	
涉及主要学科		政治学-国际关系	政治学、经济学	政治学、社会学、心理学、语言哲学	政治学、历史学、社会学、哲学	政治学、社会学、哲学等
基础路径		权力-结构	理性-功能	文化-建构	历史-阶级	反思-批判

来源:作者自制。

注释

1. [美]沃勒斯坦等:《开放社会科学:重建社会科学报告书》,刘锋译,北京:生活·读书·新知三联书店 1997 年版,第 3 页。

2. Geoffrey M. Hodgson, "What are Institutions?" *Journal of Economic Issues*, Vol. 40, No. 1, 2006, pp. 1—25.

3. Leon Pompa, eds. & trans., *Vico: The First New Science*, Cambridge and Singapore: Cambridge University Press, 2002.

4. [意]维柯:《新科学》(上、下册),朱光潜译,北京:商务印书馆 1989 年版。

5. Pierre Charron, *Of Wisdom: Three Books*, George Stanhope trans., London: Printed for R. Bonwick etc., 1707. 此书原文为法语,英文译著中古英语"institution"的写法为"inftitution"。

6. 参见陈琪、黄宇兴:《春秋时期的国家干涉——基于〈左传〉的研究》,《国际政治科学》2008 年第 1 期,第 33—73 页;徐进:《孟子的国家间政治及启示》,《世界经济与政治》2009 年第 1 期,第 6—16 页;王日华:《国际体系与中国古代国家间关系研究》,《世界经济与政治》2009 年第 12 期,第 58—68 页;许田波:《战争与国家形成:春秋战国与近代早期欧洲之比较》,上海:上海人民出版社 2009 年版;桑玉成:《也谈春秋时期的诸侯国是否为主权国家——以〈墨子〉为例、以国际法为视角》,《国际政治研究》2006 年第 2 期,第 137—149 页。

7. 朱小略:《中国外交的起源问题再讨论》,《中国社会科学》2020 年第 9 期,第 186—203 页。

8. [古希腊]修昔底德译:《伯罗奔尼撒战争史》,徐松岩、黄贤全译,南宁:广西师范大学出版社 2004 年版;Thucydides, *History of the Peloponnesian War*, Richard Crawley trans., Mineola, N. Y.: Dover Publications Inc., 2004。

9. 参见朱光潜:《朱光潜全集(第六卷)》,合肥:安徽教育出版社 1987 年版,第 54 页。

10. 参见乔伟:《先秦儒家的法律思想及其历史地位》,《文史哲》1985 年第 3 期,第 68—73 页。

11. 参见杨师群:《论法家的"法治"及其法律思想》,《史林》1997 年第 4 期,第 11—17 页。

12. (新)制度主义的发展还普遍存在于其他学科,如历史学、人类学、公共选择等。

13. Victor Nee, "Sources of the New Institutionalism," in Mary C. Brinton and Victor Nee, eds., *The New Institutionalism in Sociology*, Stanford: Stanford University Press, 1998, p. 1.

14. 罗伯特·班尼斯特:《社会学》,载[美]西奥波·波特、[美]多萝西·罗斯编:《剑桥科学史(第七卷):现代社会科学》,郑州:大象出版社 2008 年版,第 285 页。

15. Victor Nee, "The New Institutionalisms in Economics and Sociology," in Neil Smelser and Richard Swedberg, eds., *The Handbook of Economic Sociology*(*second edition*), Princeton and Oxford: Princeton University Press, 2005, p. 54.

16. 秦海:《制度范式与制度主义》,《社会学研究》1999 年第 5 期,第 38—67 页。

17. 参见 Mary C. Brinton and Victor Nee, eds., *The New Institutionalism in Sociology*, Stanford: Stanford University Press, 2001。

18. 譬如,托斯丹·范伯伦强调社会文化心理和习惯,尤其是科学技术进步的制度影响,参见[美]托斯丹·范伯伦:《有闲阶级论:关于制度的经济研究》,李华夏译,北京:中央编译出版社 2012 年版;约翰·康芒斯强调集体行动中法律制度的作用,参见[美]约翰·康芒斯:《制度经济学》(上、下册),赵睿译,北京:华夏出版社 2009 年版;约翰·康芒斯对经济周期理论的研究,参见 Wesley C. Mitchell, *Business Cycles and Their Causes*, Berkeley: University of California Press, 1960. 关于经济学制度研究的详细发展脉络,参见 Malcolm Rutherford, *Institutions in Economics: The Old and the New Institutionalism*, Cambridge: Cambridge Universi-

ty Press，1994。

19．Harold Demsetz，"Towards a Theory of Property Rights，" *American Economic Review*，Vol.57，No.2，1967，pp.347—359；Armen Alchian and Harold Demsetz，"The Property Rights Paradigm，" *Journal of Economic History*，Vol.33，No.1，1973，pp.316—327.

20．Mancur Olson，*The Logic of Collective Action*，Cambridge：Harvard University Press，1971；Mancur Olson，*The Rise and Decline of Nations*，New Haven：Yale University Press，1982；Dennis C. Mueller，*Public Choice II*，Cambridge：Cambridge University Press，1989.

21．Michael C. Jensen and William H. Meckling，"Theory of the Firm：Managerial Behaviour，Agency Costs，and Ownership Structure，" *Journal of Financial Economics*，Vol.3，No.4，1976，pp.305—360.

22．Ronald H. Coase，"The New Institutional Economics，" *Journal of Institutional and Theoretical Economics*，Vol.140，No.1，1984，pp.229—231；Oliver E. Williamson，*The Economic Institutions of Capitalism*，New York：Free Press，1985.

23．Sven Steinmo，"What is historical institutionalism?" in Donatella Della Porta and Michael Keating eds.，*Approaches in the Social Sciences*，Cambridge UK：Cambridge University Press，2008，pp.150—178.

24．Kenneth A. Shepsle，"Studying Institutions：Some Lessons From the Rational Choice Approach，" *Journal of Theoretical Politics*，Vol.1，No.2，1989，pp.131—147.

25．有学者将政治学"旧"制度主义研究总结为四大类：现代主义-经验主义研究、理想主义研究、正式-法律制度研究和社会主义制度研究，并认为此四类"旧"制度主义研究并未完全被"新"制度主义所取代。参见 R. A. W. Rhodes，"Old Institutionalisms an Overview，" in Robert E. Goodin，*The Oxford Handbook of Political Science*，Oxford：Oxford University Press，2011，pp.141—158。

26．Stephen Bell，"Institutionalism：Old and New，" in Dennis Woodward，Andrew Parkin and John Summers，eds.，*Government，Politics，Policy and Power in Australia*（*eighth edition*），Frenchs Forest，NSW：Pearson Education Australia，2002，pp.1—16；陈家刚：《前言：全球化时代的新制度主义》，载薛晓源、陈家刚：《全球化与新制度主义》，北京：社会科学文献出版社 2004 年版，第 2 页。

27．James G. March and Johan P. Olsen，*Rediscovering Institutions：The Organisational Basis of Politics*，New York：The Free Press，1989.

28．James G. March and Johan P. Olsen，"The New Institutionalism：Organizational Factors in Political Life，" *The American Political Science Review*，Vol.78，No.3，1984，p.735.

29．譬如，相关国家对石油危机、通货膨胀压力和失业等问题的不同反应使政治学理论的解释变得苍白无力。参见 Kathleen Thelen and Sven Steinmo，"Historical Institutionalism in Comparative Perspective，" in Sven Steinmo，Kathleen Thelen and Frank Longstreth，eds.，*Structuring Politics：Historical Institutionalism in Comparative Analysis*，Cambridge：Cambridge University Press，1992，pp.1—31。

30．Stephen Bell，"Institutionalism：Old and New，" in Dennis Woodward，Andrew Parkin and John Summers，eds.，*Government，Politics，Policy and Power in Australia*（*eighth edition*），Frenchs Forest，NSW：Pearson Education Australia，2002，p.4.

31．James G. March and Johan P. Olsen，"The New Institutionalism：Organizational Factors in Political Life，" p.734.

32．詹姆斯·马奇和约翰·奥尔森 1984 年发表于《美国政治科学评论》的文章"The New Institutionalism：Organizational Factors in Political Life"被视为政治学中关于新制度主义研究的开端。参见陈家刚：《前言：全球化时代的新制度主义》，载薛晓源、陈家刚：《全球化与新制度主义》,北京:社会科学文献出版社 2004 年版,第 2 页。

33. Karen L. Remmer,"Theoretical Decay and Theoretical Development: The Resurgence of Institutional Analysis," *World Politics*, Vol.50, No.1, 1997, pp.34—61.

34. Kenneth A. Shepsle,"Studying Institutions: Some Lessons From the Rational Choice Approach," *Journal of Theoretical Politics*, Vol.1, No.2, 1989, pp.131—147; Vivien-Lowndes, *"Varieties of New Institutionalism,"* *Public Administration*, Vol.74, No.2, 1996, pp.181—197.

35. 彼得·霍尔(Peter Hall)和罗斯玛丽·泰勒(Rosemary Taylor)1996 年将新制度主义归纳为三大流派——理性选择制度主义、历史制度主义和社会学制度主义。参见 Peter A. Hall and Rosemary C. R. Taylor,"Political Science and the Three New Institutionalisms," *Political Studies*, Vol.44, No.5, pp.936—957。此三大流派划分后来又被加入了话语制度主义(discursive institutionalism)或建构制度主义,参见 Vivien A. Schmidt,"Taking Ideas and Discourse Seriously: Explaining Change Through Discursive Institutionalism as the Fourth 'New Institutionalism'," *European Political Science Review*, Vol.2, No.1, 2010, pp.1—25; Colin Hay,"Constructivist Institutionalism," in R. A. W. Rhodes, Sarah S. Binder and Bert A. Rockman eds., *Oxford Handbook of Political Institutions*, Oxford: Oxford University Press, 2006, pp.56—74。盖伊·彼特斯其至将其归纳为七大类。参见 Peters, B. Guy, *Institutional Theory in Political Science*, Cheltenham, UK: Edward Elgar Publishing, 2019。

36. Vivien A. Schmidt,"Taking Ideas and Discourse Seriously: Explaining Change Through Discursive Institutionalism as the Fourth 'New Institutionalism'," *European Political Science Review*, Vol.2, No.1, 2010, pp.1—25.

37. Ibid.

38. Sven Steinmo,"What is historical institutionalism?" in Donatella Della Porta and Michael Keating eds., *Approaches in the Social Sciences*, Cambridge UK: Cambridge University Press, 2008, p.2.

39. Vivien A. Schmidt,"Taking Ideas and Discourse Seriously: Explaining Change Through Discursive Institutionalism as the Fourth 'New Institutionalism'," *European Political Science Review*, Vol.2, No.1, 2010, pp.1—25.

40. Colin Hay,"Constructivist Institutionalism," in R. A. W. Rhodes, Sarah S. Binder and Bert A. Rockman eds., *Oxford Handbook of Political Institutions*, Oxford: Oxford University Press, 2006, pp.56—74.

41. Edward Hallett Carr, *The Twenty Years' Crisis, 1919—1939: An Introduction to the Study of International Relations*, New York: Harper & Row, 1964.

42. Oran R. Young,"International Regimes: Toward a New Theory of Institutions," *World Politics*, Vol.39, No.1, 1986, pp.104—122.

43. "International Regime"存在不同中文翻译,主要包括"国际规则""国际机制""国际规制"等。本书认为"国际体制"更精确地概括了"International Regime"的内在含义,并与"International Institution"(国际制度)更好地区分开来,因此统一使用"国际体制"一词。详见任东来:《对国际体制和国际制度的理解和翻译》,《国际问题研究》2000 年第 6 期,第 96—101 页。

44. Jitendra Mohan,"Parliamentary Opinions on the Suez Crisis in Australia and New Zealand," *International Studies*, Vol.2, No.1, 1960, pp.60—79.

45. John Gerard Ruggie,"International Responses to Technology: Concepts and Trends," *International Organization*, Vol.29, No.3, 1975, p.570;任东来:《对国际体制和国际制度的理解和翻译》,《国际问题研究》2000 年第 6 期,第 50 页。

46. 关于"新现实制度主义"的提法参见 Vinod K. Aggarwal, *Institutional Designs for a*

Complex World：*Bargaining*，*Linkages*，*and Nesting*，Ithaca：Cornell University Press，1998。

47. Stephen D. Krasner ed.，*International Regimes*，Ithaca：Cornell University Press，1983.

48. 参见 Volker Rittberger，*International Regimes in East-West Politics*，London and New York：Printer Publishers，1990。

49. 参见 John J. Mearsheimer，The False Promise of International Institutions，*International Security*，Vol.19，No.3，1994—1995，pp.5—49。

50. Stephen D. Krasner，Structural Causes and Regime Consequences：Regimes as Intervening Variables，*International Organizations*，Vol.36，No.2，1982，p.186.

51. Susan Strange，"Cave！Hic Dragones：A Critique of Regime Analysis," in Stephen D. Krasner ed.，*International Regimes*，Ithaca：Cornell University Press，1983，p.343；Marc A. Levy，Oran R. Young and Michael Zurn，"The Study of International Regimes," *European Journal of international Relations*，Vol.1，No.3，1995，p.274.

52. Robert O. Keohane，*International Institutions and State Power*：*Essays in International Relations Theory*，Boulder，CO：Westview Press，1989，p.3.

53. Ibid.

54. 参见 Lisa Martin，"Interests，Power，and Multilateralism," *International Organization*，Vol.46，No.4，1992，pp.765—792。

55. 参见 Volker Rittberger，*International Regimes in East-West Politics*，London and New York：Printer Publishers，1990。

56. Barbara Koremenos，Charles Lipson and Duncan Snidal，"The Rational Design of International Institutions," *International Organization*，Vol.55，No.4，2001，pp.761—799.

57. 田野：《建构主义视角下的国际制度与国内政治：进展与问题》，《教学与研究》2013年第2期，第55—62页。

58. 如不同理论视野下的国际体制研究，参见 Andreas Hasenclever，Peter Mayer and Volker Rittberger，*Theories of International Regimes*，Cambridge：Cambridge University Press，1997。国际组织常被更加明确地视为一个独立的研究领域和方向，有相对聚焦的学术杂志（如 *Review of International Organizations*）、课程、教材和理论。参见 J. Martin Rochester，"The Rise and Fall of International Organization as a Field of Study," *International Organization*，Vol.40，No.4，1986，pp.777—813；J. Samuel Barkin，*International Organization*：*Theories and Institutions*（second edition），New York：Palgrave Macmillan，2013。

59. John Duffield，"What Are International Institutions?" *International Studies Review*，Vol.9，No.1，2007，p.6.

60. Lisa L. Martin and Beth A. Simmons eds.，*International Institutions*：*An International Organization Reader*，Cambridge and London：The MIT Press，2001，pp.1—2.

61. Robert O. Keohane，*International Institutions and State Power*：*Essays in International Relations Theory*，Boulder：Westview，1989，p.4.

62. John Duffield，"What Are International Institutions?" *International Studies Review*，Vol.9，No.1，2007，pp.7—8.

63. Martha Finnemore and Kathryn Sikkink，"International Norm Dynamics and Political Change," *International Organization*，Vol.52，No.4，1998，pp.887—917；Audie Klotz，*Norms in International Relations*：*The Struggle Against Apartheid*，Ithaca and London：Cornell University Press，1999，p.13.

64. 李巍、罗仪馥：《从规则到秩序：国际制度竞争的逻辑》，《世界经济与政治》2019年第4期，第52—53页；马国林：《反思赫德利·布尔的国际制度思想》，《世界经济与政治》2015

年第 1 期，第 113 页。

65. Robert O. Keohane，"International Institutions：Two Approaches，"*International Studies Quarterly*，Vol.32，No.4，p.385.

66. Stephen D. Krasner，"Structural Causes and Regime Consequences：Regimes as Intervening Variables，"*International Organization*，Vol.36，No.2，1982，p.186.

67. John Duffield，"What Are International Institutions?"*International Studies Review*，Vol.9，No.1，2007，p.15.

68. Robert O.Keohane，*International Institutions and State Power：Essays in International Relations Theory*，Boulder，CO：Westview Press，1989；Xinyuan Dai，*International Institutions and National Policies*，Cambridge：Cambridge University Press，2007.

69. John Duffield，"What Are International Institutions?"*International Studies Review*，Vol.9，No.1，2007，p.13. 其他持有类似观点的参见 Lisa L. Martin and Beth A. Simmons，"Theories and Empirical Studies of International Institutions，"*International Organization*，Vol.52，No.4，1998，pp.729—757；Oran R. Young，*International Cooperation：Building Regimes for Natural Resources and the Environment*，Ithaca：Cornell University Press，1989。

70. Beth A. Simmons and Lisa L. Martin，"International Organizations and Institutions，"in Walter Carlsnaes，Thomas Risse and Beth A. Simmons eds.，*Handbook of International Relations*，London，Thousand Oaks and New Delhi：Sage Publications，2006，pp.192—211.

71. Peter M. Haas，"Introduction：Epistemic Communities and International Policy Coordination，"*International Organization*，Vol.46，No.1，1992，p.4.

72. Todd Allee and Clint Peinhardt，"Evaluating Three Explanations for the Design of Bilateral Investment Treaties，"*World Politics*，Vol.66，No.1，2014，pp.47—87.

73. Christina J. Schneider，"Weak States and Institutionalized Bargaining Power in International Organizations，"*International Studies Quarterly*，Vol.55，No.2，2011，pp.331—355.

74. Allison Carnegie，"States Held Hostage：Political Hold-Up Problems and the Effects of International，"*American Political Science Review*，Vol.108，No.1，2014，pp.54—70.

75. Alexander Cooley，"Contested contracts：Rationalist theories of institutions in American IPE，"in Mark Blyth ed.，*Routledge Handbook of International Political Economy(IPE)：IPE as a Global Conversation*，London and New York：Routledge，2008，pp.48—61.

76. 时殷弘，《国际政治：理论探究、历史概观、战略思考》，北京：当代世界出版社 2002 年版。

77. Edward D. Mansfield and Eric Reinhardt，"International Institutions and the Volatility of International Trade，"*International Organization*，Vol.62，No.4，2008，pp.621—652；Leonardo Baccini and Soo Yeon Kim，"Preventing Protectionism：International institutions and trade policy，"*Review of International Organizations*，Vol.7，No.4，2012，pp.369—398.

78. Paul Poast and Johannes Urpelainen，"How International Organizations Support Democratization：Preventing Authoritarian Reversals or Promoting Consolidation?"*World Politics*，Vol.67，No.1，2015，pp.72—113.

79. Leonardo Baccini and Johannes Urpelainen，*Cutting the Gordian Knot of Economic Reform：When and How International Institutions Help*，Oxford：Oxford University Press，2015；Fariborz Moshirian，"Globalisation and the Role of Effective International Institutions，"*Journal of Banking & Finance*，Vol.31，No.6，2007，pp.1579—1593.

80. Nicholas Onuf，"Institutions，Intentions and International Relations，"*Review of International Studies*，Vol.28，No.2，2002，pp.211—228.

81. Xinyuan Dai，*International Institutions and National Policies*，Cambridge：Cambridge

University Press，2007.

82. John-ren Chen，"Fair Distribution of Welfare Gain：application of the equity principle in forming international institutions，" *Progress in Development Studies*，Vol. 9，No. 4，2009，pp. 285—295.

83. Christopher Marcoux and Johannes Urpelainen，"Non-compliance by Design：Moribund hard law in international institutions，" *Review of International Organizations*，Vol. 8，No. 2，2012，pp. 163—191.

84. Lauge N. Skovgaard Poulsen，"Bounded Rationality and the Diffusion of Modern Investment Treaties，" *International Studies Quarterly*，Vol. 58，No. 1，2014，pp. 1—14.

85. Bernhard Zangl，"Judicialization Matters! A Comparison of Dispute Settlement Under GATT and the WTO，" *International Studies Quarterly*，Vol. 52，No. 4，2008，pp. 825—854.

86. Moonhawk Kim，"Costly Procedures：Divergent Effects of Legalization in the GATT/WTO Dispute Settlement Procedures，" *International Studies Quarterly*，Vol. 52，No. 3，2008，pp. 657—686.

87. Robert O. Keohane，"International Institutions：Two Approaches，" *International Studies Quarterly*，Vol. 32，No. 4，1998，pp. 379—396.

88. Alexander Wendt，"Anarchy is What States Make of It：The Social Construction of Power Politics，" *International Organization*，Vol. 46，No. 2，1992，pp. 391—425. 其他中外学者也延续此划分，将国际关系理论归类为理性主义、建构主义和反思主义，参见 Steve Smith，"New Approaches to International Theory，" in John Baylis and Steve Smith eds.，*The Globalization of World Politics*，Oxford：Oxford University Press，1998，pp. 168—191；李少军：《当代国际关系理论的主要学派与争论》，载李慎明、王逸舟编：《2002 年：全球政治与安全报告》，北京：社会科学文献出版社 2002 年版，第 263—283 页。

89. Mark Blyth，*Great Transformations*，New York：Cambridge University Press，2002；袁正清：《国际政治理论的社会学转向》，上海：上海人民出版社 2005 年版。

90. 关于理性主义和建构主义的深入分析参见 James Fearon and Alexander Wendt，"Rationalism v. Constructivism：A Skeptical View，" in Walter Carlsnaes，Thomas Risse，and Beth Simmons，eds.，*Handbook of International Relations*. London，UK：Sage，2002，pp. 52—72。关于国际制度研究的理性和反思两种路径，参见 Robert O. Keohane，"International Institutions：Two Approaches，" *International Studies Quarterly*，Vol. 32，No. 4，1998，pp. 379—396。

91. 上述三种不同表述，分别参见 Vivien A. Schmidt，"Taking Ideas and Discourse Seriously：Explaining Change Through Discursive Institutionalism as the Fourth 'New Institutionalism'，" *European Political Science Review*，Vol. 2，No. 1，2010，pp. 1—25；Hay Colin，"Constructivist Institutionalism，" in R. A. W. Rhodes，Sarah S. Binder and Bert A. Rockman eds.，*Oxford Handbook of Political Institutions*，Oxford：Oxford University Press，2006，pp. 56—74；Hay Colin，"The 'Crisis' of Keynesianism and the Rise of Neoliberalism in Britain：An Ideational Institutionalist Approach，" in John L. Campbell and Ove Kaj Pedersen eds.，*The Rise of NeoLiberalism and Institutional Analysis*，Princeton：Princeton University Press，2001，pp. 191—218。

92. 秦亚青：《文化与国际社会：建构主义国际关系理论研究》，北京：世界知识出版社 2006 年版，第 7—18 页。

93. Daniel Beland and Robert Henry Cox，"Ideas and Politics，" in Daniel Beland and Robert Henry Cox，*Ideas and Politics in Social Science Research*，Oxford：Oxford University Press，2010，pp. 3—24.

94. 很多研究尝试对观念进行分类，参见 Judith Goldstein and Robert O. Keohane eds.，

Ideas and Foreign Policy： *Beliefs*， *Institutions and Political Change*， Ithaca： Cornell University Press，1993；Nina Tannenwald，"Ideas and Explanation： Advancing the Theoretical Agenda," *Journal of Cold War Studies*，Vol.7，No.2，2005，pp.13—42。

95. Robert Jackson and Georg Sørensen，*Introduction to International Relations*： *Theories and Approaches*，Oxford：Oxford University Press，2006.

96. John Ruggie，Constructing the World Polity：Essays on International Institutionalization，New York：Routledge，1998.

97. 秦亚青：《文化与国际社会：建构主义国际关系理论研究》，北京：世界知识出版社2006年版，第19页。有学者甚至认为建构主义出现了实践-关系转向，即实践理论和关系理论等建构主义分支理论逐渐发展，参见David M. Mccourt，"Practice Theory and Relationalism as the New Constructivism," *International Studies Quarterly*，Vol. 60，No. 3，2016，pp.475—485。

98. John W. Meyer et al.，"World Society and the Nation-State," *American Journal of Sociology*，Vol.103，No.1，1997，pp.144—181。

99. Jeffrey M. Chwieroth，"Normative Change from Within：The International Monetary Fund's Approach to Capital Account Liberalization," *International Studies Quarterly*，Vol.52，No.1，2008，pp.129—158。

100. Laura J. Shepherd，"Power and Authority in the Production of United Nations Security Council Resolution 1325," *International Studies Quarterly*，Vol. 52，No. 2，2008，pp.383—404。

101. Andrew Yeo，"Not in Anyone's Backyard：The Emergence and Identity of a Transnational Anti-Base Network," *International Studies Quarterly*，Vol. 53，No. 3，2009，pp.571—594。

102. Susanne Zwingel，"How Do Norms Travel? Theorizing International Women's Rights in Transnational Perspective," *International Studies Quarterly*，Vol. 56，No. 1，2012，pp.115—129。

103. Carolina Milhorance and Folashade Soule-Kohndou，"South-South Cooperation and Change in International Organizations," *Global Governance*，Vol.23，No.3，2017，pp.461—481。

104. Adrian Bazbauers，"The World Bank as a Development Teacher," *Global Governance*，Vol.22，No.3，2016，pp.409—426。

105. Navroz K. Dubash，"Global Norms Through Global Deliberation? Reflections on the World Commission on Dams," *Global Governance*，Vol.15，No.2，2009，pp.219—238。

106. ［美］伊曼纽尔·沃勒斯坦：《结构性危机：一次迥异的危机》，张发林译，《北京大学学报(哲学社会科学版)》2017年第1期，第5—10页。

107. 关于历史制度主义和历史唯物主义关系的详细分析，参见杨光斌、高卫民：《历史唯物主义与历史制度主义：范式比较》，《马克思主义与现实》2011年第2期，第142—148页。

108. 秦亚青：《国际关系研究中科学与人文的契合》，《中国社会科学》2004年第1期，第81页。

109. 李滨：《考克斯的批判理论：渊源与特色》，《世界经济与政治》2005年第7期，第15—20页。

110. 李滨：《什么是马克思主义的国际关系理论?》，《世界经济与政治》2005年第5期，第37—44页。

111. B. S. Chimni，"International Institutions Today：An Imperial Global State in the Making," *European Journal of International Law*，Vol.15，No.1，2004，pp.1—37。

112. Caroline Fehl，"Unequal Power and the Institutional Design of Global Governance：the

Case of Arms Control," *Review of International Studies*，Vol.40，No.3，2014，pp.505—531. 关于国际社会等级性(hierarchy)研究参见 Jack Donnelly，"Sovereign Inequalities and Hierarchy in Anarchy：American Power and International Society," *European Journal of International Relations*，Vol.12，No.2，2006，pp.139—170；Tim Dunne，"Society and Hierarchy in International Relations," *International Relations*，Vol.17，No.3，2003，pp.303—320；David A. Lake，*Hierarchy in International Relations*，Ithaca and London：Cornell University Press，2009。

113. Jay Goodliffe et al.，"Dependence Networks and the International Criminal Court," *International Studies Quarterly*，Vol.56，No.1，2012，pp.131—147.

114. 刘永涛：《后现代主义与后现代国际关系：一个基本考察》，《世界经济与政治》2005年第7期，第36—42页。

115. 李少军：《当代国际关系理论的主要学派与争论》，载李慎明、王逸舟编：《2002年：全球政治与安全报告》，北京：社会科学文献出版社2002年版，第263—283页。一些学者对女性主义进行了更细的划分，在上述四个类别之外还包括：激进女性主义、女同性恋女性主义、心理分析女性主义、种族女性主义、男性女性主义、社会建构女性主义等。参见 Judith Lorber，*The Variety of Feminisms and their Contributions to Gender Equality*，Oldenburger Universitätsreden：BIS Verlag，1997，http：//oops.uni-oldenburg.de/1269/，最后访问时间：2022年3月7日。

116. 参见郭树勇：《国际关系研究中的批判理论：渊源、理念及影响》，《世界经济与政治》2005年第7期，第7—14页。

117. Richard Devetak，"Postmodernism," in Scott Burchill et al.，*Theories of International Relations*(*third edition*)，New York：Palgrave McMillan，2011，pp.161—187.

118. Kirsten Haack，"Breaking Barriers? Women's Representation and Leadership at the United Nations," *Global Governance*，Vol.20，No.1，2014，pp.37—54.

119. Elizabeth Lapovsky Kennedy，"Socialist Feminism：What Difference Did It Make to the History of Women's Studies?" *Feminist Studies*，Vol.34，No.3，2008，pp.497—525.

120. Margrit Shildrick，Leaky Bodies and Boundaries：Feminism，Postmodernism and(Bio) ethics，London：Routledge，1997.

121. Kristen Intemann，"25 Years of Feminist Empiricism and Standpoint Theory：Where Are We Now?" *Hypatia*：*A Journal of Feminist Philosophy*，Vol.25，No.4，2010，pp.778—796.

122. Rachel Minto and Lut Mergaert，"Gender Mainstreaming and Evaluation in the EU：Comparative Perspectives from Feminist Institutionalism," *International Feminist Journal of Politics*，Vol.20，No.2，2018，pp.204—220.

123. Jayne Huckerby，"Feminism and International Law in the Post 9/11 Era," *Fordham International Law Journal*，Vol.39，No.3，2016，pp.533—590.

124. 建构主义国际关系理论内部存在不同派别，参见秦亚青：《文化与国际社会：建构主义国际关系理论研究》，北京：世界知识出版社2006年版。

125. 世界政体理论同样强调观念性因素，但相较建构主义理论更加强调文化规范的作用，其认为世界社会的主体是世界政体，而世界政体为世界社会中的行为体提供了文化规范和方向。参见 John W. Meyer，"World Society，Institutional Theories，and the Actor," *Annual Review of Sociology*，Vol.36，No.1，2010，pp.1—20.

126. 田野：《建构主义视角下的国际制度与国内政治：进展与问题》，《教学与研究》2013年第2期，第55—62页。

第三章

现实制度主义理论的合成

> 即便是对于那些创立理论的人来说，也只能以一种不确定的印象主义的方式来描述理论的产生。

——肯尼斯·沃尔兹[1]

诚如第一章所定义，国际关系理论是对国际关系现实的规律发现和系统解释，然而，国际关系是否具有跨时空客观性颇具争议，现实的变化需要理论的发展与创新。冷战结束以来，尤其进入 21 世纪后，国际关系现实的变化加剧，具体表现为经济全球化的深入和国际体系制度化，国际体系表现出无政府性和制度性的双重特征，国际关系现实越发表现为冲突-合作复合形态，国际秩序显现变迁之势，而国际关系理论却逐渐式微，甚至被认为"理论已逝"。[2] 由此，如第一章第二节对国际关系理论困境的讨论所述，国际关系经验世界和抽象理论间的错位加剧，问题导向的经验研究渐盛，国际关系现实的新变化缺乏理论解释，理论发展和创新的需求愈发强烈。

前文第一章已梳理了国际关系理论的定义、困境和创新方法，第二章则沿着制度研究这条主线，对广义社会科学研究中的制度理论进行了梳理，对其所呈现出的理论倾向进行了归纳，并将这种倾向概括为五大基础路径。在五大基础路径中，理性主义视域下的两大路径（权力-结构路径和理性-功能路径）和诸多相关的多层次理论在国际关系研究中一直占据着主导地位，常被称之为主流理论或理性主义理论。考虑到国际关系现实的变化，基于既有从不同理论层级进行理论综合的相关研究，[3] 本书尝试对国际关系两大主流理性流派（现实主义和新自由制度主义）进行理论合成,将解释国家行为和国际关系形态的权力逻辑和制度逻辑融合起来,构建现实制度主义的新理论,以解释国际关系现实的新变化,尤其是国际关系的冲突-合作复合形态和国际秩序变迁。

第一节 解释国际关系形态的两种核心逻辑

一、权力逻辑与国际冲突

对战争与和平的反思和解释是推动国际关系学学科和理论发展的最原始动力,而古典现实主义所信奉的权力逻辑是最早的系统性理论解释,其为国际关系理论的发展奠定了最根本的基础,开启了国际关系理论争论与发展的历程——其对理想主义的批判以及在此基础上的拓展(结构现实主义和新古典现实主义),对这一基础及其后续拓展的批判性借鉴(新自由制度主义),对其核心内涵和认知方式的挑战(建构主义)或批判性反思(激进国际关系理论),构成了当前国际关系理论体系的全貌。卡尔(E. H. Carr)首先确立了现实主义的概念和思想,以此批判理想主义的道德论,并提出了国际体系的无政府状态,权力是国际关系的决定性因素和国家利益间的根本性冲突等重要观点。[4]汉斯·摩根索(Hans J. Morgenthau)进一步将政治现实主义理论体系化,提出了基于人性的权力观、以权力界定的利益观、以利益竞争和冲突为基本方式的国家互动观。[5]这些被冠之以"古典现实主义"[6]的理论对国际关系形态的判断整体上是悲观的,认为尽管国家权力受到权力均衡、国际道德和世界舆论、国际法等诸多因素限制,但国家间冲突是权力政治的必然。[7]由此,国际关系的主体被确立为主权国家,关系维度以主权国家间的正式关系为主,[8]核心关系内涵是军事权力,关系形态以冲突为主,其核心逻辑是自利和有天然权力倾向的人性决定了冲突性的国家间关系。

卡尔确立了现实主义的概念和思想流派,摩根索将其理论化,而沃尔兹将其体系化和科学化,并建立了被称为"结构现实主义"的新流派。[9]沃尔兹继承了古典现实主义权力政治导致国际冲突的宏观逻辑,但对具体的逻辑机制进行了系统性修改,其最重要的变化是将导致权力政治的核心因素由人性改变为国际体系的无政府性。[10]由此,沃尔兹开启了国际关系的体系理论新路径,为国际关系宏观理论"三足鼎立"的局面奠定了重要基础。具体而言,关系主体同样是主权国家,且是不可还原的整体;关系维度是主权国家间关系,且以安全为核心领域;关系内涵依然是权力,且是以物质实力分配和军事实力所定义的权力;关系形态同样以冲突为主。其核心逻辑调整为:在无政府性的国际体系下,以国家间物质实力分配为基础的国际结构,决定国家行为,导致国家间冲突。图3.1对这一逻辑进行了总结。

体系特征　　　　　　关系主体　　　　　关系形态
（无政府的权力结构）　（物质权力＋相对收益）　（冲突）

图 3.1　结构现实主义逻辑

将关系主体视为不可还原的主权国家的权力逻辑饱受质疑,这些质疑或是根本性地挑战权力逻辑和冲突性的关系形态(如建构主义路径和下文所述的制度逻辑),或是在权力逻辑下试图找回国内政治的因素。于后者而言,新古典现实主义是最具影响力的一个新兴流派。新古典现实主义接受了结构现实主义的核心假定和权力政治逻辑,但在此基础上作出了调整和创新。最重要的变化是认为无政府国际体系影响国家行为的过程还存在一个国内政治的中介变量,关系主体不再是整体主义视角下的主权国家,而是还原到了国家领导人、特定国家的战略文化、国家-社会的关系和国内制度等国内政治因素。[11]由此,国际关系和对外政策分析两个领域的界限被打破,但关系维度和关系内涵较结构现实主义没有太大变化。虽然新古典现实主义主要强调对国家外交政策和大战略的解释,其对关系形态的判断依然是偏向于冲突性的。图3.2描述了新古典现实主义的核心逻辑。

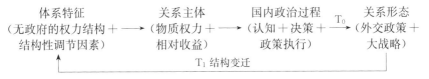

图 3.2　新古典现实主义的核心逻辑

这一逻辑的两点创新之处为本书现实制度主义的构建带来了启示。其一,时间因素被纳入考量之中。在确定新古典现实主义的解释对象和范围时,为了与聚焦于具体决策的对外政策分析学区分开来,新古典现实主义者认为,其理论的解释范围会随着时间的推移而扩大,从短期的危机决策(即图 3.2 中的 T_0)依次扩大为外交决策、大战略调整、体系结果和结构变迁(即 T_1),这些解释对象的逻辑层次也随之从单元上升到了体系。[12]正是这一时间因素的加入,对外政策分析和国际关系被巧妙地结合起来。其二,行为体与结构相互影响。古典现实主义的人性权力政治和结构现实主义的体系权力政治对行为体与结构间关系的认知都是单向的,建构主义正是通过强调行为体与结构的相互建构而独树一帜。新古典现实主义通过加入时间变量,认为随着时间的推移,体系刺激通过国内政治过程影响行为体的战略和政策,这种影响在更长时期内会导致国际体系结构的变迁(如图 3.2)。总体而言,运用"理论回归"(theoretical regression)的方法,上述不同理论的最优拟合曲线是通过权力政治解释国际关系的冲突性。

二、制度逻辑与国际合作

与权力逻辑不同,制度逻辑总体上强调国际关系的合作性。权力逻辑是政治学和国际关系的专属,而制度逻辑却有着广泛的社会科学基础和悠久的历史传统。如第二章对制度研究演进的梳理所示,制度研究的体系化和学科化发生在 19 世纪末,在此之前,制度思想没有明确的学科界限。此后,制度研究在社会学、经济学和政治学等相邻社会科学学科中出现了差异化发展,但这些发展都为国际关系学中的国际制度研究提供了知识养分。(国际)制度更多是作为一个变量散落在不同理论之中,其重要性存在较大差别。例如,一项研究将国际关系理论和一体化理论按照制度对国家权力影响的大小依次排序为:新功能主义、自由制度主义、自由政府间主义、现实制度主义、霸权稳定理论、新政府间主义、古典和结构现实主义。[13]

真正将国际制度系统地纳入国际关系理论中的是新自由制度主义。

古典现实主义者所建立的理论体系在20世纪70年代陷入困境,对于布雷顿森林体系的崩溃、美国在越南战争中的失利、石油危机等现象,古典现实主义缺乏解释力。基欧汉和约瑟夫·奈(Joseph S. Nye)等学者先是敏锐地观察到跨国关系对世界政治的影响,随后将这种影响概括为"复合相互依赖",并认为国际制度(international regime)是国际关系的重要内涵,对体制变迁进行了系统解释。[14] 在此基础上,基欧汉1984年出版的《霸权之后》对国际制度在促进国家合作上的功能性作用进行了系统的理论阐述,确立了新自由制度主义理论的基本框架,但对"新自由制度主义"的概念和理论进行系统梳理的是其1989年出版的一部论文集《国际制度与国家权力》。[15]

　　新自由制度主义接受了现实主义的核心假设,包括国际社会的无政府性和主权国家单一性、同质性和自利性,但其在对国际关系形态的判断和解释逻辑上,存在很大差异。图3.3对新自由制度主义的核心逻辑进行了描述。具体而言,国际体系的无政府性并不意味着合作的不可能和缺失,相反,国际体系呈现出了复合相互依赖的新形态。关系主体依然是主权国家,但其关注的是绝对收益和多元权力。关系维度变得更加多元,不同领域的交往和联系都具有权力属性。国际制度成为削弱国际体系无政府性的负面作用和通过其功能性作用促进国家合作的重要因素。由此,国际关系形态表现出合作性。

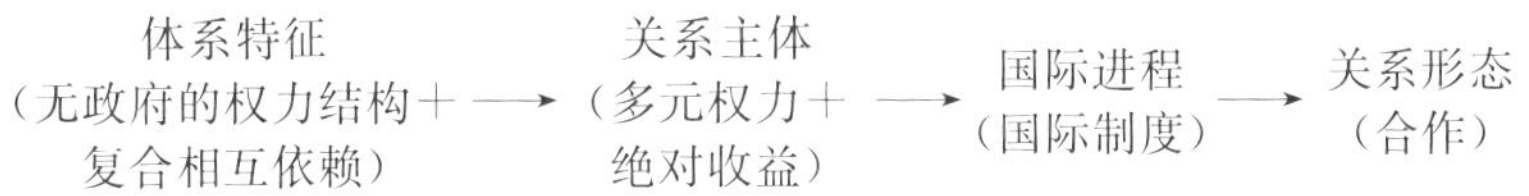

体系特征　　　　　　　关系主体　　　　　　国际进程　　　　关系形态
(无政府的权力结构+ ——→ (多元权力+ ——→ (国际制度) ——→ (合作)
复合相互依赖)　　　　绝对收益)

图 3.3　新自由制度主义的核心逻辑

　　新自由制度主义理论对本书现实制度主义的理论创建同样带来了重要启示。第一,国际体系的本质和特征值得再探讨。新自由制度主义较现实主义的一个重要不同是对国际体系特征的再思考,其认为国际体系除了具有无政府性外,还具有复合相互依赖的特征,现实主义关于无政府与无序和无合作间关系的论断得到质疑和反思。如后文中详述,现实制度主义的出发点正是对国际体系本质和特征的再思考,当前的国际体系被认为是一个国际制度体系,国际体系的无政府状态并不等同于无序和无合作状态。第二,国际制度的权力属性需要更加系统的研究。新自由制度主义主要聚焦于国际制度在国际关系中的功能性作用,如降低交易成本、增加信息对称、消除不确定性等,国际制度是一个中介变量,其对权力的定义除了沿用现实主义的物质权力外,还强调不对称相互依赖的权力,而国际制度的权力属性实质上并没有得到系统梳理。现实制度主义所关注的核心权力是国际制度性权力,即以国际制度为对象、工具或来源的权力。

第二节　权力与制度逻辑的初步融合

主流国际关系理论构建了解释国际关系形态的不同逻辑,主要包括现实主义侧重解释国际冲突的权力逻辑,新自由制度主义尝试解释国际合作的制度逻辑,以及建构主义的文化逻辑。相较之下,现实主义和新自由制度主义整体上都遵循理性主义的认知方式,而建构主义则强调解释主义的重要性。本书现实制度主义的理论构建主要是在权力逻辑和制度逻辑的基础上进行理论合成。尽管这两种逻辑各有侧重,但本质上并不是相互独立和完全互斥的,而是存在不同程度的交集和重合,一些理论和经验研究也尝试对其进行融合,具体表现在以下两个方面。

一方面,在权力或制度逻辑下对制度或权力加以考量,进行特定范式内的拓展。在制度逻辑下研究权力的代表性理论便是新自由制度主义。新自由制度主义是在接受现实主义权力逻辑的基础上,增加国际制度的中介变量和复合相互依赖的国际体系特征判断。在权力逻辑下的制度研究,具体表现为不同现实主义流派的制度观。虽然强调权力政治,古典和新现实主义并没有完全忽略国际制度。现实主义宏观范式下的多种理论分支都不同程度和不同侧重地关注了制度因素。古典现实主义对国际制度的关注主要聚焦于国际法和正式国际组织,卡尔将国际法和国际组织视为权力和国家利益的附属品,"是更强者的武器",[16]汉斯·摩根索认为国际法对国家权力具有限制作用,但国家遵守国际法和国际规则也是出于其权力和利益考量,且将其视为实现自我利益的工具。[17]在权力政治的核心逻辑下,古典现实主义的制度观往往被忽略或轻视。这种制度观将制度(包括一些非正式制度)视作权力的机制,其使国家能够更好地聚焦和部署权力,即制度提供了权力机制,而反对国际制度可以取代国际体系中的权力政治。[18]

新现实主义的制度观存在较大分歧,大致可被总结为沃尔兹式、吉尔平式、克拉斯纳式和米尔斯海默式新现实主义制度观。[19]沃尔兹的均势理论或所谓的正统结构现实主义忽略了国家实现权力最大化的具体过程,从而也在总体上忽略了国际制度,这是"新现实主义忽略国际制度"传统印象的主要来源,也为新自由制度主义持续发掘国际制度的功能留下了空间。面对"忽略国际制度"的指责和新自由制度主义的挑战,受沃尔兹式结构现实主义影响的其他新现实主义,开始在现实主义理论范式下增加对国际制度的解释。这类新现实主义的制度研究被称为"改良的结构现实主义"(modified structural realism)[20]或"新现实制度主义"(neo-realist institutionalism),其国际制度观存在较大差异。[21]吉尔平式的制度观认为,国际制度是霸权战争的驱动因素,霸权国创建制度从而获得结构性优势地位,这种优势进而巩固其霸权地位,即霸权国控制制度,制度反过来成为霸权的工具和来源。[22]斯蒂芬·克拉斯纳(Stephen D. Krasner)认为,在主导国的相对优势得到维持的情况下,国际合作是可能,国际体制正是为合作服务的,且国际体制也会通过滞后和反馈产生一定的独立影响。[23]这种克拉斯纳式的制度观不但继承了传统现实主义将国际制度视为权力对象和工具的观点,还在一定程度上承认了国际制度的独立性和影响力。米尔斯海默式的制度观则全盘否定国际制度的作用,认为其是权力政治的附属现象。[24]

另一方面,一些研究尝试跳脱出特定理论范式的束缚,进行权力和制度两种逻辑不同程度的理论折中或合成。就一般意义而言,以自由主义、现实主义和建构主义三大宏观范式下的不同理论分支为基础,进行每两个或每多个的组合,可以产生多种理论融合的可能性。[25] 但在具体研究中,具有理论融合可操作性的组合和相关尝试并不多见(如现实建构主义和建构-批评理论综合[26]),上述解释国际关系形态的权力和制度逻辑是进行理论融合的重要组合,相关研究大致从理论的四个不同层级进行了融合的尝试。

在宏观理论层面,自新现实主义与新自由制度主义论战之初,理论对话和理论融合的呼吁便不断。如前所述,罗伯特·基欧汉的理论创建本身便是将体制研究与霸权稳定理论进行合成,在结构现实主义权力逻辑基础上引入了制度因素,而基欧汉也积极倡导宏观范式间的对话与融合。如基欧汉所述,"我做的工作是综合现实主义和自由主义的各种要素",理论的发展应"打破人为的以'现实主义'和'自由主义'为营垒的学术边界"。[27] 奥利·维夫(Ole Waver)更是明确地提出了"新新合成"(即新现实主义与新自由制度主义的合成)。[28] 1999 年国际研究协会(ISA)主席迈克尔·布雷彻(Micheal Brecher)在其主席致辞中公开呼吁打破国际关系研究中存在缺陷的二分法,进行理论和方法的综合,推动国际关系的知识积累。[29] 一时间,关于国际关系宏观范式对话和融合的呼声高涨,相关研究涌现。[30] 但是,国际关系宏观范式的发展依然陷入困境,权力逻辑和制度逻辑在宏观理论层面的融合和创新匮乏,如第一章中所述,一些研究甚至批判"主义之恶"("isms" are evil),认为"理论已逝"。[31] 宏观范式融合的困难使相关研究转而在具体理论、分析框架和概念层面进行权力和制度逻辑的融合。

在具体理论层面,一些研究尝试在解释具体问题的同时,通过结合权力和制度逻辑构建具有一定范围解释力的理论。这一层面的融合同样属于理论创建,相较于宏观范式层面的融合更加容易,但依然需要符合理论的基本标准和要求,具有核心问题、基本假设和解释逻辑,对国际关系的主体、内涵和形态有明确的界定和解释。一个具有代表性的例子是肖恩·唐纳利(Shawn Donnelly)在对欧盟的研究中所提出的"现实制度主义"(realist institutionalism)理论。这种理论通过融合权力和制度逻辑进而解释欧洲的国际关系现实与问题。具体而言,唐纳利的现实制度主义有三个一般性的推论：(1)大国按照符合自我利益的方式，通过制度化和创建秩序管理相互依赖；(2)大国关注制度设计的分配效应（即相对收益及其对相对收益的认知）；(3)经济驱动制度战略。[32]但是，唐纳利所称之为的"现实制度主义"本质上是指新现实主义的制度研究，即前文提及的"改良的结构现实主义"或"新现实制度主义"。不同的是，唐纳利并不是论述特定新现实主义分支理论如何解释国际制度，而是建立了一个与其他具体理论（如自由政府间主义/自由制度主义、新功能主义和新政府间政府）并列的另一种具体理论。

更多将权力和制度逻辑进行结合的尝试是在分析框架层面。宏观范式和具体理论的创建具有较高的难度和要求，而分析框架的构建相对更加容易。这种权力和制度逻辑结合的分析框架往往是针对具体问题（或较小范围内的类似问题）的一种分析逻辑，即戴维·莱克（David A. Lake）所主张的"中层理论"（middle-range theory），[33]且往往具有鲁德拉·希尔（Rudra Sil）和彼得·卡赞斯坦（Peter Katzenstein）所呼吁的分析折中主义色彩。[34]罗纳德·克雷布斯（Ronald R. Krebs）较早（1999年）在联盟研究中明确使用了"realist institutionalism"（现实制度主义）一词，其将结构现实主义与新自由制度主义结合起来，构建了一个折中性框架分析希腊-土耳其冲突。[35]另一项研究认为，相较于阿查亚的建构主义路径，现实制度主义可更好地解释东盟（ASEAN）的历史，但并未进一步阐释现实制度主义的核心内涵。[36]安德斯·威维尔（Anders Wivel）和保罗（T. V. Paul）2019年出版的编著致力于弥合国际制度和权力政治间的分歧，其中塞缪尔·巴尔金（J. Samuel Barkin）和帕特里西娅·韦茨曼（Patricia A. Weitsman）沿用了前述克雷布斯的思路，阐述了现实制度主义的分析框架。他们认为，国际制度并不简单地产生独立影响，也不仅仅是权力的表现，而是国家运用权力和获得影响力的工具，这本质上是在强调国际制度的不同权力属性，但是其所指的国际制度被狭义地限定为正式国际组织。[37]此外，权力和制度逻辑相结合的分析框架还至少包括前述"新现实制度主义"（在权力研究传统下对体制的分配效应进行研究，并由此解释国家对多边主义或双边主义的不同偏好），[38]"观念-制度现实主义"（将观念因素带入区域一体化研究中,提出了合作性霸权的新地区秩序)[39]和"制度现实主义"。[40]

一些中文研究也尝试建立权力政治与国际制度结合的折中分析框架。李巍在中文研究中较早使用和论述"现实制度主义",其对这一概念的英文翻译是"realistic institutionalism",这与前述相关研究中的"realist institutionalism"略有不同。[41]李巍将现实制度主义明确界定为一种对"现实主义和自由主义进行折中分析之后所形成的一个新的专门解释国际制度现象的理论分析框架",这一分析框架强调国际制度作为公共物品的中性和作为国家权力工具的非中性,以及由此诱发的国家间的制度竞争。[42]这一折中分析视角和框架颇具启发性,为相关研究提供了一种可资借鉴的分析工具,也为后文现实制度主义的进一步理论化提供了批判和借鉴的基础。[43]

最后,在概念层面,"制度性权力"对国际制度的权力属性和权力的制度工具进行了概括和总结。相较于前述理论和分析框架的构建,概念层面的权力政治与国际制度结合是更加基础性的,为理论和分析框架提供了不可或缺的构成要素。在迈克尔·巴尼特(Michael Barnett)和雷蒙德·杜瓦尔(Raymond Duvall)的经典国际权力分类中,制度性权力是指国家通过国际制度间接影响其他国家的能力。[44]桑德拉·希普(Sandra Heep)将制度性国际金融权力定义为"一国通过国际金融机构有关信贷供给和供给所依赖条件的决定间接影响他国的能力"。[45]这两个定义都将国际制度视为权力的中介变量,与克拉斯纳式新现实主义制度观较为类似。在另一项对国际金融权力的研究中,制度性权力被定义为"一国源自和通过国际制度影响他国观念及/或行为的能力"。[46]这种定义既将国际制度视为权力的来源,也将其视为权力的工具。前述李巍的研究没有明确使用制度性权力的概念,但其指出了国际制度的公共产品属性和权力属性,这种双重属性也提示出国际制度与权力的关系具有多重性。国际制度性权力的概念还需要更进一步的探索,也构成了后文现实制度主义理论的一个核心概念。

第三节　现实制度主义的理论创建

一、概念界定与理论需求：为何是"现实制度主义"？

如前所示，现实制度主义（realist institutionalism）的概念和用法早已有之，但其所指却多有不同。维诺德·阿格瓦尔（Vinod K. Aggarwal）较早所使用的"neo-realist institutionalism"是指新现实主义的制度研究，其本质是现实主义的分支，这种使用方法被一些研究所沿用。[47]一项关于卡尔·施密特（Carl Schmitt）政治思想的研究将其国际关系理论思想总结为"realist institutionalism"，认为施密特的思想总体是一种现实主义，但在对于制度的思考上与古典和结构现实主义有所不同。[48]这一用法也趋近于现实主义的制度研究。另外，其他相邻学科中也使用了类似的概念，如关于民族促进比较政治学研究中的"complex realist institutionalism"，[49]社会学组织制度主义相关研究中也提及"realist institutionalism"，其指作为理性行为体的组织通过控制制度进而掌控资源。[50]这些用法与国际关系理论相去甚远。克雷布斯1999年在其联盟研究中用"realist institutionalism"指一种将结构现实主义与新自由制度主义进行结合的分析框架，其后一些研究也借鉴了这种将权力和制度逻辑结合的折中思路。[51]中文研究中的"现实制度主义"用法也多是指一种将权力和制度逻辑进行结合的折中分析框架。由此可见，在较为有限的国际关系学相关研究中，现实制度主义（realist institutionalism）的主流用法是指将权力和制度逻辑进行融合的折中分析框架或理论，这与其概念的字面含义也是吻合的。但是，如上所述，这些权力和制度逻辑的融合尚停留在分析框架和概念层面，缺少理论构建或理论化。沿袭了这种概念的用法和基本思路，出于以下几点主要原因，本章试图进一步将这种折中思路理论化。

其一，国际关系不是跨时空的客观事实，而是具有历时性，在不同时期表现出不同内涵和特征，由此国际关系理论需要与时俱进。在"社会科学是否是科学"和"是否有国际关系中国学派"的争论中，国际关系作为研究对象的客观存在性和时空性是争论的焦点。比照自然科学的标准，作为科学的国际关系学所研究的对象是跨时空的客观存在。这与国际关系和国际体系的演进历史不相符。在主权概念和主权国家诞生以前,国际关系并不存在,这本身就说明了国际关系的历史性和时间性。即使在主权国家诞生后,国际关系的内涵和特征一直在发生变化。技术进步、文明进步、全球化、国家政治组织形态的改进等因素都在不断改变国际关系。地理大发现之后和主权国家诞生之初的国际关系体现出较低的文明程度和较淡的规范性价值色彩,国家不平等(如殖民地)和人的不平等(如奴隶贸易)广泛存在。当代国际关系更加强调规范价值,如主权独立、国家平等、种族平等。技术进步所驱动的全球化使国家间关系和跨国关系都大幅增加,国际关系的内涵和特征不断变化,国际关系理论的争论和演进正是对国际关系变化的反应——古典现实主义研究的是两次世界大战期间残酷和暴力的国际关系;结构现实主义诞生于两极分化的冷战时期,故此强调均势;新自由制度主义主要关注经济全球化初步发展后的国际体系,经济全球化导致复合相互依赖。由此,国际关系学不是自然科学定义下的科学,国际关系理论需要随着其研究经验对象的变化而改进。

其二,"冲突-合作复合形态"成为当前国际关系形态的主要特征,片面强调冲突或合作的理论都无法全面解释这种形态,由此国际关系理论需要融合和创新。解释和预测国际关系形态(冲突或合作)是国际关系理论的终极目标。权力政治下的冲突逻辑和国际制度下的合作逻辑都致力于这一目标。相较之下,建构主义理论通过对三种文化(霍布斯文化、洛克文化、康德文化)的剖析,以及关于无政府国际文化与国家身份和利益相互建构的论述,认为冲突与合作均可能。但是,当前的国际关系形态呈现出了"冲突-合作复合形态"的明显特征。这种复合形态有如下四个方面的内涵:(1)相同对象国,时而冲突、时而合作(关系波动);(2)相同对象国,部分冲突、部分合作(关系分层);(3)不同对象国,有的冲突,有的合作(关系聚类);(4)从冲突到合作的谱系,而非二分法,比如"竞合"状态,完全冲突(古典现实主义)和完全合作(强制度主义或理想主义)的情形都较为少见(关系细分)。关系波动、关系分层、关系聚类和关系细分是国际关系日趋复杂化的直接结果和表现,而这种复杂化正是经济全球化和国际体系制度化的必然结果。新自由制度主义的"复合相互依赖"很好地解释了经济全球化对国际关系的影响,引起了对国际制度功能性作用的关注,而国际制度的权力属性和国际制度竞争对国际秩序的影响,依然没有得到足够的研究。第四章将从上述四个方面进一步剖析中美关系的冲突-合作复合形态。

其三,解释国际秩序变革的现实需求和推动国际秩序和平演进的规范性目标迫切需要理论创新。战后所构建的自由主义国际秩序延续至今,主流国际关系理论都是在这一国际秩序下发展起来的,如古典现实主义解释了秩序形成之初的权力博弈,结构现实主义侧重分析在这一秩序下所形成的国际权力结构,新自由制度主义关注了自由主义秩序所带来的多维度国家间联系等。这些理论重点关注了自由主义国际秩序发展到不同阶段的不同问题。然而,随着主要国家政治经济实力的差异化增长,国际秩序演进到了一个新的时间节点上,甚至有研究认为美国领导的自由主义秩序将走向终点。因此,解释国际秩序的变革成为理论发展和创新的重要议题。国际秩序的核心行为主体是主权国家,主权国家对权力和利益的追逐是国际秩序演进的最根本动因。国际秩序的内涵是国际制度,在形式和内容上,国际秩序都通过国际制度构建和体现,如自由主义国际秩序主要通过国际货币、国际贸易、国际安全等领域的国际制度共同构建而成。由此,解释国际秩序的变革需要给予权力和国际制度同等重要的关注,这正是现实制度主义尝试将权力和制度逻辑相融合的重要考量。

基于此,现实制度主义尝试回答的核心理论问题是:在表现为冲突-合作复合形态的国际制度体系中,国际秩序将如何演进? 这一核心问题包含了以下背景性和支撑性问题:国际关系何以出现冲突-合作复合形态?换言之,在经济全球化(复合相互依赖)和国际体系制度化的背景下,为什么国家间关系的合作性并未随之增强(如新自由制度主义所认为的那样),而是充满了冲突与竞争,但国际关系也并未陷入无限的冲突中(如古典和结构现实主义所认为的那样),而是呈现出冲突与合作并存的复合形态? 如何理解国际制度的多重权力属性? 在国际制度体系中,大国国际制度竞争如何决定国际秩序演进的方向和方式?

二、现实制度主义的内涵与核心逻辑

现实制度主义对这一核心问题的回答是:在无政府性和制度性的国际体系下,对权力和利益的追逐是主权国家行为的最根本动力,国际制度性权力成为一种基础性权力形式,国际制度具有多重权力属性,大国间的国际制度竞争导致冲突-合作复合形态,并决定国际秩序演进的方向和方式。这一核心结论包含以下三个假定(或假设前提)和两个核心假设(或待验证的结论)。

假定一:主权国家是理性且自利的单一行为主体,有追求权力的天然倾向。

理性主义的国际关系理论(主要是现实主义与新自由制度主义)假定国家是理性且自利的,但对利益的定义却存在差异。现实主义总体上以权力界定利益,而新自由制度主义的利益观是多元的。现实制度主义沿袭现实主义的权力观,认为理性国家所追逐的最重要利益是国家权力。但如下文详述,在国际体系不断制度化的背景下,国际制度性权力是最核心的权力。现实制度主义理论中国际关系的行为主体是作为一个整体的主权国家。这一假定沿袭了(古典和结构)现实主义与新自由制度主义。这种整体主义和国家中心主义的假定面临较多质疑,最主要的两个质疑是:国家应还原为具体的国内政治过程和行为体;非国家行为体也是重要的国际关系行为体。

但是,"国家单一行为体"的假定有如下三点理由。其一,国际体系作为一种结构是由最重要的行为主体(即国家)所定义的。国家并不是国际体系中唯一的行为主体,但主权国家是国际体系得以被定义的最重要元素,其他行为体以国家为标杆位于国际体系的不同位置。因此,参考沃尔兹的观点,只要国家可以定义国际体系,其自然也应该是抽象和简约国际关系理论中的唯一行为主体。[52]其二,理论的功能不是对复杂事实进行完美再现,而是通过简化发现抽象和简约的规律。国内政治过程是复杂且差异化的,而整体主义假定将国家简约化和同质化,从而使抽象理论的构建变得可能。其三,简约的理论并不是完全忽略国内政治过程,而是提供了打开国家"黑箱"的方向和路径。正是古典和结构现实主义高度简约的理论使国际关系有规律可争论,也为新古典现实主义打开国家"黑箱"的尝试奠定了理论基础。基欧汉承认将国内政治纳入其理论中是困难的,但其理论却为后续新自由制度主义者探讨国内和国际政治关联性的尝试开辟一条新路径。[53]

假定二:国际体系是无政府性和制度性的。

国际体系的无政府性主要有两种含义:缺乏超国家政府和缺乏秩序。由于对政府的定义不同,缺乏超国家政府被不同地理解为缺乏合法使用武力的垄断权、缺乏制度、缺乏特定的政府功能等。[54]这种无政府性的定义被普遍接受,并成为主流理性主义理论的假设前提。后一种含义(缺乏秩序)则广受质疑,即没有超国家权威并不等于缺乏秩序。[55]现实制度主义接受狭义的无政府性定义,认为其是指没有合法使用武力的垄断权和缺乏特定的政府功能,但不认为其内涵包含缺乏制度和缺乏秩序。相反,随着经济全球化的深入,制度性逐渐成为国际体系的重要特征。制度性是指国际制度逐渐成为国际体系的重要内涵,是国际体系基本且最重要的构成元素和方式,国际体系逐渐具体化为一个国际制度网络所构成的国际制度体系。国际体系的制度性正是国际关系历时性的表现,是国际体系演进中逐渐显现的新特征。李巍的现实制度主义分析框架对国际体系的这一变化进行了论述,认为国际体系正从"丛林世界"向"规则世界"转变,且认为这一转变有三大驱动因素:战争恐怖平衡、复合相互依赖和科技进步。[56]参考第二章第三节对国际制度的界定,本书现实制度主义理论所指的国际制度是广义的,包含一切形式的国际组织、国际规则和国际规范。正是国际体系属性和内涵的新变化为现实制度主义理论的生成创造了需要,也呼应了上文国际关系的历时性。

假定三:国际制度是权力的对象、工具和来源,具有中性和非中性的双重属性。

在国际体系演进的背景下,主流理性理论的权力观也在发生变化。以摩根索为代表的古典现实主义者将权力视为植根于人性中的控制与被控制的关系,其本质上是一种强制性权力,最直接的权力表达手段是军事行动和武力,这与古典现实主义强调国际关系的冲突性直接相关。[57]结构现实主义更加强调包含军事力量和经济力量的综合实力,且权力的目的是维护其在国际体系中的地位,这与结构现实主义将"国际结构"视为最核心的行为驱动因素密切相关。新自由制度主义除了关注硬实力,还关注软实力,除了强调基于实力的权力,还强调在不对称相互依赖关系中的影响力。由此可见,国家权力至少包含三种内涵:权力即资源(power as resource)、权力即能力(power as capacity)、权力即关系(power as relation)。[58]这种权力观的演进是对国际体系变化的反映,随着经济全球化增加国家间多维度的联系,通过不对称关系建立的权力变得更加常见。这种权力观的演进不是替代性,建立在关系中的权力同样是以资源和能力为基础的。随着经济全球化的深入,国际体系的另一个重要但未得到足够关注的特征是制度性,具体表现为国际体系的制度化程度大幅提升,这使得国际制度的权力属性成为国家权力新的重要内容。

国际制度的权力属性表现在三个方面,现实主义和新自由制度主义的分支理论都不同程度地涉及这些方面。其一,国际制度是权力的作用对象。这种权力观将国际制度视为权力的结果,认为国际制度对权力政治的影响是十分有限的,古典现实主义、沃尔兹式的结构现实主义、米尔斯海默式的新现实主义(进攻现实主义)多持有这种观点。其二,国际制度是权力的工具。这种工具性有中性和非中性两个维度。中性的维度是指国际制度作为一种公共产品具有解决"政治市场失灵"的功能性作用,这正是基欧汉所强调的国际制度功能。[59]沃尔特式防御现实主义的联盟理论和威胁平衡论也认为军控和联盟等机制对无政府状态有一定的制约作用。[60]非中性的维度是指国际制度是主导国实现私利的权力工具,新现实主义的制度观(即所谓新现实制度主义研究)都不同程度地持有这种观点,如前文提及的吉尔平式新现实主义。李巍的现实制度主义分析框架对国际制度的上述两种属性也进行了论述。[61]其三,国际制度是权力的来源。当国际制度获得了一定程度的独立性和自主性,其便会成为权力的来源,国家通过创建、参与或退出特定国际制度便可获得权力。强制度主义者高度强调制度的自主性,由此制度是权力的重要来源。克拉斯纳式新现实主义也认为国际制度(尤其是国际体制)可通过"滞后"和"反馈"获得自主性,从而反过来影响权力政治。[62]本书第五章对国际制度性权力的定义和来源进行了更为详细的论述。通过剖析上述三种国际制度的权力属性,相关理性理论可根据其对权力政治和国际制度的强调程度做如下排序(图 3.4)。

图 3.4 理性理论对国际制度的关注程度

基于上述三个假定,现实制度主义理论有两大核心假设。

假设一:国际制度的多重权力属性和国际制度性权力结构导致了国际关系的冲突-合作复合形态。

上述国际制度的三种权力属性共同构成了国际制度性权力(international institutional power)的内涵,而国际制度性权力是主权国家在国际制度体系中所追逐的重要权力。如第五章中所述,国际制度性权力是指:国家在国际制度的创建、存续、变迁过程中影响国际社会其他行为体的观念及/或行为的能力,其中国际制度是权力的结果、工具及/或来源。在高度制度化的国际体系中,国际制度性权力的追逐和分配,以及由此形成的国际制度性权力结构决定了国际关系的形态。但是,相关理论对国际制度性权力的不同界定推导出了不同的国际关系形态判断。古典现实主义和沃尔兹结构现实主义聚焦的权力是作用于国际制度的权力,国际制度多是权力的附属品,由此,国际关系是冲突性的。新自由制度主义强调国际制度对无政府状态的功能性缓解作用,国际合作是可能的,在复合相互依赖下,国际关系是偏合作性的。如克拉斯纳等新现实制度主义研究也一定程度承认国际制度的独立性和功能性作用,但现实主义的底色决定了其对国际关系形态偏冲突性的判断。强制度主义和理想主义都认为国际制度有高度的自主性,是权力的来源,对权力政治有很强的制约作用,甚至可以替代权力政治,因此,国际关系的形态是合作性的。现实制度主义的国际制度性权力定义融合了上述三种权力逻辑,认为在具体的国际关系实践中三种权力逻辑并存,由此得出冲突-合作复合形态的判断。图3.5总结了国际制度的权力逻辑与国际关系复合形态。

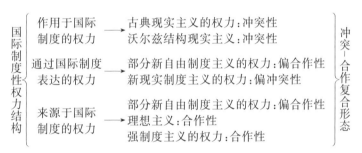

图3.5　国际制度的权力逻辑与国际关系复合形态

假设二:大国间的国际制度竞争决定国际秩序演变的方向和方式。国际制度自主性越高,国家权力自主性则相应减弱,国际秩序变迁的冲突性则越低。反之,国际制度自主性越低,国家权力自主性则相应更强,国际秩序变迁的冲突性则越高。

国际秩序的核心内容和支柱是国际制度,特定的国际秩序最终都是通过国际制度界定的。关于国际秩序的界定及其与其他相关概念的联系,本书第七章有详细论述。特定国际秩序的建立或改革在根本上表现为特定国际制度的确立或改变,无论建立或改革国际制度的国家使用暴力或非暴力手段,建立或改革国际制度都是必要的过程。因此,核心国家的国际制度竞争是决定国际秩序演变方向和方式的重要变量。演变方向是指秩序更加沿着谁的认知和偏好改变。在国际制度竞争中占据优势地位的国家,其认知和偏好将在更大程度上决定国际秩序的演变方向。例如,美国正是在与英国的国际制度竞争中获得优势,从而主导了战后国际秩序的重建。演变方式是指秩序变迁的冲突性(或合作性)程度。国际制度竞争的优势来源于国家实力和能力,这从某种程度上回归到了权力政治的逻辑。但是,如上文所述,国家与国际制度存在三重权力逻辑,权力政治逻辑下将国际制度完全视为权力结果只是三重逻辑中的一种,权力政治逻辑关于国际秩序变革完全冲突性的判断有失偏颇,国际制度还可以是国家的权力工具或权力来源,可在一定程度和特定条件下制约国家权力。

在国际秩序变迁的过程中,相关国家的国际制度竞争表现为三种权力的博弈,即作用于国际制度的权力、通过国际制度的权力和来源于国际制度的权力(如图3.6)。在这三种权力中,国际制度自主性从低到高变化,而国家权力自主性则从高到低变化,两者呈现出负相关。国际制度自主性表现为国际制度身份、地位和影响力相对于主权国家的独立程度,而国家权力自主性是指国家在国际社会实施权力所受到的外在约束程度。国际制度受国家权力的影响越弱,对国家行为的约束越强,则国际制度自主性越高,而国家权力自主性越低,反之亦然。国家权力自主性越强,国家间关系越可能陷入古典现实主义的高度冲突中,而国家权力自主性越弱,国家间关系越可能表现为理想主义的合作与和平(见图3.6)。因此,国际秩序变迁的冲突性强弱在根本上取决于国际制度和国家权力的自

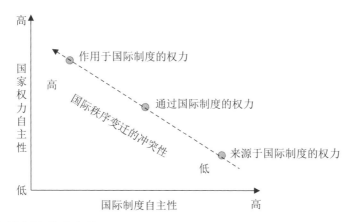

资料来源:作者自制。

图3.6 国际秩序变迁的冲突性

主性,在具体形式上表现为国家在三种权力上的竞争,三种权力竞争同时存在,何种权力竞争的比重更大,将决定国际秩序变迁的冲突性强弱。图3.6概括了国家权力自主性和国际制度自主性对国际秩序变迁的影响逻辑。

在上述核心问题、假定和假设的基础上,现实制度主义的理论逻辑逐渐清晰(见图3.7)。伴随着经济全球化的深入,制度性成为国际体系的新特征,国际体系表现出了无政府性和制度性的双重属性,国际关系呈现出冲突与合作并存的复合形态。在无政府性和制度性的国际体系中,国际制度性权力结构决定了主权国家的行为,行为的核心目标是追逐国际制度性权力和与此相关的多元收益。国际制度具有三种权力属性,即作用于国际制度的权力、通过国际制度表达的权力和来源于国际制度的权力,这三种权力属性构成了国际制度性权力的内涵,但三种权力属性会偏向导致不同的国际关系形态,正是国际制度性权力的多重属性决定了国际关系的冲突-合作复合形态。主权国家对国际制度性权力的追逐在更长时期里(如图3.7中的 T_1 所示)又将改变国际制度性权力分配和国际制度体系,并决定国际秩序变迁的方向和方式。图3.7概括了现实制度主义的核心理论逻辑。下文对现实制度主义的理论属性进行剖析,进一步阐明其理论内涵。

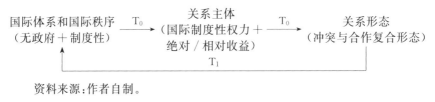

资料来源:作者自制。

图3.7　现实制度主义的核心逻辑

第四节　现实制度主义的理论属性与研究议程

国际关系理论在构建方法、理论层级、本体论偏好、认识论偏好和核心研究议程等方面存在较大差异,从这些方面对现实制度主义的理论属性进行分析,有利于进一步清晰地界定现实制度主义理论。

一、现实制度主义的理论属性

就理论构建方法而言,现实制度主义是一种范式间合成的理论,而非一种折中的分析框架。如沃尔兹所言,规律与理论不同,规律可被发现,而理论只能被构建。[63]在国际关系理论式微的背景下,不同的理论构建方法和创新尝试出现(详细论述见第一章),如跨学科借鉴(经济学和社会学等相邻学科成为国际关系理论创新的重要思想源泉)、跨时间学习(古代政治思想的当代意义)、跨空间学习(全球国际关系学的发展)、跨文化交流(关系理论和道义现实主义)。

另一类重要的理论构建和创新方法是理论综合,具体包括折中、回归与合成三种路径。[64]折中是将不同理论中的有用元素简单地借鉴和重组,从而形成一个针对具体问题的分析框架,回归是从相关的多层次和多学科理论中拟合出简约且共性最大(或平均差异最小)的基础路径,而合成是对相关理论的共性和差异进行整合,形成一个内部逻辑、结构严密的理论。第一章第三节对这三种理论综合的方法进行了详细介绍和比较。本书现实制度主义理论构建的方法是理论综合,最核心的综合逻辑是将解释国际关系形态的权力逻辑与制度逻辑相结合,寻找解释国际关系复合形态和国际秩序演进的合成逻辑。

具体而言,现实制度主义的理论创建包含了四种具体路径:折中(主要吸取沃尔兹式结构现实主义和基欧汉式新自由制度主义中的有用元素)、回归(从既有相关制度理论中拟合出国际制度的三种权力逻辑)、批判(对相关理论的一些假设和逻辑进行了批判和创新)、合成(通过核心问题和假设等方面的详细界定,将权力和制度两种逻辑有机结合,尝试形成具有内核和内在逻辑的理论)。其中,合成是最重要的路径。

就理论层级而言,现实制度主义是在范式和宏观理论下的具体理论,总体上属是范式间合成的结果(不同层级的理论合成参见第一章中的图1.2)。参考约瑟夫·奈和戴维·韦尔奇的用法,"范式"是指在基本行为体和基本公理层面具有共性的理论集合,主要包括现实主义、自由主义、建构主义和马克思主义,其不是具体的国际关系理论。[65]借鉴库恩"专业基底"(disciplinary matrix)的概念,范式是一种理论基底(theoretical matrix),

是在本体论和认识论等方面具有鲜明特征的一种认知和解释路径,其学科边界、理论内涵和解释范围较为宽泛。[66]特定范式包含了不同的宏观理论和具体理论,宏观理论即通常所谓的"主义",古典现实主义、新现实主义、新自由制度主义、建构主义国际关系理论等都是宏观理论,其通过对理论核心问题、假定、假设和研究议程的界定,更加清晰地呈现出了一种认知和解释国际关系的具体思路。但宏观理论通常也是一个集合的概念,如前文所述,新现实主义和新自由制度主义宏观理论下包含若干不同具体理论分支。由此可见,范式、宏观理论和具体理论在理论层级上存在依次包含关系,解释的经验范围由大到小变化。现实制度主义是一种具体理论,是对新现实主义和新自由制度主义不同具体理论分支进行折中、回归、批判和合成而构成的一种具体理论。

就本体论而言,现实制度主义具有个体主义的偏好,整体上是一种体系理论,但也强调施动者与结构的相互影响。个体主义的核心要义是"社会科学理论应该能够还原到研究独立存在的个体属性或这种个体之间的互动",新现实主义与新自由制度主义都借鉴了经济学的分析方法,承认国际结构对行为的影响,但认为其对个体的身份没有建构作用,所以它们都是个体主义的体系理论,而建构主义国际关系理论则是整体主义的体系理论。[67]与新现实主义与新自由制度主义一样,现实制度主义将国际关系行为主体界定为主权国家,认为国际制度性权力结构会对主权国家的行为产生影响,但不会建构行为体的身份,行为体的个体特征继承了新现实主义的天然权力欲望观和新自由制度主义的多元利益观。由此,现实制度主义是一种个体主义的体系理论。个体主义体系理论的常见特征是强调从结构到施动者的单向维度,将体系结构的特征视为外生的。现实制度主义有所不同,其通过强调国际体系的历时性和引入时间变量,加入了施动者对结构的影响维度。如图 3.7 所示,在 T_0 阶段,国际制度体系结构影响主权国家的行为,在此影响下,主权国家对国际制度性权力的追逐决定了冲突-合作国际关系复合形态,但在 T_1 阶段和更长的时间周期里,国际制度性权力追逐和国际关系复合形态会逐渐改变国际制度性权力结构和国际秩序。

　　就认识论而言,现实制度主义具有物质主义的偏好,是一种理性理论,遵循理性主义的结果性逻辑。物质主义认为"社会的最根本事实是物质力量的本质和组织",而与之相对应的观念主义强调"社会的最基本事实是社会意识的本质和结构"。[68]现实制度主义强调国际制度体系和国际制度性权力结构对主权国家行为的影响,具有明显的物质主义色彩。这种影响是通过主权国家的理性选择而实现的,遵循了一种结果性逻辑。结果性逻辑认为利益是行动的最根本驱动因素,而追求利益最大化的行为体是理性的。主流理性国际关系理论的最根本区别在于对利益的界定,新现实主义认为是结构决定利益权衡和行动选择(即结构选择),而新自由制度主义认为是制度决定利益权衡和行动选择(即制度选择)。[69]作为这两种理论的合成理论,现实制度主义强调国际制度结构对利益权衡和行动选择的决定作用(即制度结构选择)。由此,参考温特的理论划分,在本体论偏好(个体主义或整体主义)和认识论偏好(物质主义和观念主义)两个维度,国际关系理论可做如表3.1的归类,现实制度主义位于表中的左上格,是一种个体主义和物质主义的体系理论。

表 3.1　国际关系理论的本体论和认识论偏好

		本体论偏好	
		个体主义	整体主义
认识论偏好	物质主义	古典现实主义、新现实主义、新古典现实主义、新自由制度主义、制度现实主义、现实制度主义	世界体系论、新葛兰西马克思主义
	观念主义	自由主义、政治心理学理论	温和建构主义、英国学派、世界社会理论、后现代国际关系理论、女性主义国际关系理论

　　资料来源:参见[美]亚历山大·温特:《国际政治的社会理论》,第30页。笔者进行了修改。

二、现实制度主义的研究议程

　　现实制度主义的核心理论内涵和理论属性决定了其主要研究对象和议程。具有不同属性的理论,其研究对象和解释范围存在差异,作为一种理论基底的范式往往存在不同学科中,如自由主义范式在经济学、政治学和社会学中衍生出了不同的宏观和具体理论,解释主义范式成为政治学、社会学、心理学和语言哲学相关理论的基础。相较之下,宏观理论则与具体学科挂钩,国际关系学中的主流宏观理论主要是三种体系理论:新现实主义、新自由制度主义和建构主义,其尝试解释的核心问题是国际关系冲突或合作的形态。但由于本体论和认识论的不同偏好,这些宏观理论关注的对象和解释的范围不同,其被高度概括为权力、制度和文化。在三种宏观理论下的多种分支理论(即具体理论)则聚焦于更为具体的对象和更小的解释范围,如克拉斯纳式的新现实主义侧重于研究权力视角下的国际体制。作为一种具体理论,现实制度主义并不尝试建立对国际关系所有现象都具有解释力的一般性和普适性理论,而是聚焦于国际关系在特定时空里的新变化,尤其是国际制度竞争和国际秩序变迁。具体而言,现实制度主义的核心议程包括(但不仅限于)以下几个相关方面,并为相关研究提供了一种理论工具。本书后文章节将对部分核心议题进行深入讨论。

其一,国际秩序和国际体系的新变化。两次世界大战以来的国际体系变化和国际秩序演进有两大核心推动因素:经济全球化和国际体系制度化。经济全球化带来的国家间和跨国联系的增加是新自由制度主义理论的现实源泉。在经济全球化的推动下,另一个更加隐性和缓慢的变化是国际制度化,国际体系的制度化程度不断提升。根据国际协会联盟(UIA)的统计,2019 年国际组织的数量已达到 72 831 个,其中政府间国际组织 7 804 个,非政府组织 65 027 个。[70]中国签订的双边条约数量达到 6 733 条,多边条约数量 491 条。[71]美国每年签订的国际条约超过 200 个。[72]这些数据显示,国际体系逐渐演化为一个国际制度网络,国际制度成为国际秩序的核心支柱。第二次世界大战以来的自由主义国际秩序具体表现为安全、贸易、金融等领域的国际制度。由此可见,相对于新现实主义和新自由制度主义诞生时的国际体系(20 世纪 70—80 年代),当前国际关系的制度化程度显著提高,国际体系的内涵更为直接地表现为一个国际制度体系。现实制度主义的一个核心研究议程便是对国际制度体系的形态、内涵和特征的研究,如制度化是否会改变国际体系的无政府状态,增加国际体系的等级性?第二章已对国际制度和国际制度体系的概念进行了较为系统的梳理,国际体系的制度性与无政府性和等级性的关系是值得深入探究的理论议题。

其二,对冲突-合作复合国际关系形态的系统描述和解释。经济全球化和国际制度化导致了国际关系形态的高度复杂化,出现了冲突-合作复合形态,这种复合形态是现实制度主义理论解释的重要现象。上文提及了这种复合形态的四个方面内涵,即关系波动、关系分层、关系聚类和关系细分。这四个方面还需要进一步的理论和经验研究,以便全面和系统地呈现出冲突-合作复合形态的全貌。对这种复合形态的经验现实描述便可以对诸如"修昔底德陷阱""永久和平论""霸权稳定论"等论断作出反驳和回应,即大国间的关系具有复合性和复杂性,而非简单地呈现出某一种单一形态(冲突或合作)。根据本章现实制度主义理论的基本假设和解释逻辑,对具体案例中这种复合形态进行解释,是现实制度主义研究议程的一个重要方面。尤其就中美关系而言,系统地分析其双边关系的冲突-合作复合形态,避免整体主义的单一判断,有助于更加客观地分析中美关系,更加有效地管控可能出现的冲突,积极地推动合作和发展。第四章将系统分析中美间的冲突-合作复合形态。

其三,全球治理的体系分析和有效性提升。全球治理作为客观现实和研究领域的发展,正是国际体系无政府性降低和制度性提升的重要表现。全球治理的内涵是"没有政府的治理"(governance without government),即在无政府状态下如何解决全球性问题,而解决这些问题的根本性手段便是国际制度。一项研究将全球治理体系的构成要素拆分为主体、客体和载体,其中客体是指全球性问题,载体便是指国际制度,全球治理体系被理解为:"全球化发展到特定阶段后,在缺乏政府权威的国际体系里,国家及/或非国家行为体为解决特定的国际问题而形成的组织结构和体制互动的总称。"[73]由此可见,全球治理体系本质上也是一个国际制度体系,国际体系的范围最宽,全球治理体系是在国际体系中为解决特定国际问题而形成的制度体系,其具有包含关系。全球治理体系的有效性和权力竞争本质上是国际制度的有效性和国际制度性权力的竞争,现实制度主义对国际制度权力属性的阐释为全球治理体系中的权力竞争和有效性分析提供了理论工具。

其四,国际制度的变迁路径和自主性的度量。在国际制度竞争和国际秩序演进中,国际制度自主性是一个重要的变量,而国际制度自主性的生成机制和表现形式仍需要更加深入的探究。具体而言,国际组织在何种条件下能成为在国际社会中与国家并列的行为主体?国际规则何以对国家行为产生约束或体现特定国家的利益和偏好?国际规范如何传播并引导国家行为?与自主性密切相关的另一个重要问题是国际制度的变迁路径,相关研究多强调外部冲击后的结构性变化和渐进变革两种方式,且这两种方式的具体机制尚不够清晰。

其五,国际政治中的"制度方略"的界定。与国际制度的高自主性相对应,国际制度还常成为国家实现对外政策目标的手段。借鉴方略和经济方略的相关研究,制度方略(institutional statecraft)可被用以概括国家运用国际制度实现对外政策目标的策略、方法和技巧。"制度方略"概念有利于更加清晰地理解国际制度的权力属性和国家间的制度竞争,有助于中国国际制度策略的制定。第六章对制度方略进行了系统的分析。

其六,中美制度竞争与国际秩序变革。随着国际政治经济实力格局的变化,国际秩序显现出变革态势,如上文所述,大国间的国际制度竞争及其结果将决定国际秩序演进的过程和结果,在当前国际体系中,中美关系对国际关系的总体形态具有决定性影响,而中美制度竞争将决定国际秩序的变迁。第七章运用上述现实制度主义理论对中美制度竞争和国际秩序变革进行分析,以进一步对这一理论进行阐释。

总结而言,在国际关系现实复杂性提升和国际关系理论式微的背景下,理论创新需求强烈,创新方式较为多样,现实制度主义理论正是从理论综合的角度出发,对解释国际关系形态的权力逻辑和制度逻辑进行合成,尝试对国际关系冲突-合作复合形态和国际秩序变迁提供一种理论解释。由于国际关系现实的复杂性和可变性,单一理论难以解释跨时间和跨空间的所有国际关系现实,既有主流国际关系理论也都是特定时代的产物,具有较为显著的时代性。现实制度主义同样重点聚焦于大国制度竞争与国际秩序变迁,尝试成为在特定时期里具有跨空间一般性的理论,但其依然重点关注国际体系中的大国,且具有很强的时代特征,难以成为跨时间维度的一般性理论。这种新理论也绝非对其所融合理论的替代,而是在既有理论的基础上提出一种对国际关系现实变化的新解释,是对国际关系理论体系的补充。诚然,本书的理论创建还只是尝试性和启发性的,希冀以此对国际关系现实的新变化作出理论回应,激起更多理论争鸣,助力国际关系理论的创新和发展,助力国际体系的稳定和国际秩序的和平演进。

注释

1. [美]肯尼思·华尔兹:《国际政治理论》,信强译,上海:上海人民出版社 2003 年版,第 11 页。

2. David A. Lake, "Theory is Dead, Long Live Theory: The End of the Great Debates and the Rise of Eclecticism in International Relations," *European Journal of International Relations*, Vol.19, No.3, 2013, pp.567—587.

3. 李巍:《国际秩序转型与现实制度主义理论的生成》,《外交评论(外交学院学报)》2016 年第 1 期,第 31—59 页;张发林:《国际金融权力:理论框架与中国策略》,《当代亚太》2020 年第 6 期,第 124—152 页;Shawn Donnelly, *Power Politics, Banking Union and EMU: Adjusting Europe to Germany*, New York and London: Routledge, 2018; Ronald R. Krebs, "Perverse Institutionalism: NATO and the Greco-Turkish Conflict," *International Organization*, Vol.53, No.2, 1999, pp.343—377; Nicholas Khoo, "Deconstructing the ASEAN Security Community: A Review Essay," *International Relations of the Asia-Pacific*, Vol.4, No.1, 2004, pp.35—46; J. Samuel Barkin and Patricia A. Weitsman, "Realist Institutionalism and the Institutional Mechanisms of Power Politics," in Anders Wivel and T. V. Paul, eds., *International Institutions and Power Politics: Bridging the Divide*, Washington, DC: Georgetown University Press, 2019, pp.23—40; Vinod K. Aggarwal, "Reconciling Multiple Institutions: Bargarning, Linkages, and Nesting," in Vinod K. Aggarwal ed., *Institutional Designs for a Complex World*, Ithaca and London: Cornell University Press, 1998, pp.1—32。

4. Edward Hallett Carr, *The Twenty Years' Crisis 1919—1939: An Introduction to the Study of International Relations*, London: Macmillan & Co. Ltd., 1946.

5. [美]汉斯·摩根索:《国家间政治:权力斗争与和平(第七版)》,徐昕等译,北京:北京大学出版社 2006 年版,第 28—41 页。

6. "古典现实主义"(classical realism)和"新现实主义"(neorealism)的提法和区分最早始于理查德·阿什利 1984 年发表于《国际组织》(*International Organization*)杂志的文章"The Poverty of Neorealism"。参见 Richard K. Ashley, "The Poverty of Neorealism," *International Organization*, Vol.38, No.2, 1984, pp.225—286;[加拿大]诺林·里普斯曼、[美]杰弗里·托利弗、[美]斯蒂芬·洛贝尔:《新古典现实主义国际政治理论》,刘丰、张晨译,刘丰校,上海:上海人民大学出版社 2017 年版,第 165 页。

7. 但古典现实主义理论和研究的终极目标仍然是通过解释权力政治导致冲突的必然性，寻求获得和平的途径，摩根索在其经典著作《国家间政治》中用较多篇幅论述如何通过限制、转变和调解等手段获得和平。参见［美］汉斯·摩根索：《国家间政治：权力斗争与和平（第七版）》，徐昕等译，北京：北京大学出版社 2006 年版。

8. 对主权国家间关系的强调解释了为何现实主义理论多使用"国际政治"，如摩根索的《国家间政治》和沃尔兹的《国际政治理论》。

9. 新现实主义与结构现实主义常常混用，前者是一系列理论的总称，范围更宽，包括沃尔兹的均势理论、防御现实主义、进攻性现实主义、霸权和权力转移理论等，后者主要指沃尔兹的均势理论。现实主义理论的多种分支被总结为最小现实主义和最大现实主义，参见秦亚青：《权力·制度·文化：国际关系理论与方法研究文集（第 2 版）》，北京：北京大学出版社 2016 年版，第 48—52 页；Jeffrey W. Legro and Andrew Moravcsik, "Is Anybody Still a Realist?" *International Security*, Vol. 24, No. 2, 1999, pp. 5—55。

10. ［美］肯尼思·华尔兹：《国际政治理论》，信强译，上海：上海人民出版社 2003 年版，第 84—136 页。

11. ［加拿大］诺林·里普斯曼、［美］杰弗里·托利弗、［美］斯蒂芬·洛贝尔：《新古典现实主义国际政治理论》，第 172 页；陈志瑞、刘丰：《国际体系、国内政治与外交政策理论：新古典现实主义的理论构建与经验拓展》，《世界经济与政治》2014 年第 3 期，第 111—128 页。

12. ［加拿大］诺林·里普斯曼、［美］杰弗里·托利弗、［美］斯蒂芬·洛贝尔：《新古典现实主义国际政治理论》，第 108 页。

13. Shawn Donnelly, *Power Politics*, *Banking Union and EMU*: *Adjusting Europe to Germany*, London and New York: Routledge, 2018, p. 20.

14. Joseph S. Nye and Robert O. Keohane, "Transnational Relations and World Politics: An Introduction," *International Organization*, Vol. 25, No. 3, 1971, pp. 329—349；［美］罗伯特·基欧汉、［美］约瑟夫·奈：《权力与相互依赖（第四版）》，门洪华译，北京：北京大学出版社 2012 年版。

15. Robert O. Keohane, *After Hegemony*: *Cooperation and Discord in the World Political Economy*, Princeton: Princeton University Press, 1984; Robert O. Keohane, *International Institutions and State Power*: *Essays in International Relations Theory*, Boulder: Westview, 1989.

16. Edward Hallett Carr, *The Twenty Years' Crisis 1919—1939*: *An Introduction to the Study of International Relations*, p. 176.

17. ［美］汉斯·摩根索：《国家间政治：权力斗争与和平（第七版）》，第 309—341 页。

18. J. Samuel Barkin and Patricia A. Weitsman, "Realist Institutionalism and the Institutional Mechanisms of Power Politics," in Anders Wivel and T. V. Paul eds., *International Institutions and Power Politics*: *Bridging the Divide*, Washington, D. C.: Georgetown University Press, 2019, pp. 25—26.

19. 对传统现实和新现实主义国际制度观的系统梳理，参见 Randall L. Schweller and David Priess, "A Tale of Two Realisms: Expanding the Institutions Debate," *Mershon International Studies Review*, Vol. 41, No. 1, 1997, pp. 1—32。

20. Randall L. Schweller and David Priess, "A Tale of Two Realisms: Expanding the Institutions Debate," *Mershon International Studies Review*, Vol. 41, No. 1, 1997, p. 9.

21. Vinod K. Aggarwal, "Reconciling Multiple Institutions: Bargarning, Linkages, and Nesting," in Vinod K. Aggarwal ed., *Institutional Designs for a Complex World*, Ithaca and London: Cornell University Press, 1998, p. 11.

22. J. Samuel Barkin and Patricia A. Weitsman, "Realist Institutionalism and the Institutional Mechanisms of Power Politics," in Anders Wivel and T. V. Paul eds., *International*

Institutions and Power Politics：*Bridging the Divide*，Washington，D. C.：Georgetown University Press，2019，p.27；Robert Gilpin，*War and Change in World Politics*，Cambridge：Cambridge University Press，1981.

23. ［美］斯蒂芬·克拉斯纳主编：《国际机制》，北京：北京大学出版社 2005 年版，第 359 页。

24. John J. Mearsheimer，"The False Promise of International Institutions，" *International Security*，Vol.19，No.3，1994—1995，pp.5—49.

25. 刘胜湘：《国际关系研究范式融合论析》，《世界经济与政治》2014 年第 12 期，第 95—117 页。

26. J. Samuel Barkin，"Realist Constructivism，" *International Studies Review*，Vol. 5，No.3，2003，pp.325—342；J. Samuel Barkin and Laura Sjoberg，*International Relations' Last Synthesis? Decoupling Constructivist and Critical Approaches*，New York：Oxford University Press，2019.

27. ［美］大卫·鲍德温主编：《新现实主义和新自由主义》，肖欢容译，杭州：浙江人民出版社 2001 年版，第 293 页。

28. Ole Waver，"The Rise and Fall of the Inter-paradigm Debate，" in Steve Smith et al.，eds.，*Internatioanl Theory*：*Positivism and Beyond*，Cambridge：Cambridge University Press，1996，p.163.

29. Micheal Brecher，"International Studies in the Twentieth Century and beyond：Flawed Dichotomies，Synthesis，Cumulation：ISA Presidential Address，" *International Studies Quarterly*，Vol.43，No.2，1999，pp.213—264.

30. 如杰弗里·切克尔（Jeffrey T.Checkel）等在对欧盟的研究中提出了宏观范式融合的四种方法：竞争性建议、使用范围、排序与合并。参见 Joseph Jupille，James A. Caporaso and Jeffrey T. Checkel，"Integrating Institutions：Rationalism，Constructivism，and the Study of the European Union，" *Comparative Political Studies*，Vol.36，No.1—2，2003，pp.7—40。《国际研究评论》（*International Studies Review*）2003 年第 5 期发表了"Are Dialogue and Synthesis Possible in International Relations？"的专刊和系列文章讨论理论对话与合成的可能性。部分相关中文文献参见李少军：《国际关系大理论与综合解释模式》，《世界经济与政治》2005 年第 2 期，第 22—29 页；刘丰：《范式合成与国际关系理论重构：以现实主义为例的分析》，《中国社会科学》2019 年第 8 期，第 187—203 页；郑先武：《"四次大合成"与国际关系理论综合化趋势》，《教学与研究》2008 年第 7 期，第 49—56 页。

31. David A. Lake，"Why 'isms' Are Evil：Theory，Epistemology，and Academic Sects as Impediments to Understanding and Progress，" *International Studies Quarterly*，Vol.55，No.2，2011，pp.465—480；David A. Lake，"Theory is Dead，Long Live Theory：The End of the Great Debates and the Rise of Eclecticism in International Relations，" *European Journal of International Relations*，Vol.19，No.3，2013，pp.567—587.

32. Shawn Donnelly，*Power Politics，Banking Union and EMU*：*Adjusting Europe to Germany*，New York and London：Routledge，2018，pp.22—33.

33. David A. Lake，"Theory is Dead，Long Live Theory：The End of the Great Debates and the Rise of Eclecticism in International Relations，" *European Journal of International Relations*，Vol.19，No.3，2013，pp.567—587.

34. ［美］鲁德拉·希尔、［美］彼得·卡赞斯坦：《超越范式：世界政治研究中的分析折中主义》，秦亚青、季玲译，上海：上海人民出版社 2013 年版。

35. Ronald R. Krebs，"Perverse Institutionalism：NATO and the Greco-Turkish Conflict，" *International organization*，Vol.53，No.2，1999，pp.343—377.

36. Nicholas Khoo, "Deconstructing the ASEAN Security Community: A Review Essay," *International Relations of the Asia-Pacific*, Vol.4, No.1, 2004, pp.35—46.

37. J. Samuel Barkin and Patricia A. Weitsman, "Realist Institutionalism and the Institutional Mechanisms of Power Politics," in Anders Wivel and T. V. Paul eds., *International Institutions and Power Politics: Bridging the Divide*, Washington, D. C.: Georgetown University Press, 2019, pp.23—40.

38. Vinod K. Aggarwal, "Reconciling Multiple Institutions: Bargarning, Linkages, and Nesting," in Vinod K. Aggarwal ed., *Institutional Designs for a Complex World*, Ithaca and London: Cornell University Press, 1998, p.32.

39. Thomas Pedersen, "Cooperative Hegemony: Power, Ideas and Institutions in Regional Integration," *Review of International Studies*, Vol.28, No.4, 2002, pp.677—696.

40. 贺凯提出的"制度现实主义"是一种更加关注国际制度在权力政治中作用的现实主义,即主权国家如何利用国际制度实现在无政府国际体系下的现实主义目标。李巍在中文研究中较早使用的"现实制度主义"是结合现实主义和新自由制度主义的折中分析框架。本书尝试沿着这种折中逻辑,合成现实制度主义理论。参见 Kai He, "Does ASEAN Matter? International Relations Theories, Institutional Realism, and ASEAN," *Asian Security*, Vol.2, No.3, 2006, pp.189—214; Ilias Kouskouvelis and Kyriakos Mikelis, "Institutions and International Political Economy: Realist Readings of International Regimes," in Spyros Vliamos and Michel S. Zouboulakis, eds., *Institutionalism Perspectives on Development: A Multidisciplinary Approach*, Cham: Plagrave Macmillan, 2018, pp.191—209。

41. 从字面含义而言,"realist institutionalism"指现实主义者的制度主义理论,具体表现为现实主义的制度研究,"realistic institutionalism"指带有现实主义特色的制度主义,具体表现为制度理论中纳入现实主义因素。"realistic institutionalism"的折中色彩更明显,但"realist institutionalism"在英文研究中的使用更加普遍,因此本书采用"realist institutionalism"。参见李巍、张玉环:《美国自贸区战略的逻辑:一种现实制度主义的解释》,《世界经济与政治》2015年第 8 期,第 127—154 页;李巍:《国际秩序转型与现实制度主义理论的生成》,《外交评论(外交学院学报)》2016 年第 1 期,第 31—59 页。

42. 李巍、张玉环:《美国自贸区战略的逻辑:一种现实制度主义的解释》,《世界经济与政治》2015 年第 8 期,第 127—129 页。

43. 论及"现实制度主义"的部分中文文献,参见陈兆源:《法律化、制度竞争与亚太经济一体化的路径选择》,《东南亚研究》2017 年第 5 期,第 64—76 页;宋亦明:《国际官僚与国际制度竞争退出》,《世界经济与政治》2018 年第 8 期,第 62—93 页;余博闻:《治理竞争与国际组织变革:理解世界银行的政策创新》,《世界经济与政治》2018 年第 6 期,第 78—107 页。

44. Michael Barnett and Raymond Duvall, "Power in International Politics," *International Organization*, Vol.59, No.1, 2005, p.51.

45. [德]桑德拉·希普:《全球金融中的中国:国内金融抑制与国际金融权力》,辛平、罗文静译,上海:上海人民出版社 2016 年版,第 4 页。

46. 张发林:《国际金融权力:理论框架与中国策略》,《当代亚太》2020 年第 6 期,第 124—152 页。

47. Vinod K. Aggarwal, "Reconciling Multiple Institutions: Bargarning, Linkages, and Nesting," in Vinod K. Aggarwal ed., *Institutional Designs for a Complex World*, Ithaca and London: Cornell University Press, 1998, p.11; Ilias Kouskouvelis and Kyriakos Mikelis, "Institutions and International Political Economy: Realist Readings of International Regimes," in Spyros Vliamos and Michel S. Zouboulakis, eds., *Institutionalism Perspectives on Development: A Multidisciplinary Approach*, Cham: Plagrave Macmillan, 2018, pp.191—209.

48. Alessandro Colombo，"The 'Realist Institutionalism' of Carl Schmitt，" in Louiza Odysseos and Fabio Petito，eds.，*The International Political Thought of Carl Schmitt：Terror，Liberal War and the Crisis of Global Order*，London and New York：Routledge，2007，p.22.

49. Sorpong Peou，*International Democracy Assistance for Peacebuilding：Cambodia and Beyond*，Basingstoke and New York：Palgrave Macmillan，2007，p.21.

50. John W. Meyer，"Reflections on Institutional Theories of Organizations，" in Royston Greenwood et al.，eds.，*The SAGE Handbook of Organizational Institutionalism*，Los Angeles，London：Sage，2008，p.792.

51. Ronald R. Krebs，"Perverse Institutionalism：NATO and the Greco-Turkish Conflict，" *International organization*，Vol. 53，No. 2，1999，pp. 343—377；Nicholas Khoo，"Deconstructing the ASEAN Security Community：A Review Essay，" *International Relations of the Asia-Pacific*，Vol.4，No.1，2004，pp.35—46；J. Samuel Barkin and Patricia A. Weitsman，"Realist Institutionalism and the Institutional Mechanisms of Power Politics，" in Anders Wivel and T. V. Paul eds.，*International Institutions and Power Politics：Bridging the Divide*，Washington，D.C.：Georgetown University Press，2019，pp.25—26.

52. [美]肯尼思·华尔兹：《国际政治理论》，第 99 页。

53. [美]罗伯特·基欧汉：《霸权之后：世界政治经济中的合作与纷争》，第 17 页；Lisa L. Martin and Beth A. Simmons，"Theories and Empirical Studies of International Institutions，" *International Organization*，Vol.52，No.4，1998，p.747。

54. [美]大卫·鲍德温主编：《新现实主义和新自由主义》，第 14—149 页。

55. [英]赫德利·布尔：《无政府社会：世界政治中的秩序研究》，张小明译，上海：上海人民出版社 2015 年版。

56. 李巍：《国际秩序转型与现实制度主义理论的生成》，《外交评论（外交学院学报）》2016 年第 1 期，第 31—59 页。

57. [美]汉斯·摩根索：《国家间政治：权力斗争与和平（第七版）》，第 139 页。

58. 张发林：《国际金融权力：理论框架与中国策略》，《当代亚太》2020 年第 6 期，第 126 页。

59. [美]罗伯特·基欧汉：《霸权之后：世界政治经济中的合作与纷争》，第 86 页。

60. [美]斯蒂芬·沃尔特：《联盟的起源》，周丕启译，北京：北京大学出版社 2007 年版，第 16—47 页。

61. 李巍：《国际秩序转型与现实制度主义理论的生成》，《外交评论（外交学院学报）》2016 年第 1 期，第 40—47 页。

62. [美]斯蒂芬·克拉斯纳主编：《国际机制》，第 359 页。

63. [美]肯尼思·华尔兹：《国际政治理论》，第 10 页。

64. 刘丰：《范式合成与国际关系理论重构：以现实主义为例的分析》，《中国社会科学》2019 年第 8 期，第 187—203 页；庞中英、黄云卿：《国际关系理论合成与分析折中主义比较评析：基于科学哲学的视角》，《国际论坛》2016 年第 3 期，第 42—47 页；[美]鲁德拉·希尔、[美]彼得·卡赞斯坦：《超越范式：世界政治研究中的分析折中主义》，秦亚青、季玲译，上海：上海人民出版社 2013 年版。

65. 对四种范式基本特征的总结和对比，参见[美]小约瑟夫·奈、[加拿大]戴维·韦尔奇：《理解全球冲突与合作：理论与历史（第 10 版）》，张小明译，上海：上海人民出版社 2018 年版，第 78 页。

66. 林宏宇：《科学理论的演变与科学革命》，广州：中山大学出版社 2016 年版，第 15 页。

67. [美]亚历山大·温特：《国际政治的社会理论》，第 20—30 页。

68. 同上书，第 21—22 页。

69. 秦亚青:《行动的逻辑:西方国际关系理论"知识转向"的意义》,《中国社会科学》2013
年第 12 期,第 182—183 页。

70. Union of International Association,*Yearbook of International Organizations 2020—
2021*,https://uia.org/yearbook,最后访问时间:2022 年 2 月 22 日。

71. 数据来源:中华人民共和国条约数据库,http://treaty.mfa.gov.cn/Treaty/web/index.
jsp,最后访问时间:2021 年 2 月 22 日。

72. U. S. Department of State,"Treaties and International Agreements,"https://www.
state.gov/policy-issues/treaties-and-international-agreements/,最后访问时间:2021 年 2 月
22 日。

73. 张发林、杨佳伟:《统筹兼治或分而治之:全球治理的体系分析框架》,《世界经济与政
治》2021 年第 3 期,第 126—155 页。

第四章

冲突–合作复合形态：以中美关系为例

> 我们不认为复合相互依赖完全真实地反映了世界的政治现实。
> 恰恰相反的是，复合相互依赖与现实主义的观点一样，都是理想模
> 式。大多数世界政治的实际情况往往介于这两个极端之间。[1]
>
> ——罗伯特·基欧汉和约瑟夫·奈

国际关系的"冲突–合作复合形态"与国际秩序变迁是现实制度主义聚焦的两大核心研究问题。第三章阐释了现实制度主义的基本理论构想，此后几章将对几个核心概念和议题进行更为具体和深入的讨论，本章聚焦在国际关系的"冲突–合作复合形态"，并以中美关系为经验案例进行剖析。

在中美政治经济实力调整、新冠疫情和国际秩序变革等复杂背景下，中美关系自特朗普政府以来大幅下行，陷入较为激烈的竞争之中。作为世界上最大的两个经济体，中美关系的向下转向对国际体系的稳定带来了直接负面影响，亦不利于中美各自的持续发展。由此，相关研究从不同视角对中美关系的现状作出了宏观判断，如"修昔底德陷阱"[2]"战略竞争"[3]"软战"[4]"新冷战"[5]"斗而不破"[6]等。另一些研究则深入到具体的问题领域，探究中美关系的现状，如贸易、金融、高科技、数字技术、信息科技等。[7]在宏观判断和具体问题领域之间，一些研究也尝试从中观的视角更加全面和客观地评估中美关系，如"合作与竞争并存的中美复合体"[8]"竞合关系"[9]"竞争性共存"[10]"多孔铁幕（Porous Curtain）"[11]等。宏观战略层面的分析往往忽略不同问题领域间的多样性，而具体问

题领域内的分析和不同问题领域的简单叠加,又无法准确评估中美关系的全貌。相较之下,中观层面的分析易于将宏观战略和具体领域结合起来,全面考虑关系的多样形态及其在时间和空间维度的差异。一个基本的共识是中美关系在政治、经济、安全等不同领域中合作与冲突并存,并由此呈现出一幅复杂的图景,[12]中美既不是天然的合作伙伴,也并非注定的敌人。[13]这使得对中美关系进行更加全面和系统的评估尤为困难和重要。

本章从中观视角出发,尝试探析中美关系基于多样互动形式的"关系细分",在不同问题领域间的"关系分层",在空间维度的"关系聚类"和在时间维度的"关系波动",并由此较为全面地描述和分析中美关系的"冲突-合作复合形态"(conflict-cooperation complex)。对当前中美关系形态的准确判断和概括,为本书理论发展和创新提供了概念和经验基础,同时也是中美间分歧管控和合作促进的必要前提,为中国有效对外政策的制定提供理论和经验支撑。

第一节　概念界定与理论框架

国际关系可理解为国际行为体间的关系,且至少关系中一方直接或间接与主权国家相关。如第一章对国际关系理论的定义所示,关系主体(国家或非国家行为体)、关系维度(问题领域)、关系内涵(权力、制度或文化等)和关系形态(从冲突到合作)是界定特定国际关系的四个核心要素,且关系主体、关系维度和关系内涵共同决定了关系形态。譬如,古典现实主义理论的国际关系主要指自利的主权国家在军事和安全领域的权力关系,这种关系被认为是冲突性的。随着国际关系理论和经验现实的发展,上述四大要素的内涵也随之扩展,国际关系呈现出泛化的趋势。关系主体已从主权国家扩展至多元的非国家行为体,[14]关系维度广泛涉及除军事领域外的金融、气候、生产、科技、贸易等"低政治"领域,关系内涵也从基于军事实力的权力扩展至不对称相互依赖的权力、软实力、文化影响力、制度性权力等。这三大要素的扩展必然导致国际关系形态的变化,然而既有研究并没有给予这一变化足够的关注。

在国际关系理论的演进历程中，至少有两种关于国际关系形态的论述明确可辨，一种是（古典或结构）现实主义理论的现实主义世界，另一种是新自由制度主义的"复合相互依赖"。[15]这两种国际关系形态的判断在不同的历史背景下都生成了具有开拓性意义的宏观理论。现实主义世界是冲突性的，自利的主权国家因对利益的追逐而陷入权力竞争中，且竞争的焦点是与军事和安全直接相关的"高政治"领域，冲突和战争由此无法避免。这一国际关系形态的判断对两次世界大战和不断爆发的局部军事冲突具有解释力，也为国际关系理论的发展树立了标杆。如罗伯特·基欧汉和约瑟夫·奈所述，现实主义世界是一种"理想模式"，只描述了某些极端情况。通过参考和批判这种理想模式，他们提出了"复合相互依赖"，这一新模式强调社会间的多渠道联系、没有等级之分的问题领域、军事力量的次要作用，并由此得出结论："当复合相互依赖普遍存在时，一国政府不在本地区内或在某些问题上对他国政府动用武力"，且这一新模式同样也被认为是一种理想模式。[16]

另一种更为理想化、但未被高度理论化的国际关系形态是理想主义世界，这种世界被认为可通过在道德约束、国际规范、超国家组织等基础之上的合作而建立，这种合作甚至可以带来永久的和平。这种形态缺乏现实基础和理论支撑，因此本章主要讨论前述两种形态。随着经济全球化的深入，国际关系的现实愈发复杂，这印证了上述两种形态都是理想模式，也由此引发了一个重要问题：如何更加客观和准确地描述当前国际关系的形态，尤其是中美关系的形态？

在现实主义的冲突世界和复合相互依赖的合作世界之间是一种冲突-合作复合形态。为更加清晰地定位这种复合形态，需要对国际关系的互动方式和表现形式进行区分。互动方式是指处于特定关系中的行为主体的行为选择，最典型的分类是冲突与合作。表现形式是互动方式的结果，常被二分为战争与和平。通过互动方式和表现形式两个维度，不同的国际关系形态便可得到清晰呈现（图4.1）。现实主义世界中国家间的冲突最终会导致战争，复合相互依赖的世界通过增加国家间的联系和合作而维护和平。位于现实主义和理想主义之间,国际关系现实愈发复杂,更多表现为冲突-合作复合形态。

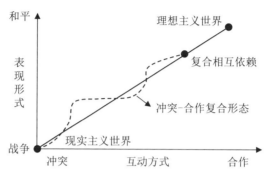

资料来源:作者自制。

图 4.1　国际关系的不同形态

　　这几种国际关系形态本质上位于同一谱系中的不同位置,在关系主体、关系维度和关系内涵三个方面的偏好和侧重不同。现实主义世界和复合相互依赖通过现实主义理论和新自由制度主义理论的发展而得到了全面的阐释。如前所述,现实主义世界聚焦主权国家在军事安全领域的关系,认为议题领域是高度等级化的,且权力的本质内涵是物质实力,尤其是军事实力,国际关系形态是冲突性的。复合相互依赖将关系主体扩展至除主权国家外的多元主体,弱化了问题领域间的等级性,强调不对称相互依赖的关系性权力和国际制度的功能性作用,国际关系形态是合作性的。对照相关研究对这两种国际关系形态的论述,冲突-合作复合形态的内涵和特征同样可从关系主体、关系维度、关系内涵三个方面进行分析。在冲突-合作复合形态中,主权国家位于主导地位,但多元主体并存,且交织影响;问题领域多元化,且多元问题领域间存在复杂联系,甚至是等级关系;权力的内涵既包含了现实主义世界中的物质性权力,也包含了复合相互依赖中的关系性权力,还包含源自国家能力的权力,是"权力即资源""权力即能力"和"权力即关系"三种权力观的融合。基于此,关系形态不再简单地二分为冲突或合作,而是冲突与合作在时间和空间维度的复杂交错。表 4.1 对三种国际关系形态进行了比较。

表 4.1　三种国际关系形态的比较

维度\形态		现实主义世界	复合相互依赖	冲突-合作复合形态
关系主体	分析层次	国家间	国家间、国际和跨国	国家间、国际和跨国
	行为主体	主权国家	多元	主权国家主导，多元主体并存
关系维度	问题领域	军事安全	多领域	多领域
	议题关联	高度等级化	弱等级化	等级化
关系内涵	权力定义	物质实力	不对称的关系	基于资源、能力及/或关系的权力
	政策工具	军事力量主导	操控相互依赖关系、国际组织和超国家行为体	基于资源、能力及/或关系的方略（statecraft）
	冲突性	高	低	低-高

资料来源：作者自制。

　　冲突-合作复合形态在时间和空间两个维度表现出相互联系的四个主要特征，即关系细分、关系分层、关系聚类和关系波动，这些特征也是度量冲突-合作复合形态的具体方面。在时间维度，关系细分和关系波动分别是在特定时间点和时间段中的关系特征。在特定时间点上，国际关系形态不是简单的冲突与合作的二分类，而是表现为从冲突到合作的光谱式细分（即关系细分）。在特定时间周期里，国际关系形态不是如特定理论所假定的恒久不变，而是存在波动和转变（即关系波动）。在空间维度，国际关系形态可能在不同问题领域所构成的抽象空间中存在差异（即关系分层），也可能在不同地域（尤其是主权国家）间的具体空间中存在差异（即关系聚类）。这四个方面构成了一个测量冲突-合作复合形态的体系。从逻辑关系而言，关系细分是对国家间互动方式的理论分类，细分的互动方式在不同问题领域间表现为关系分层，在地理空间上表现为关系聚类，而关系波动正是关系细分、关系分层和关系聚类综合作用的结果。图 4.2 对这一逻辑关系进行了概括，下文将按此逻辑，依次从这四个方面对中美关系进行分析，以便更加清晰地阐释冲突-合作复合形态，对中美关系进行更加客观和全面的评估，并以此为中美关系的发展提供必要的基础。

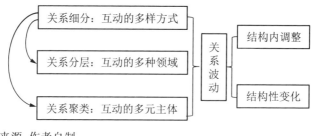

资料来源:作者自制。

图 4.2 "冲突-合作复合形态"逻辑关系图

第二节 超越冲突/合作二分法的中美关系

中美关系的本质是互动,不同的互动方式决定了关系的形态。互动方式不仅仅局限于冲突与合作的二分类,对中美关系形态的精确判断须建立一个更加清晰的互动方式分类。使用事件数据对国际关系进行量化研究本质上就是通过互动来评估国际关系形态,不同的事件代表着不同的互动方式。[17] 例如,李少军将相关事件划分为从"实现国家一体化"到"发生全面战争"的 14 个类别,相应进行赋值,并以此构建一个冲突-合作评估体系。[18] 这一研究具有开拓性意义,但其对互动方式的分类不是理论性的,欠缺标准和体系。阎学通和周方银的研究建立了一个评估国家双边关系的赋值标准,将双边关系分类为对抗、紧张、不和、普通、良好和友好,这一事件数值向关系数值的转化,本质上是互动方式向关系形态的转化,上述六种分类都是描述关系形态。[19] 但从互动方式角度对国际关系进行类型化依然存在不足。[20]

基欧汉早在《霸权之后:世界政治经济中的合作与纷争》中便对和谐、合作和纷争(discord)进行了界定和区分,认为"和谐"是某行为体的政策与其他行为体的目标一致,如自由市场中"看不见的手"使个体追求自利的行为带来了市场的整体繁荣,当和谐不存在时,如果没有行为体愿意作出政策调整或者政策调整依然无法实现和谐,便会出现纷争,而如果政策调整使行为体间的政策相容,便产生了合作。[21] 这一分析具有启发性,但冲突被视为定义合作的必要条件,这在概念定义和区分上存在问题。基欧汉认为,只有当存在冲突时才会出现合作,和谐状态下不需要合作,合作被潜在地定义为对政策冲突的有效协调。[22]合作应该是一个相对独立的状态和过程,是指不同行为体相互配合或共同实现某个目标,其核心定义要素应是行动上的配合性和目标上的一致性,不需要前置一个冲突环境的必要条件,一切具有行动配合性和目标一致性的行为体间的互动都是合作。因此,合作可能来源于对冲突政策的有效协调,也可能是在和谐状态下自发形成,自由市场的和谐正是源自于"看不见的手"所推动的分工与合作。基于此,本章对相关概念进行重新界定和区分(见图 4.3)。

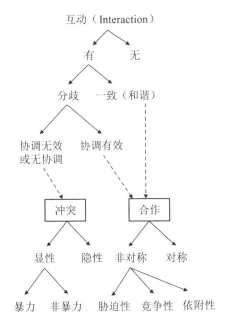

资料来源:作者自制。

图 4.3　冲突与合作的概念图

　　讨论中美关系形态的前提是互动的产生,在缺乏互动的时期(尤其是 20 世纪 50 年代和 60 年代),中美间彼此相对隔离,直接联系较少,中美关系更多表现为战略和政治立场上的"各说各话"。中美建交和中国改革开放使中美建立了全方位的互动和联系。一旦产生互动,便会出现两种可能的情景:政策或利益的分歧和政策或利益的一致(即和谐)。和谐可能产生为提升效率、追求共同利益或实现共同目标的合作。效率提升的合作正如自由市场中的分工，市场主体原本并不处于利益或目标冲突之中，而是拥有各自的利益诉求，但分工合作可提升所有参与者的经济福利。中国加入国际经济体系的一个重要方式便是基于市场分工的国际合作，也正是通过这种合作发挥了中国的资源禀赋优势，如人口红利。[23] 在追求共同利益或实现共同目标的合作中，中美有较多相同的利益诉求和目标追求。尤其当有些目标的实现非单一行为体所能及时，合作更加必要，全球治理中的部分合作便是这种逻辑，如全球气候治理中的中美合作。[24] 分歧可进一步演化为冲突或合作，有效的政策协调可以化冲突为合作，基欧汉正是持有此种定义。无协调或无效协调便可能使分歧发展为冲突。由此，冲突可被定义为行为体间因利益、目标或政策的分歧而产生的对抗性互动，而合作是指具有行动配合性和目标一致性的行为互动。

上述从行为互动视角出发的定义将冲突与合作纳入同一体系中，冲突与合作是中美互动的两种典型方式，这两种方式又可进一步细分，进而构成一个更加详细的行为互动方式谱系。冲突可分为显性和隐性，显性冲突是指可被明确观察到的、往往可具体化为特定事件的对抗性互动，其又可进一步区分为暴力和非暴力。大规模战争和局部军事冲突等是典型的显性暴力冲突，如抗美援朝战争，而中美贸易战和美国经济制裁等属于显性非暴力冲突。隐性冲突是指不容易被明确观察到的、且往往以一系列的分散行动表现出来的对抗性互动，如颜色革命、国家歧视、思想渗透、国家污名化等。是否可明确观察且以特定事件的形式呈现，是区分显性和隐性冲突的关键。合作可被区分为对称性和非对称性，对称性合作是指各方地位和利益分配对等的合作，即平等自愿的合作，这是合作的一种理想形态。现实中的中美合作往往以非对称的形式呈现，即参与合作的各方在地位和利益分配上并不对等。基欧汉和奈关于非对称相互依赖的论述很好地阐释了非对称性合作，合作各方对合作关系的敏感度和脆弱性不同，由此非对称性合作具有权力属性。[25] 根据合作关系的非对称程度强弱，非对称性合作又可分类为胁迫性合作、竞争性合作和依附性合作。胁迫性合作中一方以利相诱或以害相迫强行建立合作关系，这种合作方式与隐性冲突存在交集，两者间的界限较为模糊。竞争性合作是竞争与合作共存的形态。依附性合作是指一方处于合作关系的依附地位，而另一方主导了这种合作关系。

由此，中美互动方式细化成了一个从冲突到合作的谱系，这个谱系包含了显性暴力冲突、显性非暴力冲突、隐性冲突、胁迫性合作、竞争性合作、依附性合作和对称性合作7个明确的类型，这些类型并非将互动方式进行七分类，而是在冲突-合作的谱系中具有典型性的节点，中美互动可能位于这七个节点组成的光谱中的任意位置，也可能是这些典型形态的组合。对国际关系互动方式细化的探索，使中美关系冲突-合作复合形态的内涵愈发清晰。理论上对国际关系互动方式的细分为中美互动提供了一个新的分析工具，中美互动并非简单的冲突或合作，而是不同的互动形式并存。表4.2总结了2017—2021年中美间互动的部分事件。

表4.2 中美互动的细分与部分事件（2017—2021年）

潜在暴力冲突	美国"麦凯恩"号驱逐舰闯入我国南沙岛礁邻近海域，中国人民解放军对其进行警告和驱离；美舰擅闯南沙群岛海域；美军舰穿航台湾海峡。[26]
非暴力冲突	中美贸易摩擦；"孟晚舟"事件；美国以"人权""宗教自由"等借口对中国官员实施签证限制和其他制裁；美国商务部工业与安全局（BIS）通过所谓的"实体清单"对中国一些企业、高校和个人等实施制裁；美发布限制中共党员赴美旅行新规；美国财政部将中国列为"汇率操纵国"。
隐性冲突	美式自由主义的渗透；美国对中国市场经济地位的质疑；新冠疫情对中国的"污名化"；美国建立"技术联盟"；美国要求中国关闭驻休斯敦总领馆（2020年7月）；美将孔子学院列为外国使团（2020年8月）；美国会众院外委会通过"2019年西藏政策及支持法案"（2019年12月）；美国发表的"2018年度国别人权报告"中涉华部分指责中国人权状况（2019年3月）；中国发布《2017年美国的人权纪录》《2017年美国侵犯人权事记》揭露美国侵犯人权的状况（2018年4月）。
胁迫性合作	美将中国移出汇率操纵国名单，以促成中美贸易谈判（2021年1月）；为迫使中国在贸易问题上让步，美国与加拿大、墨西哥的贸易合作中加入针对中国的"毒丸条款"（2018年10月）；美国战略与国际问题研究中心发布的《战略竞争时代的科研合作》以"国家安全"为由对中美科研合作设限（2019年10月）。

（续表）

竞争性合作	中美签署第一阶段经贸协议;中美进行第二轮中美外交安全对话,双方同意建立两军《危机预防沟通框架》(2018 年 11 月);中美签署《中美关于在 21 世纪 20 年代强化气候行动的格拉斯哥联合宣言》(2021 年 11 月)。
参与性合作	中国对以美元为主的国际货币体系不满,但依然有赖于美元参与国际经贸活动。
对称性合作	中美两军在南京举行人道主义救援减灾联合演练(2018 年 10 月);第五届中美省州长论坛在美国举行,双方签署了加强友好省州关系以及农业、能源、教育等领域合作协议(2019 年 5 月)。

资料来源:作者根据网络资料整理。

第三节　中美关系分层:问题领域间的差异与联系

中美冲突-合作复合形态的另一个特征是问题领域间的关系分层,即在具有不同属性的问题领域中,中美互动方式存在差异,因此,中美在不同问题领域中形成了差异化的国家间联系。上文对互动方式的细分为进一步探究问题领域间的中美互动差异提供了理论手段,中美在不同问题领域中的互动会表现为上述不同的方式,而不同互动所导致的中美关系形态存在很大差异。关键问题在于如何区分不同问题领域,以及识别问题领域与国家间互动方式的关系?换言之,特定问题领域的固有属性使国家间互动倾向于特定形式,而这种规律有待进一步探究。

参考相关研究,问题领域属性可从三个方面进行观察——领域类别、可让步性和冲突性。领域类别是指特定领域的经验本体,如经济领域、军事领域和文化领域等,通常作高政治和低政治之分。可让步性是指主权国家在这些领域中可妥协和利益让步的程度,如在涉及主权和安全的领域,国家可让步性较低,而在另一些更加市场化或非政治化的领域,国家可让步性相对较高。中美在特定问题领域中的可让步性可能存在差异,这与双方的政治经济模式、文化传统、国内政治等因素密切相关。冲突性是指在特定问题领域中,交往双方的认知、利益和行动分歧程度。领域类别总体上对可让步性和冲突性存在影响,但这种影响并不是决定性和线性的。正如上文所述,可让步性存在国家间的差异,而冲突性主要是由国家在特定领域所建立联系的现状所决定的。即使在军事和安全等易于存在冲突的领域,国家间的关系亦可以是合作。

这三个方面共同构成了一个三维分析框架,中美在特定问题领域内的互动形式便可通过这个分析框架得以厘清。具体而言,如下表4.3所示,领域类别区分为高政治和低政治,可让步性区分为高和低,冲突性区分为强和弱。三个维度划分出了八种具体情形,如高政治领域中可让步性低且冲突性强的问题领域等。在不同情形下,中美间的互动方式存在差异,如在低让步性和强冲突的高政治领域,暴力冲突是最可能的互动方式,而在高让步性和弱冲突性的低政治领域,对称性合作或依附性合作往往易于达成。依此逻辑,表4.3列举了不同问题领域属性下中美互动最可能使用的方式。

表 4.3 问题领域属性与国家间互动方式

		领域类别			
		高政治		低政治	
		可让步性		可让步性	
		高	低	高	低
冲突性	强	隐性冲突 胁迫性合作	暴力冲突 隐性冲突	隐性冲突 胁迫性合作	非暴力冲突 胁迫性合作
	弱	参与性合作 对称性合作	隐性冲突 竞争性合作	参与性合作 对称性合作	隐性冲突 竞争性合作

资料来源:作者自制。

表4.3建立了问题领域属性与国家间互动方式的分析框架,有两点需要进一步说明。其一,这并不意味着在具有特定属性的问题领域中,只有表中所列的互动方式出现,而是指这些方式的可能性最大,也最符合理论逻辑和政策逻辑。其二,问题领域的属性是动态的,因为这种属性既取决于问题领域的客观物质本体,也取决于互动双方的主观认知和利益界定。客观物质本体相对稳定,而主观认知和利益界定会在中美互动中发生变化。运用上述分析框架,中美关系中的一个重要特征便显现出来,即在具

有不同属性的问题领域中,中美间的主要互动方式是不同的。通过上述分析框架,中美关系所涉及的主要问题领域可进行区分(见表4.4)。

表4.4 中美关系的问题领域分类

		问题领域属性			
		高政治		低政治	
		可让步性		可让步性	
		高	低	高	低
冲突性	强	较少见	政治体制问题 民主价值观 国际政治地位 台湾问题 西藏问题 新疆问题 南海问题 国际军控与裁军问题 亚太主导权 区域秩序构建 人道主义干预问题	贸易问题 国际机构改革 知识产权 人文交流 全球抗疫	高科技问题 货币权力问题 人权问题 网络安全 国际经济制裁 经济发展模式
	弱	国际维和问题	反恐问题 核扩散问题	气候治理 全球金融治理 税收治理 贫困治理 经济复苏	较少见

资料来源:作者自制。

低可让步性和强冲突性的高政治问题领域是中美关系的敏感问题领域,包括政治意识形态、国际政治地位竞争、台湾问题、南海问题等,这些问题领域易于引发零星、小规模乃至大规模的暴力性冲突。例如,有研究认为,中美在亚太海权竞争中便可能存在偶发事件所导致的暴力冲突。[27]中美政治经济实力变化和国际政治地位竞争是否存在"修昔底德陷阱",学术界也进行了广泛讨论。美国学术界和政策界普遍将中国的地缘战略崛起和军事现代化视为对美国的严重挑战。[28]这类问题领域与中美双方的宏观战略和政治利益密切相关,如开篇所述,其所存在的竞争和冲突被不同地概括为战略竞争、意识形态的安全困境、"新冷战"、"软战"等。这些领域是定性中美关系的关键问题领域，也是利益和观念分歧较大，冲突管控和合作促进十分困难的问题领域。

低可让步性但弱冲突性的高政治问题是存在合作可能性的。以反恐问题为例，中美在国际反恐问题上达成了宏观目标共识，即零容忍地打击国际恐怖主义，但是在具体实现路径与标准上，双方存在分歧。这种共识使双方在反恐问题上的冲突性较弱，而这种分歧是与双方的认知和利益相关的，可让步性较低。在高政治领域中，低可让步性但弱冲突性的领域主要存在两种可能。一种是关系双方在特定高政治领域中有各自的原则和利益，但是原则和利益并不存在根本分歧。例如，作为拥核大国，中美对防止核扩散的总体态度和利益是一致的，因此，防核扩散一度被认为是中美合作的亮点。[29]另一种是关系双方在特定高政治领域中有各自的原则和利益，但由于双方并未建立直接联系和交往，这种原则和利益的分歧也并未直接体现出来。在全球化深度发展的背景下，中美在各个领域都建立了广泛的联系，产生了互动，因此这种情形较为少见。总体而言，在中美关系中，低可让步性但弱冲突的高政治问题领域较少。

相较之下，中美关系中可让步性高的高政治问题领域更少。高政治领域直接关乎国家主权、国家安全和国际政治地位，主权国家作出让步的可能性较小。一些在高政治问题领域作出让步的经验案例往往都需要至少一方让渡部分主权，如欧盟的共同安全与外交政策、美国及其盟友的安全同盟等。中国一直坚持"主权不可侵犯"和"不结盟"的基本原则，由此在高政治问题领域鲜有让步。高政治领域中可让步性高且冲突性强的领域就更少见了，强冲突性会迫使愿意且可能作出让步的一方首先妥协，从而使双方关系发生变化。在某些冲突性较弱的高政治领域中，中国可能会作出一定程度的让步，但这种让步并不是任何意义上的主权让渡或政治妥协，而更多是从实现规范性目标的角度让出部分利益，从而促成合作，承担更多的国际责任。例如，在国际维和问题上，中国同意在联合国框架下与美国开展积极的合作，甚至在某些议题上作出让步。[30]

总体而言，由于历史和现实的诸多原因，中美在高政治领域中的分歧大于共识，且中国作出让步的可能性和程度都较低。在这种分歧及其导致的竞争下,中美在低政治领域的关系则更为复杂,既有密切的合作或相互依赖,也存在制约和竞争,更呈现出被"高政治化"的倾向。具体而言,可让步性低且冲突性强的低政治问题领域广泛涉及高科技、国际货币权力、人权、网络安全、国际经济制裁和经济发展模式等诸多领域。以高科技领域为例,中美在人工智能、5G 技术、半导体芯片、清洁能源技术等诸多领域的竞争愈发激烈,且这些领域关系到中国经济发展和国家安全,中国不可能作出让步,美国已通过限制技术出口、阻止企业数据获取、阻碍投资和并购、阻断产业链合作、约束科技人才流动等手段,推动中美科技"脱钩",与中国展开高科技竞争,试图制约中国的高科技发展。[31] 国际货币权力竞争是另一个具有代表性的例子。美元霸权是美国霸权的重要支柱和表现,历史上美国通过多种暴力和非暴力手段维护美元霸权,对于任何对美元国际货币权力可能产生威胁的行为和政策,美国极少作出让步,特朗普时期中美贸易摩擦也很大程度上涉及了国际货币权力的竞争。[32] 如同可让步性低且冲突性强的高政治领域一样,中美可让步性低且冲突性强的低政治领域也较多,这反映出了当前中美关系总体上的竞争性。

可让步性高且冲突性强的低政治问题领域涉及了贸易问题、国际机构改革、知识产权、人文交流等。在这些问题领域里中美有各自的立场和利益,由此导致双方交往中的强冲突性。但是,这些立场和利益并不直接涉及国家最核心的立场和最根本的利益,因此存在磋商和合作的可能。甚至中美双方可能原本在这些问题领域中并没有根本性的分歧,当前的强冲突是受中美政治关系的影响,从而被"安全化"的结果。例如,自特朗普政府以来,在中美战略竞争强化的背景下,中美人文交流呈现出了较强的"安全化逻辑",由此在实践中表现出了强冲突性。[33] 虽然存在较强的冲突性,中美双方在这些问题领域中往往是可以或者已经作出了一些让步,如为解决中美贸易摩擦而签署的《中华人民共和国政府和美利坚合众国政府经济贸易协议》,中美在知识产权、技术转让、汇率和透明度等方面都有不同程度的让步,这才最终使得协议顺利达成。诸如国际货币基金组织和世界银行等国际金融机构投票权和份额的改革,也是中美等主要大国磋商和妥协的结果。

可让步性高且冲突性弱的低政治问题领域包括气候治理、全球金融治理、税收治理、贫困治理、经济复苏等，这些问题领域是中美最有可能开展合作的领域。在全球气候治理中，虽然长期存在中美双方对全球治理宏观规范和责任分担的博弈，具体表现为"共同责任"和"共同但有区别的责任"两种规范的并存，且特朗普政府退出《巴黎协定》，使全球气候治理陷入困境。但中美就气候治理的必要性和长期目标存在基本的共识，且中美气候治理的分歧主要是责任承担的分歧，较少存在涉及国家核心利益的分歧，因此双边都存在可让步的政策空间。金融、税收和贫困等领域的全球治理都有类似情况，中美存在一些观念和利益的分歧，但总体上在同一个体系中并存与合作，具体表现为中国积极加入美国和其他西方国家主导建立的全球治理体系。因此，双方在这些领域中作出让步，以协调分歧和冲突，促进合作，是存在可能性和可行性的。疫情下的全球经济复苏，更是中美可以探索合作的潜在领域。

可让步性低且冲突性弱的低政治问题领域则相对较为少见，这与上文关于可让步性低且冲突性弱的高政治问题领域是类似的。可让步性低往往就意味着较强的冲突性，而在可让步性低的前提下出现弱冲突，通常有两种可能：利益共识或交往不足。利益共识不需要让步，而交往不足使分歧未曾显现出来。对于当前中美关系而言，这两种情形都不常见。

综上所述，表 4.4 对中美关系的主要问题领域进行了分类，不同类别里中美互动的方式存在较大区别。这一分类有以下两点前提。其一，此分类更多是从中国的视角出发对可冲突性和可让步性进行判断。其二，这一分类的理论框架具有一般性（如表 4.3 所示），但是具体问题领域的归类是可变的。表 4.4 是针对特朗普时期以来的中美关系而做出的判断，随着中美关系的发展，不同问题领域的可让步性和冲突性会有所变化，而中美双方的互动方式也会相应发生变化。所谓的"分歧管控"正是要推动不同问题领域的可让步性和冲突性朝着更加有利于合作的方向变化。但是，不同问题领域之间的关系还有待深入探究，一类观点认为中美高政治领域关系对低政治领域关系有决定性影响，但这种影响的程度、机制和在不同具体问题领域中的差异性，都是需要继续研究的问题，如一项研究认为中美关系有三大支柱（安全、经济和文化-教育），当前中美关系的恶化正是由于安全关系的恶化所致。[34] 另一些研究则认为中美经济关系的变化（如中国国际贸易的发展、中美技术差距的缩小等）诱发了中美政治关系的变化。[35]

第四节　关系聚类：中美各自的关系网络

除了关系细分和关系分层外，中美关系冲突-合作复合形态的另一重要特征是关系聚类。所谓关系聚类是指在由双边关系所构成的关系网络中，一些国家间的关系相对更加密切，从而在关系网络中形成了不同子群（subgroup）和核心节点。[36] 中国和美国在不同层面和不同问题领域中形成了以各自为中心的子群，而当前国际体系正逐渐发展成以这两大子群为主要构成要素的关系网络。由此可见，对中美关系的评估，除了测量中美双边的直接关系外，还需要考虑分别以中美为中心的关系网络，以及这两大网络间的关系。

就国家间总体关系而言，中美分别建立了伙伴体系和同盟体系，这两个体系在性质和内涵上存在本质的区别，[37] 但在形式上都表现为以各自为中心的国家间差序双边关系网络。虽然中国官方并未对不同类型的双边伙伴关系进行分类和排序，但是从伙伴关系的名称和其实质性内容上可以大致判断出不同伙伴关系所体现出的国家间关系亲疏远近。一些研究也尝试分析不同伙伴关系的实质内涵，以及其所构成了关系网络，如运用话语分析构建中国对外关系的差序格局图，[38] 从是否是结点国和支点国两个维度对中国伙伴国进行分类。[39] 参考相关研究和官方资料，图 4.4 构建了中国伙伴关系差序网络图。由其可见，至少从官方表述来看，相关国家与中国的伙伴关系存在差异，且中国已逐渐建立了一个伙伴关系网络。

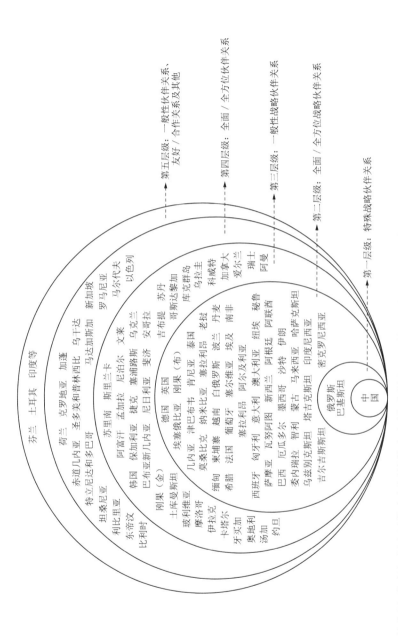

图 4.4 中国伙伴关系差序网络[40]

资料来源：作者根据中国外交部网站信息自制，参见 https://www.fmprc.gov.cn/。

第五层级：一般性伙伴关系、友好／合作关系及其他

第四层级：全面／全方位伙伴关系

第三层级：全面／全方位战略伙伴关系

第二层级：全面／全方位战略伙伴关系

第一层级：特殊战略伙伴关系

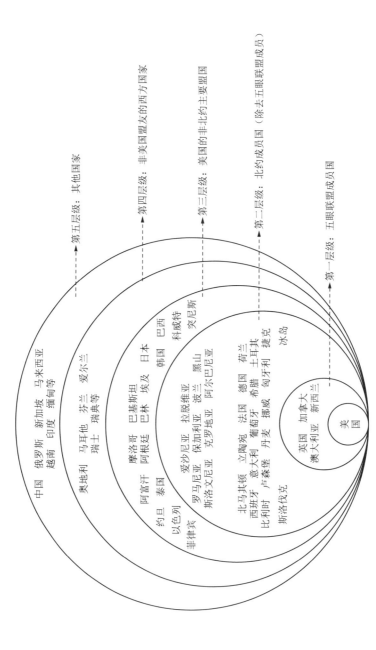

图 4.5 美国同盟体系差序网络

资料来源：作者根据北约网站和美国国务院网站信息自制，参见 https://www.nato.int/cps/en/natohq/nato_countries.htm；https://www.state.gov/major-non-nato-ally-status/。

　　相较于中国的伙伴体系,美国的同盟体系更加强调政治和军事关系,制度化程度更高,等级性更强,有更加明确的权力和义务约定,对同盟国的行为有更强的约束性,且某种程度上需要同盟国让渡部分主权。同盟体系的这些属性与中国的主权观、权力观和行为规范不相符,这也正是中国主张"不结盟"的重要原因。图4.5构建了美国同盟体系的差序网络图。美国对其盟友和非盟友,盟友内的等级,有更为严格和清晰的区分,而中国不同类型伙伴关系的区分度相对较低。

　　中国伙伴体系与美国同盟体系是存在交集的,同一国家可能同时是中国特定类型的伙伴和美国特定级别的盟友。基于图4.4和图4.5,这种更为复杂的国家间关系可通过图4.6的矩阵图体现出来。由于中国的伙伴关系和美国的同盟关系分别侧重于经济和军事安全领域,在这两大领域都有需求的国家便会选择与中美双方同时建立关系。图4.6中的斜虚线理论上是指特定国家与中美保持了相同距离的关系,这与经验现实比较吻合,如采用对冲策略的韩国、[41] 保持相对中立态度的瑞士、游离于主流国际体系之外的索马里或主要追求自身福利的北欧国家等。在实践中,国家根据其利益和偏好在中美间作出战略选择,且这种选择是变化的,这导致了国家间关系的波动,从而使关系聚类的具体形态发生变化。如俄罗斯和巴基斯坦等国与中国建立了更为密切的关系,而诸如英国、日本、澳大利亚等美国核心盟友则在政策和行动中更偏向跟随美国。在全球化时代,小国和大国都无法孤立地生存和发展的,双边关系的网络外溢效应将持续存在,关系聚类愈发成为测量双边关系和国际关系形态的重要方面。

　　这种关系聚类在具体问题领域中表现得更加明显,尤其在经贸领域中。在国际贸易中,由于产业结构、技术水平和劳动成本等方面的差异,中美形成了各自的贸易网络,不同国家与中美建立了差异化的贸易关系。通过对2020年中美前20大货物贸易伙伴及其贸易量进行分析和绘图,图4.7描绘了中美货物贸易关系网络的聚类。一些国家在货物贸易关系中更加偏向中国或美国,如爱尔兰、意大利、瑞士和比利时等国与美国有密切的贸易往来,而俄罗斯、菲律宾、沙特阿拉伯和印度尼西亚等国与中国

与美国的同盟关系 \ 与中国的伙伴关系	第一层级	第二层级	第三层级	第四层级	第五层级
第五层级	俄罗斯	越南 马来西亚 印度尼西亚 埃塞俄比亚 柬埔寨 缅甸 老挝 南非 白俄罗斯 秘鲁 伊朗 墨西哥 委内瑞拉等	斯里兰卡 孟加拉 尼泊尔 文莱 乌克兰 尼日利亚 苏丹 乌拉圭 伊拉克 安哥拉阿曼 哥斯达黎加 玻利维亚等	新加坡 利比里亚 坦桑尼亚 乌干达 加蓬 马达加斯加 东帝汶 马尔代夫 赤道几内亚 圣多美和普林西比 特立尼达和多巴哥	印度 安道尔 巴拉圭 利比亚 摩尔多瓦 索马里 科特迪瓦等
第四层级			奥地利 塞浦路斯 爱尔兰	瑞士	芬兰 马耳他 瑞典
第三层级	巴基斯坦	阿根廷 埃及 泰国 巴西	阿富汗 约旦 科威特 摩洛哥 韩国	以色列	巴林 日本 菲律宾 突尼斯
第二层级		法国 德国 意大利 希腊 西班牙 葡萄牙 丹麦 匈牙利 波兰	捷克 保加利亚	荷兰 比利时 罗马尼亚 克罗地亚	土耳其 卢森堡 挪威 冰岛 斯洛伐克 立陶宛 爱沙尼亚 拉脱维亚 斯洛文尼亚 阿尔巴尼亚 黑山 北马其顿
第一层级		英国 澳大利亚 新西兰	加拿大		

资料来源:作者自制。

图 4.6　中国伙伴关系与美国同盟关系矩阵图

的货物贸易关系更加紧密。另一些国家（如日本、韩国、德国等）同时与中美建立了密切但存在结构差异的货物贸易联系。

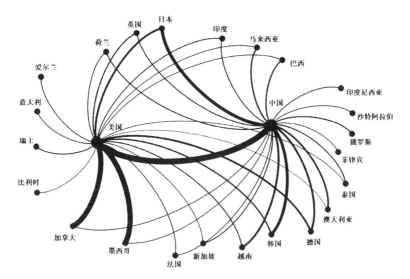

资料来源：作者根据联合国商品贸易统计数据库自制，参见 https://comtrade. un.org/data/。

注：连线粗细代表贸易量大小。

图 4.7　中美货物贸易网络

第五节　中美关系波动：钟摆式调整或结构性变化？

不同问题领域和不同国家间的差异化互动综合而成中美在特定时期的关系形态和在特定时间段中的关系波动，关系细分、关系分层和关系聚类共同决定了中美关系的形态及其变化。关系波动正是冲突-合作复合形态的另一重要特征，也是理解中美关系现状的重要方面。准确评估关系波动的前提是测量国家间关系。如前文所述，事件数据的运用和一些事件数据编码系统的出现，推动了测量行为体间关系的相关研究。清华大学国际关系研究院中外关系数据库（简称清华国关数据库）的建立，更是极大助益于相关研究的发展。[42] 但是，相关研究至少在以下三个方面还存在继续深入探索的空间。

第一,如何将关系形态与多样互动方式(即关系细分)更紧密的联系起来。通过对中美间不同类型的互动事件进行赋值,经过计算便可得出中美关系的数据,这正是上述事件数据的基本逻辑。但是,从具体事件到对关系形态的整体判断,中间还缺乏对特定形态下或特定时期的主要互动方式的总结。这导致在具体分析中,对关系形态(从友好到对抗)和对互动方式(从冲突到合作)的讨论往往交织在一起。基于清华国关数据库对关系形态的分类和赋值,结合上文对互动方式的分类,不同关系形态下的主要互动方式便可以被总结出来(如图4.8)。特定关系形态是不同互动事件的结果,而某类互动事件在这一关系形态下占据主流,如正是暴力和非暴力的冲突事件使双边关系呈现"对抗"形态,而依附性和对称性的合作事件导致了"友好"的关系形态。这并不意味着图4.8中的特定关系形态下只有所列的互动方式,多种互动方式可以并存,但不同互动方式及事件在特定关系形态下的数量和权重不同。

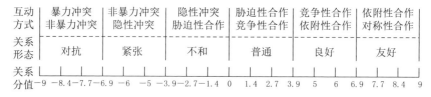

数据来源:部分参考阎学通、周方银:《国家双边关系的定量衡量》,《中国社会科学》2004年第6期,第94页。作者作出了修改。

图4.8 互动方式与关系形态

第二,事件数据如何能将不同问题领域间的关系(即关系分层)更好地呈现出来。这个问题的本质是问题领域间是否存在等级性或不对称影响关系。一些关键问题领域中的重要事件可能对中美关系有宏观的定性作用,且会对非关键问题领域的关系产生直接的影响。由于忽略了问题领域间的关系,对单个事件进行赋值和计算的方法,往往会存在"关系叠加效应"和"顺周期性效应"。所谓的关系叠加效应是指重要事件以及由其所导致的其他相关事件,会在特定编码体系中被重复计算,从而使对关系好坏的判断被放大。这种叠加效应还可能会导致顺周期性(procyclicality)，[43]即当中美关系变得紧张，相关行为体会更为谨慎地开展活动，如减少投资、暂缓人文交流等，从而使中美关系更加恶化，而当中美关系良好时，相关行为体会更为活跃地开展活动，从而使关系更加紧密。这种顺周期性会扩大中美关系的波动幅度，从而使一些关键事件对国家间关系产生全局性影响。理解和应对国家间关系评估的"关系叠加效应"和"顺周期性效应"，关键是从理论和经验层面剖析问题领域间的关系。这并不是本章的重点，但诚如上文所述，这是一个亟待深入探究的问题。

第三，事件数据如何体现系统效应或网络效应。由上文的关系聚类可知，双边关系不仅仅取决于双边的认知和互动，还受到关系网络的影响，关系聚类是评估双边关系的一个重要方面。正如罗伯特·杰维斯在对系统效应的论述中所提及的，"关系通常不是由双边决定的"。[44]国际关系网络或系统可理解为多元国家在多个问题领域中的多种互动所构成的整体。显然，对国际关系网络进行全面测量是十分困难的，因此评估中美关系的系统效应还缺乏有效的技术手段。一些运用社会网络分析的研究尝试对具体问题领域内的国际关系网络进行测量，如国际经济网络、国际外交网络和国际军事安全网络等，这有助于理解国际关系网络的整体面貌，以及进一步分析双边关系的系统效应。[45]

第四，关系数据如何评估关系的结构性调整。上述基于事件数据的关系分值和关系数据较好地评估了关系的变化趋势，很好地测量了关系的相对好坏和波动。运用清华国关数据库中美关系数据，图4.9呈现出了中美关系从1950年到2020年的年平均波动。由此可见，在较长的时间周期里，中美关系出现了较大幅度的波动。但是，只是简单对比较长时间周期里的关系变化，很难准确地理解关系的现状与形态。例如，1950年6月和2020年6月中美关系的数据都是−7.6，但是中美关系维度、内涵和形态在这两个时间点上有巨大的区别。因此，除了测量关系的波动外，关系的结构性变化更需要被纳入考量。

关系的结构性变化是指关系的基准形态发生了变化。基准形态是在特定时间阶段中关系的基调，如20世纪50年代的中美政治对抗和70年代的接触合作。这种关系基调是双方根据特定国际形势和各自国家立

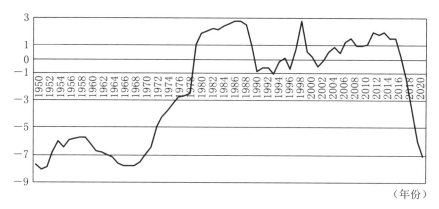

数据来源:清华国关数据库,http://www.tuiir.tsinghua.edu.cn/kycg/zwgxsj.htm。

图 4.9　中美关系变化趋势

场,在互动中逐渐确立的,甚至在实践中表现为多种互动事件的结果。如前文所述,在构成国家间关系的四个要素中,关系主体、关系内涵和关系维度决定了关系形态。就中美关系而言,关系主体是确定不变的,关系内涵和关系维度是可变的,由此,关系形态也是可变的。这种变化既表现为在特定阶段内的关系调整和波动,也表现为关系基调的改变和结构性的调整。例如,全球化极大地改变了中美关系的内涵和维度,这使得1950年6月的中美关系与2020年6月的中美关系在具体内容上有巨大的差异。一些对中美关系进行阶段划分的研究,实质上讨论的正是中美关系的结构性变化。参考相关研究,[46]笔者认为中美关系出现了至少四次结构性调整,并因此表现为五大阶段:政治意识形态对抗期(1949—1968年)、"联合抗苏"为基础的初步发展期(1969—1978年)、建交后接触发展期(1979—1992年)、经济全球化背景下的快速发展期(1993—2016年)、新时代大国权力博弈期(2017年以来)。不同阶段的关系波动和关系基调存在较大差异。在同一阶段内,关系数值的可比性更强,且对关系波动的测量更有现实意义。由此,上图4.9所示数据可进一步的细分为不同的阶段,在同一阶段内观察和分析关系的波动,而在不同阶段间比较关系内涵和基准形态的变化(如图4.10所示)。

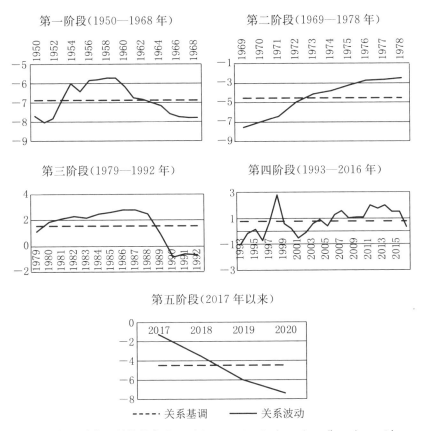

第一阶段(1950—1968 年)　　第二阶段(1969—1978 年)

第三阶段(1979—1992 年)　　第四阶段(1993—2016 年)

第五阶段(2017 年以来)

- - - - - 关系基调　　——— 关系波动

数据来源:清华国关数据库,http://www.tuiir.tsinghua.edu.cn/kycg/zwgxsj.htm。

图 4.10　中美关系的阶段性变化与结构调整

在图 4.10 中,关系基准用特定时间周期内的关系平均值衡量,而关系波动表现为年平均关系值的变化。具体而言,第一阶段(1950—1968 年)以政治领域的互动为主,且关系基调整体上是冲突性和对抗性的(阶段关系均值为−6.89),是五个阶段里中美关系最差的阶段。第二阶段(1969—1978 年)同样主要以政治领域的互动为主,但在"联合抗苏"的背景下,关系基调发生了变化,中美在战略和政治层面的互动和合作增加(阶段关系均值增加为−4.5),"乒乓外交"和尼克松访华等事件便发生在这一阶段,中美关系总体呈现出快速发展的趋势。第三阶段(1979—1992 年)的主要背景是中国改革开放的开启,中美正式建交,以及冷战后期的大国博弈。中美建交使中美关系迎来了"蜜月期",中美开始在政治、经济和人文等各

105

个领域建立广泛联系，即使这一阶段后期受到中国国内一些事件的影响，中美关系出现大幅波动，这一阶段的关系均值依然是历史最高的(1.53)。随着中国改革开放的深化和冷战的结束，中美关系进入了经济全球化的新阶段，即第四阶段(1993—2016年)。这一阶段持续时间最长，是中国与美国建立全方位联系，并深度融入国际体系的时期。这一时期与"复合相互依赖"所描述的关系形态相对最为相近，但中美关系依然充满波折和起伏，阶段年平均关系水平为0.78，在从"友好"到"对抗"的六分类关系数值标准中，仅仅是"普通"，且更靠近"不和"而非"良好"。[47]一项研究将这一阶段中美关系的不稳定归结于两国的"假朋友策略"，[48]更多研究也尝试解释这一时期的中美关系，以及大国关系波动。[49]

自2017年特朗普政府以来，中美关系发生了显著变化，关于这一变化，基于上述分析，本章有如下具体判断。中美关系自特朗普政府以来的变化是结构性变化而非特有结构下的波动，中美关系进入了一个新阶段。一些研究也从不同视角得出了类似的结论，如中美关系的"新常态"或范式变化。[50]这一新阶段的主要特征是关系基准大幅下降，中美关系的竞争性和冲突性增强，合作性大幅减低。2017—2020年的年关系均值为−4.63，已呈现出明显的"紧张"形态。根据图4.8，这一关系均值所对应的主要互动方式是非暴力冲突和隐性冲突，这与当前中美在台湾问题、南海问题、高科技竞争、货币权力博弈等多个领域的互动现状是相符的。可以预见，在未来较长时期里，中美关系可能会围绕较低的关系基准波动，总体呈现出紧张状态和较强竞争性。对中美分歧的管控需要认识到这种结构性变化，在较低的关系基准上，确立更符合实际的战略预期和政策目标，相应地做好内政和外交的积极准备，更有效地管理战略对抗。[51]

总结而言，中美关系牵动着整个国际关系，对国际体系的稳定和国际秩序的和平演进会产生决定性影响。由此，对中美关系形态的准确和客观判断有重要的理论和政策意义。中美关系的细分意味着，除了极端的暴力冲突和完美的对称性合作外，中美关系还存在多样的形态和多种可能性，分歧管控并非要在短期促成完美的合作，而是首先避免陷入最极端的暴力冲突中。因此，中美分歧管控存在很大的政策空间和实践可能性。

就问题领域而言，分歧管控的关键是避免低政治领域的"政治化"和"安全化"。这种倾向会使中美关系扁平化，原有不同问题领域里中美关系的分层和多样形态，会由于问题领域的"政治化"和"安全化"而变得同质，从而使中美分歧的管控变得困难。即使考虑到中美关系细分和关系分层，在从冲突到合作的谱系中，中美关系正显现出向冲突方向的结构性变化。这并不意味着中美必然陷入对抗和冲突中，而是中美关系的基准下调，整体呈现出非暴力冲突和隐性冲突的形态，总体合作水平下降。中美关系的维系需要在新的预期和关系基准下进行，目标是在新的关系结构中促进中美关系朝合作方向的正向调整，甚至推动其向合作方向的结构性回调。唯有如此，中美关系方能乱中求稳，稳中有进。

注释

1. ［美］罗伯特·基欧汉、［美］约瑟夫·奈：《权力与相互依赖（第四版）》，第 23 页。

2. Graham Allison, "The Thucydides Trap: Are the US and China Headed for War?" The Atlantic, Sept 24, 2015, https://www.theatlantic.com/international/archive/2015/09/united-states-china-war-thucydides-trap/406756/, 最后访问时间：2021 年 4 月 21 日；蔡昉：《中国崛起与"修昔底德效应"》，《美国研究》2014 年第 6 期，第 9—10 页。

3. Minghao Zhao, "Is a New Cold War Inevitable? Chinese Perspectives on US-China Strategic Competition," Chinese Journal of International Politics, Vol.12, No.3, 2019, pp.371—394.

4. 赵可金：《"软战"及其根源：全球新冠肺炎疫情危机下中美关系相处之道》，《美国研究》2020 年第 3 期，第 9—34 页。

5. Christopher Layne, "Preventing the China-U.S. Cold War from Turning Hot," Chinese Journal of International Politics, Vol.13, No.3, 2020, pp.343—385.

6. 周文重：《斗而不破：中美博弈与世界再平衡》，北京：中信出版社 2017 年版。

7. Gregory Shaffer, "Governing the Interface of U.S.-China Trade Relations," American Journal of International Law, Vol.115, No.4, pp.622—670；张发林：《中美金融竞争的维度与管控》，《现代国际关系》2020 年第 3 期，第 22—30 页；阎学通、徐舟：《数字时代初期的中美竞争》，《国际政治科学》2021 年第 1 期，第 24—55 页。

8. 赵可金：《新时代的中美关系：表层与深层分析》，《当代世界与社会主义》2019 年第 1 期，第 31 页。

9. 沈大伟：《纠缠的大国：理解中美关系》，载沈大伟主编：《纠缠的大国：中美关系的未来》，丁超、黄富慧、洪漫译，北京：新华出版社 2015 年版，第 4 页。

10. David Shambaugh, "U.S.-China Rivalry in Southeast Asia: Power Shift or Competitive Coexistence?" International Security, Vol.42, No.4, 2018, pp.85—127.

11. Jue Zhang and Jin Xu, "China-US Strategic Competition and the Descent of a Porous Curtain," Chinese Journal of International Politics, Vol.14, No.3, 2021, pp.321—352.

12. Michael Nacht, Sarah Laderman and Julie Beeston, Strategic Competition in China-US

Relations，Livermore Papers on Global Security No. 5，2018，p. 9；Evan S. Medeiros，"The Changing Fundamentals of US-China Relations," *The Washington Quarterly*，Vol. 42，No. 3，2019，pp. 93—119.

13. Suisheng Zhao，"Engagement on the Defensive：From the Mismatched Grand Bargain to the Emerging US-China Rivalry," *Journal of Contemporary China*，Vol. 28，No. 118，2019，pp. 501—518.

14. Bas Arts，Math Noortmann and Bob Reinalda eds.，*Non-State Actors in International Relations*，Burlington：Ashgate Pub Ltd，2001.

15. 作为国际关系三大主流理论之一的建构主义（以温特建构主义为代表）并没有提出特有的国际关系形态论断，而是通过提出三种文化（康德文化、洛克文化和霍布斯文化）以及观念建构身份和利益的逻辑将不同国际关系形态的可能性都囊括在内。参见［美］亚历山大·温特：《国际政治的社会理论》，第 248 页。

16. ［美］罗伯特·基欧汉、［美］约瑟夫·奈：《权力与相互依赖（第四版）》，第 22—28 页。

17. 相关事件数据英文编码系统或数据库如：Conflict and Peace Data Bank（COPDAB），World Events Interaction Survey（WEIS），10 Million International Dyadic Events，Integrated Data for Events Analysis（IDEA），Conflict and Mediation Event Observations（CAMEO）。

18. 李少军：《"冲突-合作模型"与中美关系的量化分析》，《世界经济与政治》2002 年第 4 期，第 48 页。

19. 阎学通、周方银：《国家双边关系的定量衡量》，《中国社会科学》2004 年第 6 期，第 94 页。

20. 如一项研究从结构/偶发冲突和直接/间接冲突两个维度对中美冲突进行分类，参见李开盛：《间接性结构冲突：第三方引发的中美危机及其管控》，《世界经济与政治》2015 年第 7 期，第 94 页。

21. ［美］罗伯特·基欧汉：《霸权之后：世界政治经济中的合作与纷争》，第 52 页。

22. 同上书，第 51—53 页。

23. Cai Fang，Ross Garnaut and Ligang Song，"40 Years of China's Reform and Development：How Reform Captured China's Demogaphic Dividend," in Ross Garnaut，Ligang Song and Cai Fang eds.，*China's 40 Years of Reform and Development 1978—2018*，Canberra：Australian National University Press，2018，p. 14.

24. U. S. Department of State，"U. S.-China Joint Glasgow Declaration on Enhancing Climate Action in the 2020s," November 10，2021，https://www.state.gov/u-s-china-joint-glasgow-declaration-on-enhancing-climate-action-in-the-2020s/，最后访问时间：2022 年 2 月 10 日。

25. ［美］罗伯特·基欧汉、［美］约瑟夫·奈：《权力与相互依赖（第四版）》，第 11—12 页。

26. 在所讨论时期内，中美并未发生典型的暴力冲突事件，这些潜在暴力冲突事件存在诱发中美暴力冲突的可能性。

27. 凌胜利：《中美亚太海权竞争的战略分析》，《当代亚太》2015 年第 2 期，第 61—81 页。

28. Luis Simón，"Between Punishment and Denial：Uncertainty, Flexibility, and U. S. Military Strategy Toward China," *Contemporary Security Policy*，Vol. 41，No. 3，2020，pp. 361—384.

29. 郭晓兵：《防扩散还将是中美合作亮点吗？中美防扩散合作模式、动因及前景探析》，《国际安全研究》2017 年第 5 期，第 111—127 页。

30. 刘铁娃：《中美联合国维和行动比较与合作空间分析》，《国际政治研究》2017 年第 4 期，第 33—52 页。

31. 李峥：《美国推动中美科技"脱钩"的深层动因及长期趋势》，《现代国际关系》2020 年第 1 期,第 33—41 页。

32. 张发林:《经济方略与美元霸权的生成》,《世界经济与政治》2022 年第 1 期,第 103—129 页;李晓:《美元体系的金融逻辑与权力:中美贸易争端的货币金融背景及其思考》,《国际经济评论》2018 年第 6 期,第 52—71 页。

33. 毛维准、王钦林:《大变局下的中美人文交流安全化逻辑》,《国际展望》2021 年第 6 期,第 34—55 页。

34. David M. Lampton, "Reconsidering U.S.-China Relations: From Improbable Normalization to Precipitous Deterioration," *Asia Policy*, Vol.14, No.2, 2019, p.44.

35. Rosemary Foot and Amy King, "Assessing the Deterioration in China-U.S. Relations: U.S. Governmental Perspectives On the Economic-security Nexus," *China International Stategy Review*, No.1, 2019, pp.39—50.

36. 借鉴社会网络分析方法,子群(subgroup)是关系网络的子集,特定关系网络可能由一个或多个子集所构成。

37. 肖晞、马程:《中国伙伴关系:内涵、布局与战略管理》,《国际观察》2019 年第 2 期,第 76 页。

38. 詹德斌:《试析中国对外关系的差序格局:基于中国"好关系"外交话语的分析》,《外交评论(外交学院学报)》2017 年第 2 期,第 30 页。

39. 孙学峰、丁鲁:《伙伴国类型与中国伙伴关系升级》,《世界经济与政治》2017 年第 2 期,第 63 页。

40. 这一差序网络并非严格的等级网络,中国政府并对不同表述进行明确界定和区分,且在不同的具体问题领域中,相关国家与中国的联系程度和关系好坏存在较大差异,此图仅为显示国家间关系的差异和聚类。考虑到朝鲜在当前国际政治中的特殊角色,图 4.4 和图 4.5 均未将朝鲜纳入考虑。

41. 曹玮:《选边还是对冲:中美战略竞争背景下的亚太国家选择》,《世界经济与政治》2021 年第 2 期,第 47—77 页;韩献栋、赵少阳:《中美战略竞争背景下韩国的对华战略:基于对冲概念框架的分析》,《国际论坛》2021 年第 3 期,第 97—118 页。

42. 清华大学国际关系研究院:"中外关系数据",http://www.tuiir.tsinghua.edu.cn/kycg/zwgxsj.htm,最后访问时间:2022 年 1 月 26 日。

43. 顺周期性(procyclicality)概念源自金融研究,描述的是当经济萧条时,经济体的行为更加谨慎,从而使萧条加剧,当经济繁荣时,经济体的活动更加活跃,从而进一步推动繁荣。由此,经济繁荣和萧条的周期会被放大。

44. [美]罗伯特·杰维斯:《系统效应:政治与社会生活中的复杂性》,李少军等译,上海:上海人民出版社 2020 年版,第 36 页。

45. 庞珣、权家运:《回归权力的关系语境:国家社会性权力的网络分析与测量》,《世界经济与政治》2015 年第 6 期,第 39—64 页。

46. Wu Chengqiu, "Ideational Differences, Perception Gaps, and the Emerging Sino-US Rivalry," *Chinese Journal of International Politics*, Vol.13, No.1, 2020, pp.27—68;韩召颖、黄钊龙:《从"战略协调"到"战略竞争":中美关系的演进逻辑》,《国际观察》2020 年第 2 期,第 66—91 页;徐海娜、楚树龙:《美国对华战略及中美关系的根本性变化》,《美国研究》2021 年第 6 期,第 35—53 页。

47. 阎学通、周方银:《国家双边关系的定量衡量》,《中国社会科学》2004 年第 6 期,第 94 页。

48. 阎学通:《对中美关系不稳定性的分析》,《世界经济与政治》2010 年第 12 期,第 4 页。

49. 漆海霞:《中国与大国关系影响因素探析:基于对 1960—2009 年数据的统计分析》,

《欧洲研究》2012 年第 5 期,第 61—78 页。

50. Wang Jisi and Hu Ran,"From Cooperative Partnership to Strategic Competition:A Review of China-U.S. Relations 2009—2019," *China International Strategy Review*,Vol.1,No.1,2019,pp.1—10;Ryan Hass,"The 'New Normal' in US-China Relations:Hardening Competition and Deep Interdependence," Brookings,August 12,2021,https://www.brookings.edu/blog/order-from-chaos/2021/08/12/the-new-normal-in-us-china-relations-hardening-competition-and-deep-interdependence/,最后访问时间:2022 年 4 月 11 日;朱锋:《贸易战、科技战与中美关系的"范式变化"》,《亚太安全与海洋研究》2019 年第 4 期,第 1—14 页;安刚、王一鸣、胡欣:《探索中美关系新范式及全球安全治理》,《国际安全研究》2020 年第 2 期,第 23—48 页。

51. Timothy R. Heath and William R. Thompson,"Avoiding U.S.-China Competition Is Futile:Why the Best Option Is to Manage Strategic Rivalry," *Asia Policy*,Vol.13,No.2,2018,pp.91—120.

第五章

国际制度性权力的生成及其实践

> 对权力进行更全面概念化的失败限制了国际关系学者理解全球格局是如何形成的,以及行为体决定其命运的能力是如何被增强或受到限制的。
>
> ——迈克尔·巴尼特和雷蒙德·杜瓦尔[1]

现实制度主义解释国际关系形态和国际秩序变迁的基本逻辑是:大国间的国际制度性权力竞争导致了国际关系的冲突-合作复合形态,决定了国际秩序变迁的方式和方向。第四章全面解析了冲突-合作复合形态,本章将对现实制度主义理论的最核心概念(即国际制度性权力)进行界定和剖析。

在制度化程度不断提升的国际体系中,国际制度对国家间关系的影响日益增大,国际制度的权力属性愈发凸显。如第二章和第三章中所述,这种权力属性较早便得到国际关系理论的关注,虽然相关理论并没有将国际制度性权力作为一种独立的权力形式进行考察,但这种权力属性确已从国际制度与权力政治的关系这一视角,得到了较为深入的探究。例如,不同流派的新现实主义多将国际制度视为国家的权力工具;[2]新自由制度主义观察到了国际制度促进国家间合作的功能性作用;[3]现实制度主义则认为国际制度具有公共物品和权力工具的双重属性。[4]而在有关国际权力的研究中,迈克尔·巴尼特和雷蒙德·杜瓦尔已将国际权力区分为强制性、制度性、结构性和生产性权力;桑德拉·希普(Sandra Heep)则将国际金融制度为国家带来的影响力视为制度性国际金融权力。[5]国家对待

111

国际制度的策略也得到了较为深入的探讨,如创建、改革、退出国际制度等,[6]国家间国际制度竞争更是随着国际秩序变迁和中美竞争态势强化而引起了广泛关注,[7]"国际制度性权力"或"制度性话语权"已作为国际权力中的一个类别出现在政策和理论研究中,国际制度性权力概念的现实意义日益凸显。[8]

但是,从现有研究成果看,国际制度性权力仍被不同程度地理解为规则制定权、国际话语权、制度性话语权、国际组织决策权、国际制度化的国家权力等多样形式,其概念、权力来源,乃至获得策略均有待深入研究。[9]鉴于此,本章通过对上述问题的综合考察,尝试建构一个有关国际制度性权力的一般性理论框架。

第一节　国际制度性权力的概念

作为国际权力的一种类型,国际制度性权力与基于双边关系的权力、基于结构的权力或者基于观念的权力不同,它是在国际制度的形成和变迁过程中所产生的一种国际权力。因此,理解国际制度是清晰界定国际制度性权力的前提。第二章第三节对国际制度概念进行了较为详尽的讨论,此处再简要概括。

国际制度的内涵随着国际关系理论和相关研究的发展经历了一个演变过程。早期的国际关系研究,尤其是理想主义和古典现实主义理论视域下的研究,将国际制度狭义地理解为诸如国际联盟和联合国等正式国际组织。国际体制(international regime)[10]研究的兴起使国际制度中的观念性要素得到了更多关注。国际体制多被理解为明示或默示的原则、规范、规则和决策程序。[11]国际制度(international institution)概念的盛行主要得益于新自由制度主义的发展,但其定义依然存在分歧和争论,国际体制、国际组织、国际规则、国际规范、国际条约、国际法、国际机制、国际惯例等概念被不同地用以指代国际制度。

借鉴罗伯特·基欧汉和约翰·杜费尔德等学者对于国际制度的定义,[12]基于前文章节对国际制度定义的讨论,本书认为国际制度包含国际体制和国际组织,其中国际体制是未被组织化的抽象规范或规则,国际组织是被组织化的具体规范或规则。由此,国际制度的核心内涵可提炼为:规范(norms)、规则(rules)和组织(organizations)。规范是对正确行为的共享期望和理解,规则是共识性和权威性的权利和义务约定,组织是按照一定目的和系统构建起来的团体。规范和规则作为国际制度的内涵已颇具共识。组织是否属于国际制度确有分歧。本书认为国际组织也是国际制度的重要内容,这里有必要再重述其理由。

其一,就内涵而言,组织与规范和规则密切关联,相互作用,往往难以清晰剥离。组织是偏物质性和实体性的,而规则和规范是偏观念性和抽象性的,它们有时是分离的,而更多是相互依附,其影响也交织在一起。组织的形成是以相应的规范和规则为基础的,国际组织甚至可理解为组织化程度高的规范或规则,即按照一定目的、任务和形式,通过特定的机构设置和构架安排,偏观念性的规范和规则被具体化为偏实体性的组织。国际组织是国际规则和国际规范最重要但不唯一的制定者、维护者或践行者,而国际规则和国际规范往往是国际组织活动和实践的结果、对象或外在约束。

其二,就国际关系学的经验研究和实践而言,国际组织已被普遍地默认为国际制度的一部分。在对"制度性话语权"的诸多阐释中,国际货币基金组织(IMF)、世界贸易组织(WTO)、世界银行、联合国(UN)等国际组织均被视为国际制度。[13]关于制度竞争的研究多涉及亚洲基础设施投资银行(AIIB)、金砖国家新开发银行(NDB)等国际机构,以及上海合作组织(SCO)、世界卫生组织(WHO)和联合国教科文组织(UNESCO)等国际组织。[14]上述囊括国际组织的国际制度定义更具现实分析力。

基于对国际制度的上述认识,依据权力所包含的实力、意愿和能力三个基本要素,[15]本章认为国际制度性权力是在规范、规则和组织的形成、存续、变迁过程中,行为体依据其实力和意愿,影响国际社会中其他行为体的认识和行为的能力。

其中,国际制度性权力的主体并不仅限于主权国家,非国家行为体也可凭借资源、技术或专业知识等获得权力。[16]但出于理论和经验层面的两个主要原因,本章国际制度性权力的主体聚焦在主权国家。在经验层面,非国家的多元主体和非国家间关系的跨国关系早已成为国际关系的重要部分,但主权国家仍然是国际权力最重要的主体,是对国际体系中多元行为主体进行分类的标尺,是国际关系的定义要素。这与现实制度主义理论将国家视为单一行为主体的逻辑是一样的。研究显示,虽然全球治理呈现出行为主体多元化和国家权力流散的趋势,但主权国家依然起到主导作用。[17]在理论层面,作为一个整体的主权国家是主流理性国际关系理论的最核心分析对象,新古典现实主义等理论尝试打开国家的"黑箱",但无论从整体主义还是还原主义视角,主权国家在国际关系理论建构中的核心主体地位都无法替代。

上述定义有助于更加清晰地将国际制度性权力与其他几类主要的国际权力区分开来,最主要的区别是权力的来源和权力关系的属性。关系性权力来源于不对称和不平等的双边关系的权力,是在权力双方的直接互动中所形成的权力。结构性权力主要源自行为体在特定国际结构中的地位,权力关系多是间接的。观念性权力是在核心规范和观念的塑造和传播中所形成的权力,权力关系更加间接和不易观测。相较之下,国际制度性权力是在规范、规则和组织的形成、存续、变迁过程中形成的权力,这种权力关系具有一定程度的合法性,常常被国际制度的规范性和功能性作用所掩饰。正因如此,国际制度性权力愈发成为大国关注的焦点。

还需要说明的是,上述定义也有助于厘清国际制度性权力与制度性话语权间的关系。制度性话语权本质上是一种话语权,是国际制度性权力赋予国家的话语权,这种话语权既是表达自我关于国际制度的观点和利益偏好的权利,也是通过国际制度影响其他行为体的权力。[18]由于话语权包含了权利和权力两层内涵,制度性话语权涉及了国际制度与国际话语体系两个方面,相比而言,国际制度性权力的内涵和外延更加清晰和明确。

第二节　国际制度性权力的来源

除了从概念层面进行定义,对国际制度性权力来源的探讨,有助于更加深入地理解这类权力的生成与内涵。前文章节分析了国际制度的三层权力属性：作用于国际制度的权力、通过国际制度表达的权力、来源于国际制度的权力。基于这三重权力属性，从权力与制度的理论关系来看，国际制度性权力有两大主要来源。一是源于既有国家权力，即国家权力在国际制度中的延伸与转化。当国家权力经由国际制度向国际社会延伸时，国际制度成为国家的权力工具或权力输出的方式，国家权力转化成了国际制度性权力。二是源于国际制度自主性。当国际制度具有相对自主性，并在特定问题领域中拥有影响力时，国家在国际制度中的角色和地位便产生了国际制度性权力。

一、源于既有国家权力

国家权力可以通过不同渠道在国际社会发挥作用，如双边关系、国际结构和观念。在国际体系日益制度化的大背景下，国际制度愈发被国家视为权力实施的工具或手段，通过国际制度延伸到国际社会的国家权力便成为国际制度性权力。在这一视角下，国际制度的自主性较弱，国家权力对国际制度的形成、发展或运作起着决定性作用。这种国家权力既可能是大国的决定性影响力或对国际制度的控制力，也可能是中小国家在特定问题领域上的相对优势或话语权，如挪威等国在国际维和行动和争端斡旋等方面的独特作用，还可能是具有相同诉求的国家合作形成的共同影响力，如受海平面上升直接威胁的国家所组成的"小岛国联盟"在全球气候治理制度中的影响力。这种权力本质上不是国际制度所生成的新权力，而是国家权力以国际制度为媒介所进行的延伸。

相关国际关系理论和经验研究对这一类国际制度性权力来源有较多论述。较晚发展起来的新古典现实主义认为国际制度和国内制度都是权力政治转化成政策行为的"转送带"。[19]巴尼特和杜瓦尔就将国际制度视为国家引导、操控或限制其他行为体的外部环境和行为的工具。[20]实际上，源于国家既有权力的国际制度性权力可总结为如下逻辑：

$$权力 \longrightarrow 国际制度 \longrightarrow 认识/行为$$

在上述逻辑中,国家权力先于国际制度而存在,是国际制度形成和变化的决定因素,国家权力通过国际制度影响其他国际行为体的认识和行为。对此逻辑,可从权力的三大内涵进一步理解:权力即资源(power as resource)、权力即能力(power as capacity)和权力即关系(power as relation)。[21]

从"权力即资源"角度看,地理、自然资源、工业能力、战备、人口等都是国家权力的核心要素,这些要素的综合被称为国家实力。[22]国家实力是国家能够将特定国际制度用作权力工具的基础,而作为权力工具的国际制度又是国家获取财富和利益、实现实力增长的手段,如相关国家通过参与或创建国际经贸制度,拓展国内市场,主导国际生产与分配,从而获得更多的资源和利益。历史上的大英帝国特惠制及其殖民体系即是以实力为基础,通过制度获取或霸占资源的典型案例。

从"权力即能力"角度看,创建或维系国际制度需要相关国家较为高超的议程设置、资源动员、共识凝聚、规则制定等能力,相关能力的获得都是以国家实力为基础的。而国际制度一旦创建,主导国凭借国家实力即可在新的制度中,获得或增强其参与和管理国际事务的能力,尤其是地区或全球治理能力,并可以将其国家政治制度观和经济发展观向国际社会传播,以获取更大的影响力,即实现国家权力在国际制度中的转化。例如,美国通过七国集团(G7)和主要国际金融机构将美式自由主义的发展观向国际社会渗透,国际货币基金组织等国际金融机构的贷款或发展援助都附加上了国内改革条件。

从"权力即关系"角度看,权力是实施国与目标国所建立的关系,这种关系会影响目标国的认识或行为。国家权力只有在与其他国家建立联系后才可能转化成国际权力,国际制度是建立双边或多边关系的重要方式,且常被用于构建对主导国有利的关系,这些关系的集合便构成了特定的地区或国际秩序。历史上的国际秩序变迁都不同程度和不同形式地表现为国际制度的创建或重构。[23]在战后国际秩序的重建中,美国强大的国家权力正是通过安全、金融和贸易等领域的国际制度,转变成了与其他国家的关系,这种关系被概括为依附性的中心-外围结构,具有不对称性和强权力属性。崛起国也不断尝试通过改革或创建国际制度调整这种关系，以获得在国际秩序转型中的更多权力。[24]

二、源于国际制度自主性

具有更高自主性的国际制度会在特定问题领域中形成影响力，而国家通过与国际制度的不同联系获得相应的权力。斯蒂芬·克拉斯纳较早便解释了体制自主性的形成，认为体制自主性表现为两种方式：（1）滞后，即权力和利益改变，而体制未及时作出相应改变；（2）反馈，即一旦确立，体制便会影响权力和利益。[25]这一自主性逻辑同样适用于更广义的国际制度。

具有高度自主性的国际制度会为特定领域中实体或秩序的构成提供最基本的宏观规范和指导原则，会塑造这些领域中的行为观和行为准则，并对决策观念和决策过程产生影响。国际制度的这些作用被概括为构成性（constitutive）、限制性（regulative）和程序性（procedural），这体现了自主国际制度的功能性和强权力属性，即影响特定制度所涉及领域中行为体的认识和行为。[26]高度自主性使国家无法再完全控制国际制度，国家在国际制度权力结构中的地位便成为其权力的重要来源。正因如此，大多数国家都积极参与主流国际制度，新兴国家谋求在国际货币基金组织等国际制度中获得更多投票权和份额。相关研究广泛讨论了这一层面的国际制度性权力，如认为国际制度性权力是"国际制度赋予国家行为体的权力"，来源于国家在国际制度中的相对角色或地位。[27]关于国际组织权力结构和权力计算的研究也体现了这种国际制度的权力逻辑。[28]这种逻辑可归纳如下：

国际制度──➤权力──➤认识/行为

在这一权力逻辑下，国际制度已拥有较高自主性，且在特定问题领域中具有功能性作用，影响这一领域中行为体的认识和行为，而国家在国际制度中的不同角色为其带来了权力。基于权力的三重内涵，就"权力即资源"而言，相对自主的国际制度大都能够通过影响国家间的成本和收益分配,继而对国家产生影响。[29]国家在特定国际制度中的不同角色会为其带来不同的成本和收益,如美元主导的国际货币制度为美国带来特权和资源,[30]当前国际贸易制度被认为更有利于新兴国家的发展和财富积累,全球气候治理制度中的责任承担和成本分配,长期存在"共同责任"和"共同但有区别的责任"两种规范的博弈等。

就"权力即能力"而言,国家在国际制度中的不同地位会为其带来不同的能力,组织决策和规则制定是其中最重要的两种。这种视角下的国际制度性权力相对易于观察和测量,是广泛使用的一种狭义制度性权力。组织决策权主要存在或来源于正式国际组织(或国际机构)的权力结构。国际机构的组织化程度最高,有较为清晰的权力构架,这种权力构架通过组织章程明确规定,并以投票权、份额、会员机制、人事安排等方式体现出来。成员国在权力结构中的地位直接体现其在机构组织决策中的权力。如前所述,这类权力最早得到国际关系学者的关注,早期关于正式国际组织的研究主要聚焦于这些机构内部的决策权分配。规则制定权是关于国际规则的形成和执行的权力。规则制定可理解为将主流的认知和规范转变成具有系统性、共识性和约束性的权利和义务约定,其在很大程度上影响体系内行为体的认识和行为,从而产生权力属性。例如,在战后国际金融监管规则的演变过程中,美欧大国通过在国际金融制度中的决定性影响力,不断将其国内标准转变成了国际标准。[31]

就"权力即关系"而言,以资源和能力形式存在的制度性权力最终会表现为权力关系,特定的国际制度体系一旦形成,在此体系内,主要国家间的关系便得以确立。其中,占据主导或有利位置的国家,便会在这一制度体系所构建的秩序中占据更重要的地位,从而获得更多的权力。随着国际制度自主性增强,这种关系会进一步被固化,更难轻易改变。例如,随着经济全球化的深入发展和国家权力的相对流散,战后美国主导建立的一系列国际制度逐渐获得了较高的自主性,但是其权力结构依然延续了形成之初的基本形态,没有发生革命性的变化,不断获得自主性的国际制度实质上将特定权力关系变得更加稳固。关于制度变迁的一些观点甚至认为,只有如金融危机和战争等外部冲击才能冲破制度的路径依赖,推动制度变迁。随着国家政治经济实力的变化,国际制度的权力结构面临巨大的调整压力,而制度路径依赖和大国权力博弈使调整变得困难,美国领导的自由主义国际秩序由此陷入危机。

上述两种权力来源逻辑并非彼此互斥,而是既存在明显的区别,也有本质上的联系。区别主要在于对国际制度自主性和权力来源的认知上。源于既有国家权力的逻辑认为国际制度的自主性弱,国际制度是依附于国家权力而存在的,国际制度性权力的本原是多样的国家权力。源于国际制度自主性的逻辑则承认较强的国际制度自主性,国际制度性权力的本原是国际制度在特定问题领域中所形成的影响力,国家通过在国际制度中的不同地位而分享这些影响力。两种逻辑都聚焦在国家权力与国际制度的关系上,对这种关系的不同理解至少可在国际制度自主性由弱到强的维度上,被归纳入同一个谱系中。这正呼应了第三章理论构建部分图3.6,其概括了国际制度自主性和国家权力自主性两个相关因素对国家间关系冲突性强弱的影响。由此可见,随着国际制度自主性的变化,两种权力来源逻辑是可以相互转化的,现实中国际制度性权力的来源更加复杂。上述两种来源的区分,仅是从理论上便于更加清晰地认识国际制度性权力的生成。

第三节　国际制度性权力的获得

国际制度性权力不会自动取得,国家获得国际制度性权力的前提是与国际制度建立联系;源自既有国家权力和国际制度自主性的国际制度性权力,都是在国家与国际制度的不同联系中产生的权力。国际制度性权力的获得取决于国家主动与国际制度建立联系的方式和方法。在现有研究基础上,结合国际关系现实与国际制度理论,本章将国际制度性权力的获得方式归结为五类,即创建、参与、改革、退出和破坏。不同的方式为国家带来不尽相同的国际制度性权力,而这些方式的成功使用又需要差异化的国家核心能力和实施手段。

创建即国家主导新建国际制度。在国际秩序的初始阶段或变革期,创建更加常见,如战后的国际秩序重建和自由主义国际秩序危机。创建国可能完全控制所建立的国际制度,或在该国际制度中拥有较其他成员更多的权力,尤其是组织决策权和规则制定权,如美国在国际货币基金组织中的重大决策否决权,中国在亚洲基础设施投资银行中的重大事项决策否决权。在特定国际秩序形成之际,创建核心国际制度的国家往往都是这一国际秩序的主导国。由此可见,创建是获得国际制度性权力的重要方式。

但是,这种方式的成功实施需要很强的国家核心能力,包括雄厚的国家经济实力、议程设置能力、资源动员能力、制度设计能力、外交技巧等。以议程设置能力为例,将特定问题和解决方案纳入国际议程的能力和技巧,直接影响其他国家对这些问题和解决方案的关注度和认同度,只有得到国际社会广泛关注和认同的问题及解决方案才有可能成为国际共识,发展成国际制度。在战后全球金融治理体系演进中,美国正是凭借其强大的经济实力和政治影响力,通过设置全球金融治理的核心议程,主导创建了国际货币基金组织、世界银行、金融稳定理事会(FSB)、《巴塞尔协议》等国际制度,从而成为战后国际金融体系的霸权国。[32]因此,创建主要被具备这些能力的大国所采用,崛起国也尝试使用这一方式。[33]对中小国家而言,这种方式则并不常用。

在创建的实施过程中,相关国家可以就具体目标和责任义务达成共识,在平等自愿的基础上协商建立国际制度。"一带一路"国际合作倡议背景下的区域或国际制度就是协商共建的结果,如双边合作协议、亚洲基础设施投资银行等多边金融机构、《区域全面经济伙伴关系协定》(RCEP)等多边协定。但是,在国际关系实践中,平等协商常常无法达成共识,基于此,有些国家为取得相对优势,会以利相诱,吸引其他国家一同构建新的国际制度。例如,20世纪80年代中期在预防国际贸易冲突和经济危机的规范性目标掩饰下,美国通过与日本等国签订《广场协议》,实现维护既得利益和推动国内经济增长的目标。[34]此外,一些强迫性手段也可被用以创建国际制度,如凭借武力签订不平等国际条约。强迫性手段的国际合法性低,使用的频率也相对较低,且国际制度的创建往往是多种手段综合作用的结果。

参与是指未参加创建国际制度的国家学习和接受既有国际制度，寻求进入其中。鉴于国际制度对国际体系的支柱性作用，未参与主流国际制度的国家实质上游离于特定国际体系之外。参与为国家带来在国际制度中作为一般成员的基本权利，使参与国初步获得在特定领域的资源分配、规则制定、问题治理等权力。例如，只有接受国际金融监管制度和国际贸易制度，国家才能顺利地参与国际金融和贸易活动。这恰恰解释了为何中国要成为主要国际金融组织的成员，学习和执行主要的国际金融规则，并通过长达十几年的谈判加入世界贸易组织。[35]

由此可见，参与需要国家具备的核心能力包括国际制度学习能力、外交谈判能力和国内制度调适能力等。参与意味着要遵守和执行国际制度，而执行国际制度的前提是充分理解国际制度的内容，如国际组织的宗旨、权力构架和运行方式，国际规则的具体条款以及相应的权利和义务。同时，参与国还要对国内政策和制度进行调整，为国际制度的执行创造国内条件，应对国际制度的实施可能带来的国内冲击。例如，为更好地适应世界贸易组织，中国积极推行市场经济改革，推进法治进程，改变传统诉讼观念等，正是强大的国内制度调适能力确保了中国在世界贸易组织和世界贸易体系中的成功。[36]在参与的实施过程中，主导国将国际制度视为维系权力和利益的工具，而寻求进入的国家则将参与其中视为获取国际制度性权力的重要手段，双方在进入的条件、时机和方式等方面进行磋商，因此，外交谈判的能力和技巧对参与的成功实施至关重要。例如，在恢复《关税及贸易总协定》(GATT)缔约国地位和加入世界贸易组织的谈判过程中，正是通过专业管理干部和技术人才的培养、谈判人员的培训、相关规则的深入学习、邀请国际权威人士进行咨询、相关政府管理部门的整合、谈判代表团的优化等方式，中国不断提升谈判能力，最终才得以在涉及大量谈判议题和众多谈判对手方的长期且多轮谈判中实现目标。[37]

改革是参与的更高级阶段，是指国家不仅进入国际制度，还积极参与推动国际制度的发展和完善。改革会为实施国带来在特定问题领域中的更多政策话语权和利益分配权，以及在特定国际制度中的更大组织决策权和规则制定权等,如人民币进入特别提款权(SDR)货币篮子这一制度变化,一定程度上提升了人民币的国际影响力。由于改革会带来权力结构和利益分配的变化,改革会遭到既得利益国的阻挠,基于此,改革需要更强的国家核心能力支持,如发起改革的议程设置能力、制定改革方案的制度设计能力、推动改革的共识凝聚和国际动员能力等。例如,主要大国提出不同的世界贸易组织改革方案,意图主导世界贸易组织的改革进程,争端解决机制和发展中国家特殊与差别待遇等问题已成为核心改革议题,但由于尚无国家或国家集团具备将其改革方案纳入国际议程,并形成广泛改革共识的能力,世界贸易组织改革陷入僵局。[38]

国家的利益诉求和在国际制度中的角色和影响力不同,其改革国际制度的具体路径和方式存在差异。当相关国家就改革形成共识,协商合作便成为推动制度改革的常见手段。例如,2008年全球金融危机爆发后,主要国家在二十国集团(G20)平台上积极协商,对全球经济制度进行改革,以应对危机和拯救世界经济,其中便包括国际金融监管规范和理念的变化,金融稳定理事会和巴塞尔银行监管委员会(BCBS)等国际组织的扩员,国际货币基金组织和世界银行等国际金融机构的份额小幅调整等。如果改革只是特定国际制度中某一方的利益诉求,改革共识不易达成,国家会通过不同方式增强改革力量。霸权国拥有更强的国家实力和在国际制度中更大的影响力,通常更倾向使用强迫性手段"修正"国际制度,如利用制度内的霸权地位强行通过改革条款、按照对国际制度的解读和偏好自行其是、以退出或破坏国际制度胁迫其进行改革等。[39]崛起国则常采用一些推动国际制度渐进变革的手段,如引入具有类似功能的新制度倒逼国际制度改革,对旧制度的内容进行重新诠释,为旧制度增加新的内容和解释元素等。[40]例如,中等收入国家受国际经贸规则的限制很难实现产业升级,有强烈的制度改革诉求,因此,会通过引入新的双边或区域经贸规则等方式倒逼国际经贸规则的改革。[41]实力更弱的国家则更多通过依附具有相同利益诉求的大国或寻求建立"议题联盟"等方式,实现其改革国际制度的诉求。议题联盟也同样是大国凝聚改革共识和推动国际制度改革的重要方式。[42]

退出是指国家主动终止在国际制度中的身份角色、权利义务和责任承诺等。参与是从制度外进入到制度内,退出则是从制度内退回到制度外,两者的逻辑相反。退出可用以规避在国际制度中的过多责任或负担。不同国际制度的有效性存在巨大差异,一些失去效用、形同虚设或被认为对本国极为不合理的国际制度,会变成国家的政治或经济负担,出于利益得失的考量,退出便成为一种选择。退出还可被用作一种威胁,用以表达不满并谋求变革,其与改革常结合在一起。例如,美国特朗普政府威胁退出世界贸易组织、北大西洋公约组织(NATO)和《北美自由贸易协议》(NAFTA)等,以逼迫其改革。退出威胁的效用取决于实施国的实力和威胁可信度。只有当国家在特定国际制度中具有较大影响力,且威胁较为可信时,这种方式才可能发挥作用。此外,大国的退出还可影响特定国际制度的功能,降低这一国际制度和相关主导国家的国际合法性,从而增加实施国的相对制度性权力。

退出的实施既可能是单边的,也可能是通过双边或多边的协商。美国特朗普政府退出了《中导条约》《京都议定书》和联合国人权理事会等多个国际协定和国际组织,采用的便是单边的方式。在美国退出《开放天空条约》后,俄罗斯认为其国家安全受到威胁,也宣布单方面退出这一条约。采用单边方式的退出需要国家有抵抗国际压力的强大实力、摆脱制度依赖的国家政策独立性,以及应对国际制度变化的国内政策调整能力等。国家还可依据已有的退出机制,或者与相关国家进行协商,退出特定国际制度。如《跨太平洋伙伴关系协定》(TPP)和《巴黎气候变化协定》等国际制度设有退出条款,国家可以遵照程序退出,英国正是按照《欧盟条约》第50条完成了退出欧盟的谈判。对于没有退出机制的国际制度,国家可以就退出时间、退出程序、责任义务分担等进行协商,提升退出行为的国际合法性。[43]这种方式需要国家有较好的规则运用能力和外交技巧等,冲突性相对更小。

破坏是使特定制度无法正常运转,从而影响与该制度密切相关的国家。比较而言,退出更大程度上是一种增加绝对收益或减少绝对收益损失的方式,而破坏则是一种增加相对收益的方式。破坏包括两种具体情形。一是运用国家在特定国际制度中的地位和影响力,阻碍国际制度功能的正常运行或改革的推进。例如,美国长期以来阻挠任何有违其利益和权力的国际制度改革,其中包括国际货币基金组织、联合国安理会、世界银行、国际清算银行(BIS)的改革等,[44]美国违背联合国安理会的决议对伊拉克发动战争,特朗普政府违背国际贸易规则挑起中美贸易摩擦。二是对其他国家或国家集团主导建立的国际制度进行抵制,试图阻碍这些制度的创建或发展。例如,日本成立亚洲货币基金组织的提议遭到了美国的强烈批评和反对,最终流产。[45]在自由主义国际秩序危机的背景下,中国创建国际制度的行为遭到了美国等国家的抵制,美国和日本拒绝加入亚投行。

这两种情形都是通过减少目标国的制度性权力,增加实施国的相对收益和权力,但第一种情形需要实施国在特定制度内具有较大影响力,而第二种情形则需要实施国在特定问题领域或更广义的国际体系中具有较大影响力。两种情形通常都使用消极的实施手段。例如,美国阻碍相关国际制度功能运行和改革推进的手段包括使用否决权、影响核心官员的选任、通过美籍国际组织高级官员妨碍改革议题进入议程、减少会费或其他资助、不履行约定义务、瘫痪组织职能、绕开既有规则进行"长臂管辖"等,[46]而对新兴国家主导创建国际制度的抵制多采用拒绝参与、禁止盟友加入、国际舆论打压、制裁等手段。这两种情形分别会激发制度内和制度间的竞争。阻碍国际制度的运行或改革与谋求改革是一体两面的关系,谋求改革者和既得利益者会在特定国际制度内展开博弈和竞争,国际制度的合法性和影响力由此受损,如国际货币基金组织的合法性危机,世界贸易组织多哈回合谈判的失败。[47]抵制其他国际制度的发展与创建在一定程度上也是一体两面的关系,新兴国家通过创建制度提升其国际制度性权力,而传统大国为维护既有权力和既得利益,会对这些制度创建的行为进行抵制和打压,国家间关系的竞争性和国际体系的冲突性会由此增强。

上述五种主要方式并非彼此完全独立,而是密切联系,互为手段,协同作用。如创建可能是出于对国际制度改革的不满,改革是参与的延续和发展,退出既被用作推动改革的威胁手段,也可用以进行制度破坏,而破坏可能是对既有制度改革的阻挠,或对他国制度创建的反击等。不同方式的选择和实施受国际环境和国家能力的影响,而不同国家对各种方式的综合作用则形成了特定的国际制度性权力结构。

概括而言,在日趋制度化的国际体系中,国际制度性权力是大国创建、维系或改革国际秩序的重要力量,是国际权力结构的核心内涵,是大国关系的主要内容,也是一国国际地位和国际影响力提升的关键。对国际制度性权力的理论辨析,为相关问题的深入探究奠定了基础。从国际层面而言,在国际秩序变革的时代背景下,国际制度性权力结构正在发生变化,国际体系的稳定面临挑战。基于国际制度性权力的概念,对主要国家的国际制度性权力观和具体策略进行剖析,有助于探寻国际秩序的和平演进之道。[48]从中国的视角而言,在国际制度性权力的培育过程中,中国经历了从最初的"另起炉灶"和"打扫干净屋子再请客"(即退出)到积极的参与,再到推动主要国际制度的改革和尝试创建国际制度的多重实践(第八章将详细剖析中国的国际制度策略)。这些实践显示,中国已初步探索出了提升国际制度性权力的方式,但这些方式需要根据国家实力和国际制度自主性的变化而相机调整,且在运用不同方式持续增强国际制度性权力时,相应的国家能力仍显不足,诸如国际议程设置、国际规范塑造、国际制度设计、国际话语传播等都是亟待提升的重要能力。此外,全面认知主要大国的国际制度性权力观和具体政策实践,有利于中国作出合理的政策应对,保障其持续发展,为国际秩序的和平演进提出中国方案和贡献中国智慧。

注释

1. Michael Barnett and Raymond Duvall,"Power in International Politics," *International Organization*, Vol.59, No.1, 2005, p.41.

2. [美]斯蒂芬·克拉斯纳主编:《国际机制》,北京:北京大学出版社 2005 年版;Andreas Hasenclever, Peter Mayer and Volker Rittberger, *Theories of International Regimes*, Cambridge: Cambridge University Press, 1997, pp.84—86。

3. Robert O. Keohane, *After Hegemony: Cooperation and Discord in the World Political Economy*, Princeton: Princeton University Press, 1984, p.85.

4. 李巍:《国际秩序转型与现实制度主义理论的生成》,《外交评论(外交学院学报)》2016年第1期,第31—59页;J. Samuel Barkin and Patricia A. Weitsman,"Realist Institutionalism and the Institutional Mechanisms of Power Politics," in Anders Wivel and T. V. Paul eds., *International Institutions and Power Politics*: *Bridging the Divide*,Washington, D.C.:Georgetown University Press,2019,pp.23—39。

5. Michael Barnett and Raymond Duvall,"Power in International Politics," *International Organization*,Vol.59,No.1,2005,pp.39—75;[德]桑德拉·希普:《全球金融中的中国:国内金融抑制与国际金融权力》,辛平、罗文静译,上海:上海人民出版社2016年版,第16页。

6. 如刘玮:《崛起国创建国际制度的策略》,《世界经济与政治》2017年第9期,第84—106页;陈拯:《霸权国修正国际制度的策略选择》,《国际政治科学》2021年第3期,第33—67页;朱杰进:《崛起国改革国际制度的路径选择》,《世界经济与政治》2020年第6期,第75—105页;伍俐斌:《论美国退出国际组织和条约的合法性问题》,《世界经济与政治》2018年第11期,第59—79页;任琳:《"退出外交"与全球治理秩序:一种制度现实主义的分析》,《国际政治科学》2019年第1期,第84—115页。

7. 如王明国:《从制度竞争到制度脱钩:中美国际制度互动的演进逻辑》,《世界经济与政治》2020年第10期,第72—101页;李巍、罗仪馥:《从规则到秩序:国际制度竞争的逻辑》,《世界经济与政治》2019年第4期,第28—57页;汪海宝、贺凯:《国际秩序转型期的中美制度竞争:基于制度制衡理论的分析》,《外交评论(外交学院学报)》2019年第3期,第56—81页。

8. 例如:2015年中共第十八届中央委员会第五次全体会议公报强调:"提高我国在全球经济治理中的制度性话语权,构建广泛的利益共同体。"参见新华网:《中国共产党第十八届中央委员会第五次全体会议公报》,2015年10月29日,http://www.xinhuanet.com//politics/2015-10/29/c_1116983078.htm,最后访问时间:2022年1月20日;Michael Barnett and Raymond Duvall,"Power in International Politics," *International Organization*,Vol.59,No.1,2005,pp.39—75;张发林:《国际金融权力:理论框架与中国策略》,《当代亚太》2020年第6期,第124—152页。

9. 参见Susan Strange,"Cave! Hic Dragones: A Critique of Regime Analysis," *International Organization*,Vol.36,No.2,1982,pp.479—496;John J. Mearsheimer,"The False Promise of International Institutions," *International Security*,Vol.19,No.3,1994—1995,pp.5—49;张乾友:《从权力改变处境的功能区分权力的不同类型》,《中国人民大学学报》2016年第2期,第101—109页;任琳:《多维度权力与网络安全治理》,《世界经济与政治》2013年第10期,第38—57页;高奇琦:《制度性话语权与指数评估学》,《探索》2016年第1期,第145—148页;丁韶彬:《国际政治中弱者的权力》,《外交评论(外交学院学报)》2007年第3期,第87—96页;门洪华:《"一带一路"规则制定权的战略思考》,《世界经济与政治》2018年第7期,第19—40页;陈伟光、王燕:《全球经济治理制度性话语权:一个基本的理论分析框架》,《社会科学》2016年第10期,第16—27页;罗杭、杨黎泽:《国际组织中的权力均衡与决策效率:以金砖国家新开发银行和应急储备安排为例》,《世界经济与政治》2019年第2期,第123—154页。此外,目前关于获得策略的研究多集中在"建制""改制"和"退出"。如李巍、罗仪馥:《从规则到秩序:国际制度竞争的逻辑》,《世界经济与政治》2019年第4期,第28—57页;任琳:《"退出外交"与全球治理秩序:一种制度现实主义的分析》,《国际政治科学》2019年第1期,第84—115页。

10. 如第二章提及的,"International Regime"的中文翻译存在分歧,如"国际机制""国际制度""国际规则""国际规制"等,较为常用的是"国际机制"和"国际体制"。就中文原意而言,这两个词都无法准确表达"International Regime"。"机制"更加强调构成整体的部分之间的相互联系和相互作用,"体制"原本指国家机关、企业和事业单位等机构及其制度。就概念内涵而言,国际关系学中使用的"International Regime"多指偏观念层面的规范或规则。由于缺乏更精确的翻译,且比较国际机制和国际体制的原本含义,本书统一使用"国际体制"。另参见任东来:《对国际体制和国际制度的理解和翻译》,《国际问题研究》2000 年第 6 期,第 49—54 页。

11. Stephen D. Krasner, "Structural Causes and Regime Consequences: Regimes as Intervening Variables," *International Organization*, Vol.36, No.2, 1982, p.186.

12. Robert O. Keohane, *International Institutions and State Power: Essays in International Relations Theory*, Boulder: Westview, 1989, pp.3—4; John Duffield, "What Are International Institutions?" *International Studies Review*, Vol.9, No.1, 2007, p.13; Lisa L. Martin and Beth A. Simmons, "Theories and Empirical Studies of International Institutions," *International Organization*, Vol.52, No.4, 1998, pp.729—757; Friedrich Kratochwil and John G. Ruggie, "International Organization: A State of the Art on an Art of the State," *International Organization*, Vol.40, No.4, 1986, pp.753—775.

13. 陈伟光、王燕等:《全球经济治理与制度性话语权》,北京:人民出版社 2017 年版,第 25—26 页。

14. 朱光胜、刘胜湘:《权力与制度的张力:美国国际制度策略的选择逻辑》,《世界经济与政治论坛》2021 年第 2 期,第 76 页。

15. 参见[英]苏珊·斯特兰奇:《权力流散:世界经济中的国家与非国家权威》,肖宏宇、耿协峰译,北京:北京大学出版社 2005 年版,第 14 页;[美]汉斯·摩根索:《国家间政治:权力斗争与和平》,第 56 页;张发林:《国际金融权力:理论框架与中国策略》,《当代亚太》2020 年第 6 期,第 127 页。

16. Tony Porter, "Private Authority, Technical Authority, and the Globalization of Accounting Standards," *Business and Politics*, Vol.7, No.3, 2005, pp.1—30.

17. 王正毅:《全球治理的政治逻辑及其挑战》,《探索与争鸣》2020 年第 3 期,第 5—8 页;田野、卢玫:《全球经济治理的国家性:延续还是变革》,《探索与争鸣》2020 年第 3 期,第 42 页。

18. 陈正良、周婕、李包庚:《国际话语权本质析论》,《浙江社会科学》2014 年第 7 期,第 78—83 页。

19. Anders Wivel and T. V. Paul, "Exploring International Institutions and Power Politics," in Anders Wivel and T. V. Paul eds., *International Institutions and Power Politics: Bridging the Divide*, Washington, D.C.: Georgetown University Press, 2019, p.13;[加拿大]诺林·里普斯曼、[美]杰弗里·托利弗、[美]斯蒂芬·洛贝尔:《新古典现实主义国际政治理论》,第 58—59 页。

20. Michael Barnett and Raymond Duvall, "Power in International Politics," *International Organization*, Vol.59, No.1, 2005, p.51.

21. David A. Baldwin, "Power and International Relations," in Walter Carlsnaes, Thomas Risse and Beth A. Simmons eds., *Handbook of International Relations (second edition)*, Los Angeles et al.: Sage Publications, 2013, pp.273—297;陈志敏、常璐璐:《权力的资源与运用:兼论中国外交的权力战略》,《世界经济与政治》2012 年第 7 期,第 9 页。

22. [美]汉斯·摩根索:《国家间政治:权力斗争与和平》,徐昕等译,北京:北京大学出版社 2006 年版,第 148—188 页。再如,吉尔平在《世界政治中的战争与变革》中明确将权力定义为"国家的军事、经济和科技实力"。参见[美]罗伯特·吉尔平:《世界政治中的战争与变革》,宋新宁、杜建平译,上海:上海人民出版社 2019 年版,第 11 页。

23. 唐世平:《国际秩序变迁与中国的选项》,《中国社会科学》2019 年第 3 期,第 187—203 页。

24. 刘玮:《崛起国创建国际制度的策略》,《世界经济与政治》2017 年第 9 期,第 84—

106 页。

25. ［美］斯蒂芬・克拉斯纳主编：《国际机制》，第 359—361 页。

26. John Duffield, "What Are International Institutions?" *International Studies Review*, Vol.9，No.1，2007，p.15.

27. 丁韶彬：《国际政治中弱者的权力》，《外交评论（外交学院学报）》2007 年第 3 期，第 87—96 页。

28. 罗杭、杨黎泽：《国际组织中的权力均衡与决策效率：以金砖国家新开发银行和应急储备安排为例》，《世界经济与政治》2019 年第 2 期，第 123—154 页。

29. Vinod K. Aggarwal, "Reconciling Multiple Institutions：Bargaining, Linkages, and Nesting," in Vinod K. Aggarwal ed., *Institutional Designs for a Complex World*, Ithaca and London：Cornell University Press，1998，p.11.

30. Benjamin J. Cohen, "The Benefits and Costs of an International Currency：Getting the Calculus Right," *Open Economies Review*, Vol.23，No.1，2012，pp.13—31.

31. 钟震等：《国际金融监管规则演变的逻辑演绎及我国应对之策》，《宏观经济研究》2017 年第 1 期，第 31—41 页。

32. 张发林：《全球金融治理议程设置与中国国际话语权》，《世界经济与政治》2020 年第 6 期，第 106—131 页；Thomas Oatley and Robert Nabors, "Redistributive Cooperation：Market Failure, Wealth Transfers, and the Basle Accord," *International Organization*, Vol.52，No.1，1998，p.36。

33. 刘玮：《崛起国创建国际制度的策略》，《世界经济与政治》2017 年第 9 期，第 84—106 页。

34. ［日］船桥洋一：《管理美元：广场协议和人民币的天命》，于杰译，北京：中信出版社2018 年版，第 14 页。

35. 张发林：《全球金融治理体系的演进：美国霸权与中国方案》，《国际政治研究》2018 年第 4 期，第 9—36 页。

36. 鲁楠、高鸿钧：《中国与 WTO：全球化视野的回顾与展望》，《清华大学学报》2012 年第 6 期，第 5—17 页。

37. 王毅：《世纪谈判：在复关/入世谈判的日子里》，北京：中共中央党校出版社 2006 年版。

38. 刘玮、徐秀军：《发达成员在世界贸易组织改革中的议程设置分析》，《当代世界与社会主义》2019 年第 2 期，第 164—172 页。

39. 陈拯：《霸权国修正国际制度的策略选择》，《国际政治科学》2021 年第 3 期，第 33—67 页。

40. 朱杰进：《崛起国改革国际制度的路径选择》，《世界经济与政治》2020 年第 6 期，第 75—105 页。

41. 郑宇：《中等收入国家的国际制度"陷阱"》，《世界经济与政治》2016 年第 7 期，第 131—155 页。

42. 王存刚：《议题联盟：新兴大国参与全球治理的新方式》，《中国社会科学报》2015 年 3 月 11 日第 712 期。

43. 伍俐斌：《论美国退出国际组织和条约的合法性问题》，《世界经济与政治》2018 年第 11 期，第 59—79 页。

44. 李巍：《中美金融外交中的国际制度竞争》，《世界经济与政治》2016 年第 4 期，第 112—138 页。

45. 余永定：《货币基金组织亚洲化尝试：〈亚洲货币基金〉和亚洲经济合作》，《国际贸易》1999 年第 8 期，第 17—19 页。

46. 周方银、何佩珊:《国际规则的弱化:特朗普政府如何改变国际规则》,《当代亚太》2020 年第 2 期,第 4—39 页。

47. 徐秀军:《新兴经济体与全球经济治理结构转型》,《世界经济与政治》2012 年第 10 期,第 49—79 页。

48. T. V. Paul, "Recasting Statecraft: International Relations and Strategies of Peaceful Change," *International Studies Quarterly*,Vol.61,No.1,2017,pp.1—13.

第六章

国际政治中的制度方略

> 凡将立国,制度不可不察也,治法不可不慎也,国务不可不谨也,事本不可不抟也。
>
> ——《商君书·壹言第八》

无论在国内政治或国际政治中,制度都起到了关键性作用。国内政治中的制度是"立国"之本,而国际政治中的制度是"立序"(建立秩序)之基,国家可通过国际制度建立对自己更加有利的秩序。所以上述《商君书》中的名言在国际关系学视角下可引申为"凡将立序,制度不可不察也"。

由于国际体系愈发表现出制度性特征,即国际体系的制度化程度不断提升,国际组织、国际规则和国际规范的数量和影响力大幅增加,并对国家及其之间的关系产生日益显著的影响,且国际制度具有强权力属性,国际制度性权力由此生成(如第五章所述)。第五章定义了国际制度性权力,也从国家与国际制度关系的角度,探讨了国家获得国际制度性权力的一般性策略。一个基本共识是,国际制度愈发成为国家实现对外政策目标的重要手段,国家对待国际制度的策略(即国际制度策略)也成为国家国际策略体系中的重要部分。但是,国际制度性权力的具体内涵依然不够清晰,换言之,国际制度性权力究竟包含哪些具体的权力,且在国际关系实践中,国际制度及其衍生的权力是如何被国家用以实现对外政策目标的。

在前文对国际制度定义和国际制度性权力界定的基础上,本章尝试进一步回答以下问题：从主权国家的视角出发，国际制度为何和如何被其用作实现对外政策目标的手段？国家追逐哪些具体的国际制度性权力？借鉴方略（statecraft）和经济方略（economic statecraft）的相关研究，本章提出制度方略（institutional statecraft）的概念，用其概括国家运用国际制度实现对外政策目标的策略、方法和技巧。

清晰界定制度方略需要厘清国际制度的内涵，分析国际制度的权力属性，以及梳理国家运用国际制度的具体策略手段。制度内涵、权力属性和操作策略是构成制度方略的三大要素。相关研究对这些要素有不同程度的涉猎，但都存在需要进一步解决的问题。就制度内涵而言，如第二章所示，国际制度概念存在分歧，相关概念常常混用，缺乏较为清晰和系统的梳理，国际制度、国际体制、国际组织、国际规则、国际规范、国际条约、国际法、国际机制、国际惯例等概念被不同地视为国际制度的部分或全部内容，诸多概念间的逻辑关系模糊。就国际制度的权力属性而言，如第三章理论构建部分所提及，相关研究呈现了三种相互交织的逻辑：作用于国际制度的权力、[1]通过国际制度表达的权力[2]和源自于国际制度的权力。[3]由于概念不明晰和权力逻辑混乱，国际制度相关的权力形式呈现多样性，缺乏系统界定。相关研究往往依据具体问题强调不同且多样的权力形式，如规则制定权、[4]国际话语权、[5]国际组织的决策权[6]或国际议程设置权[7]等等。此外，在政策实践层面，国家运用国际制度的具体操作方式也缺乏较为系统的研究。

因此，在第二章对国际制度再界定的基础上，本章梳理了国际制度的权力逻辑，总结了国际制度性权力的具体形式，归类国家运用国际制度性权力的不同策略，并通过对制度内涵、权力属性和操作策略的探讨，构建制度方略的完整理论框架。制度方略的理论辨析和经验论证为中国国际制度策略和政策的制定，以及国际制度相关理论的发展和创新，奠定了新的概念基础。

第一节　方略概念及其制度维度

从国际关系学的视角，方略或治国方略是指代表国家的行为体处理国际事务,实现对外政策目标的策略、方法和技巧。[8]在特定时期里,国家针对国内外形势制定其对外关系的基本国策和宏观战略,如改革开放的基本国策和基于此国策的人民币国际化战略。这些国策和战略指导了不同问题领域中的具体政策和实践,由此形成了与国策和战略总体相吻合的对外政策目标,如推动人民币在"一带一路"沿线国家的使用,以提升人民币在国际贸易结算中的地位。国家实力的强弱是对外政策目标能否实现的基础性要素,但并不是决定性因素。在国际关系实践中,对外政策目标的实现往往取决于国家实现对外政策目标的策略、方法和技巧,即方略。

方略包含不同的类别,至少可区分为和平和暴力两大类。暴力的方略是指运用暴力手段和方法实现对外政策目标,这些暴力手段既包括传统的军事手段(即军事方略),也包括非传统的暴力手段,如间谍活动、暗杀、煽动政变等。相较之下,在冷战后的国际体系中,和平的方略更为常见,其可划分为领域内和跨领域和平方略。领域内和平方略是指运用具体领域内的政策工具实现对外政策目标的策略、方法和技巧,如外交手段、宣传手段、经济方略、文化方略等。国家在不同领域中建立了差异化且往往不平衡的关系,这种关系会产生如不对称相互依赖所述的权力属性。在对外交往中,国家可运用这种不对称的相互关系实现对外政策目标。相关研究对领域内的和平方略有较多探讨,因为特定领域内的政策工具及其运用易于观察,其对实现对外政策目标的作用也更加容易判断。例如,美国运用经济方略维护国土安全,建立和维系美元霸权。[9]

除了特定领域内的和平方略外,另一类方略是跨问题领域的,这类方略并不是以特定问题领域中的国家实力或优势作为政策工具,而是以具有跨领域属性的抽象或具体政策工具为手段,实现对外政策目标。这些跨领域的政策工具包括国际制度、国际观念、国际议程设置等,其并不隶属于特定的问题领域,而是可以广泛存在于不同问题领域中,且多与具体问题领域的内容相结合,如国际贸易制度、国际金融制度、国际人权观念、全球气候治理议程设置等。其中,作为一种方略存在的国际制度正是本章研究的焦点。

结合上文对方略的定义和分类,制度方略可被用以概括以国际制度为政策工具的方略。本章将制度方略定义为:代表国家的行为体运用国际制度处理国际事务,以实现对外政策目标的策略、方法和技巧。具体而言,制度方略的主体或施动者(agent)是代表国家的行为体,如中央政府、国家元首、具体领域中的核心决策者等。制度方略的对象是与特定对外政策目标相关的他国行为体,包括国家和非国家行为体。制度方略的目的是实现对外政策目标,而实现对外政策目标的具体手段是国际制度。综上所述,图 6.1 描绘了方略的概念图,以及制度方略在方略概念图中的位置。

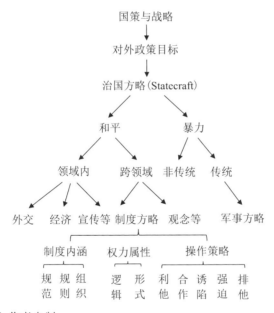

图表来源:作者自制。

图 6.1　方略概念图与制度方略

基于上述定义,关于制度方略,有一些问题需要进一步探析:作为一种政策工具存在的国际制度,何为其内涵? 国际制度为何能成为一种政策工具? 在实践中,如何运用这一政策工具? 这三个问题分别涉及国际制度的内涵、国际制度的权力属性及其形式和制度方略的操作策略,这三个方面被简要概括为制度内涵、权力属性和操作策略(如图 6.1),以上是制度方略的三个构成要素。制度内涵指明了国际制度的具体内容,界定了制度方略可资利用的具体政策工具,如国际规则、国际规范、国际法等。权力属性从理论上解释了国际制度的权力逻辑,尤其是权力政治和国际制度的关系,以及不同权力逻辑下的具体权力形式。只有当国际制度具有权力属性,其才可能被用作影响其他行为体的工具。但是,国际关系理论中对权力政治与国际制度关系的讨论存在较多分歧,国际制度的不同权力逻辑并存,国际制度的权力形式缺乏梳理。最后,在微观政策层面,制度方略表现为国家运用国际制度实现对外政策目标的具体操作方式,即国家究竟如何运用国际制度这一政策工具。制度内涵已在第二章中有详细的论述,下文主要从权力属性和操作策略两个方面出发,尝试构建制度方略的完整理论框架。

第二节 制度方略的逻辑基础:制度的权力属性

国际制度的权力属性是制度方略生成的逻辑基础。毫无权力属性或完全中性的国际制度无法被国家用作实现对外政策目标的工具。国际制度的权力属性在理论上表现为国际制度与权力的逻辑关系,且不同的权力逻辑在实践中表现出不同的权力形式。国际关系理论关于国际制度与权力政治关系的探索,对这些权力逻辑已多有涉及,相关经验研究也对与国际制度有关的权力形式进行了不同程度的分析。在这些研究的基础上,本章进一步梳理国际制度的权力逻辑,以及这些权力逻辑下国际制度性权力的具体表现形式。

一、国际制度的三重权力逻辑

在现实制度主义理论的基本构想(第三章)和国际制度性权力的界定部分(第五章),国际制度的权力属性已得到了较多论述,此处再进行较为全面的概括。国际制度既可能是权力博弈的结果,也可能是权力实施的工具,又可能是权力的来源。由此,国际制度与权力存在三重逻辑关系,即作用于国际制度的权力、通过国际制度表达的权力和源自于国际制度的权力。

首先,作用于国际制度的权力是指被用以创建、改变或破坏国际制度的资源、能力或关系。在这一权力逻辑下,国际制度是因变量,是权力博弈的结果。早期的体制无用论者和(古典和结构)现实主义者多持有这种权力逻辑。例如,斯特兰奇质疑体制的概念有效性和经验作用,认为其是权力和利益的附属物,不会产生独立且显著的影响。[10]古典现实主义者在很大程度上忽略了国际制度,其对国际组织和国际法的有限分析通常将其视为国家权力和利益的结果,而非国家行为的原因(即使其一定程度上可约束国家行为)。[11]新现实主义者对国际制度的关注相对更多,但也倾向认为国际制度对权力政治的影响甚微,如米尔斯海默对国际制度促进和平观点的质疑。[12]在这一逻辑下,国际制度的独立性和自主性较低,被视为权力的结果。这种权力逻辑可被概括为:国家权力和利益博弈影响(国家或非国家)行为体的认识和行为,并由此形成国际制度。这种权力逻辑多表现在制度的创建阶段以及特定国际秩序形成的初始阶段,且权力内涵最为宽泛,任何对国际制度施加影响的权力都包含在其中。

其次,通过国际制度表达的权力将国际制度视为干预变量或中介变量,强调国际制度的工具性,这种工具性作用又区分为功能性和权力性。聚焦国际制度功能性的最典型代表是新自由制度主义,基欧汉强调在无序的国际体系中国际制度的功能有利于克服“政治市场失灵”,如降低交易成本、增加信息对称和消除不确定性等,从而改变国家的观念或行为,使冲突减少,合作增加。[13]这一论述并不否定权力政治之于国家行为和国际关系的决定性作用,但弥补了现实主义理论对国际制度的忽略,强调国际制度会改变这一决定性作用的实施路径,批判了现实主义关于国家追逐相对利益的论断,从而也挑战了现实主义关于权力政治博弈结果的判断(即冲突远多于合作)。功能性视角下国际制度具有较大程度的自主性,但依然不是内生和完全自主的。

新自由制度主义的发展激起了现实主义不同流派对国际制度的关注和反思,其最大的改变是从视国际制度为无足轻重的权力附属品到视国际制度为举足轻重的权力工具。例如,克拉斯纳和约瑟夫·格里科(Joseph M. Grieco)分别从新现实主义视角批驳了新自由制度主义的观点,尽管其存在较多分歧,但二者都认同国际制度的国家权力工具属性。[14]新古典现实主义将国际制度和国内制度视为权力的"传送带"。[15]现实制度主义认为制度不只是简单地具有独立性或是权力的结果,而是具有提供公共物品(功能性)和主导国权力工具(工具性)的双重作用。[16]

在权力性工具视角下,国际制度的自主性和独立性得到有限的承认,国际制度更多被理解为国家实施权力的工具。例如,在国际货币基金组织存续的近80年里,其一直是美国等国家表达和输出权力的工具,是美国霸权的重要内容。迈克尔·巴尼特和雷蒙德·杜瓦尔权力分类中的制度性权力也持有此种逻辑。[17]将制度性权力理解为制度形式固化的权力[18]或国家权力的输出方式,[19]将国际制度视为国家权力的竞争场所[20]等观点,以及关于国际制度领导权的讨论,[21]都是在这个逻辑层面讨论国际制度与权力的关系,国际制度被视为权力的工具。

最后,源自国际制度的权力是指相对自主的国际制度会影响行为选择,并因此成为权力的来源。前述新自由制度主义和不同流派的现实主义基本都认为国际制度不是内生的,而是国家权力和利益博弈的结果,因此其自主性和功能性有限,可以在一定程度上改变但无法替代权力政治。但是,随着国际制度的形成和演进,其逐渐形成了相对独立的身份和利益诉求,尤其是正式的国际机构,甚至逐渐成为国际体系中与国家并列的、汇聚成员利益的独立行为体,或更加宽泛地被理解为一种国际社会环境。[22]克拉斯纳较早便解释了体制自主性的形成。[23]反思主义视角下的一些研究甚至认为国际制度是长期自发形成的,是行为选择的外在约束或环境,而非行为选择的结果。例如,强认知主义将国际制度视为国际政治的必要特征,认为其是理性选择的前提而非结果;[24]建构主义路径对国际制度的自主性和权力来源进行了较多分析,认为制度和利益是相互构建的。[25]由于承认了国际制度的独立性,国家在其中的地位便成为其国际权力的重要来源。

二、国际制度蕴含的权力及其形式

在上述三重权力逻辑中,作用国际制度的权力过于宽泛,而通过国际制度表达和源自国际制度的权力更加聚焦和可识别,是在国际关系实践中与制度方略更加直接相关的权力逻辑。在这两重逻辑下,本章区分了三种不同类型的权力:操作性、工具性和结果性权力。这些权力正是国家在国际关系实践中所追寻的重要内容。操作性权力是指生成和实施路径明确、作用对象和来源清晰、在国际关系中易于识别和实践的权力。国际制度的两大核心内涵(规范和规则)及其组织化后的结果(组织),分别蕴含并侧重不同的操作性权力:规范塑造权、规则制定权和组织决策权。

国际规范在特定时期和特定问题领域内为行为体的行动提供观念指导和约束,政府所代表的国家对特定事件或形势的认知是其开展国际活动的思想指导,将这些认知发展成为国际规范,可以引导其他国家向自己偏好的认知聚集,进而影响其他国家的认知或行动,获得国际权力,即规范塑造权。由此可见,认知与规范之间存在逻辑关系,特定认知共识的不断扩大便会形成规范,而规范的行为约束方式正是影响行为体的认知。例如,第二次世界大战后美国重塑国际货币体系的认知可具体化为"怀特计划",随着该认知(共识)的不断扩大,其最终发展成为一种国际货币规范,该规范的核心是维护以美元为中心的固定汇率制和多边支付体系。[26]如第二章对国际制度的定义所述,国际规范形成的基本标准便是形成对特定体系内绝大多数行为体具有普遍影响力的、共享的、关于得体行为的期望或理解。[27]因此,国际规范具有多边属性,其塑造和重塑的难度较大。

相较于认知和规范,国际规则的观念共享性程度更高,本质上是将主流的认知和规范转变成具体的权利和义务约定。由于国际规则具有较强行为约束力,规则制定便会在很大程度上影响体系内行为体的思想和行动,从而产生规则制定权。国际规则通常可文本化,较认知和规范更加明确,对行为的约束机制也更加清晰,往往被视为国际制度的核心内涵。[28]规则制定权也成为国家追逐其国际权力的重要目标。[29]因此,国际规则以国际条约、国际法律、国际协定、国际标准等形式广泛存在于不同问题领域,如核领域《核不扩散条约》、银行业里的《巴塞尔协议》、网络空间治理领域的《网络战国际法塔林手册》、贸易领域里的《跨太平洋伙伴关系协定》等等。规则制定权的一个有代表性的例子是美国 20 世纪 80 年代初期将其国内银行业发展的需求和利益偏好成功转化成了国际银行业的监管规则,即《巴塞尔协议》,并由此引导了国际银行业的发展方向。[30]

如第二章中所述,规范和规则在组织化后便会形成组织,而国际组织中蕴含的最重要权力是组织决策权力。国际组织通常具有明确的权力构架和制度安排,如组织章程、投票权、会员机制、人事安排等。这些制度安排约定了成员的权力和义务,也赋予其不同的权力。成员在组织权力结构中的地位为其所带来的权力即为组织决策权。相较而言,组织决策权最易于观察和测量,是主要国家权力竞争的重点领域。关于国际货币基金组织、世界银行等政府间国际机构改革的讨论多聚焦于其组织决策权,新兴国家与传统西方国家就主要国际机构改革长期存在争论和分歧,其核心便是对这些机构组织决策权的争夺。[31]

除了操作性权力外,另一类权力不是直接源自或作用于国际制度本身,但却在上述操作性权力的形成和实施过程中起到了工具性的辅助作用,即工具性权力。国际议程设置权是这类权力中最典型的一种。国际议程设置是指行为体运用特定策略和通过不同渠道,将某些问题及其解决方案传播到国际社会,使其得到关注的过程。[32]国际规范、国际规则和国际组织形成的前提便是使相关问题及其解决方案得到国际关注,并成为国际共识,而国际议程设置正起到了这个作用。议程设置是一个过程,而非如国际制度内涵一样的客观领域或对象,它不能单独发挥作用,必须依附于这些特定领域或对象才具有实质性的意义。国际组织内部的议程设置决定了这些国际机构或认知共同体对一系列国际问题的重要性排序和解决方案的认知,如二十国集团历届峰会的议程设置。规范塑造或规则制定的第一步便是使与此规范或规则相关的国际问题得到关注,然后使主导国偏好的方案得到国际社会的认可,这本身便是一个议程设置的过程。脱离特定的问题领域和客观对象,议程设置便无从谈起,由此可见议程设置权的工具性,也表明议程设置权并不是专属于国际制度的一种权力。

在上述操作性和工具性权力的形式下,国际制度体系呈现出了一个等级性的权力结构,这一权力结构是上述操作性和工具性权力分配和博弈的结果,具体表现为国家在国际体系中的两种结果性权力:制度性话语权和国际秩序主导权。操作性权力来源或作用于特定的国际制度问题领域,即前述国际制度的主要内涵,是一种问题领域性(issue-specific)权力。工具性权力不限定于特定的问题领域,而是在操作性权力生成和实施的过程中起到工具性作用的权力,是一种过程性(procedural)权力。相较之下,结果性权力既不限定于特定问题领域,也不明确强调权力生成的工具和过程,而是问题领域权力和过程性权力的结果集合。因此,结果性权力是一种总体性权力(aggregate power)。

具体而言,制度性话语权是指国际制度赋予国家的话语权,这种话语权既是表达自我关于国际制度的观点和利益偏好的权利,也是通过国际制度或作用于国际制度而影响其他行为体的权力。[33]因此,制度性话语权的客体和来源涉及国际制度与国际话语体系,其权力的生成路径是国家在既有国际制度权力结构中的地位为其带来的在国际话语体系中的影响力。例如,美国在传统国际金融机构中的组织决策权优势,在国际金融规则制定中主导性权力,以及在国际金融规范塑造中的传统优势,使其在当前的全球金融治理中拥有了最重要的制度性话语权。[34]

一种更为宏观的结果性权力是国际秩序主导权。历史上的国际秩序变迁都不同程度和不同形式地表现为国际制度的创建或重构。[35]国际制度既是主导国家构建国际秩序的工具,也是特定国际秩序的核心内涵。在那些构建国际秩序的支柱性国际制度中,国家间制度性话语权的分配直接体现了特定国际秩序中的权力结构,如单级或多级国际秩序。例如,第二次世界大战后形成的自由主义国际秩序是美国一系列国际制度建设的结果,主要包括国际贸易制度、国际货币制度和国际安全制度,因此,美国拥有了主导性的国际权力,如美元的货币霸权。随着国际政治经济实力的调整,国际权力结构面临调整的压力,美国领导的自由主义国际秩序自然会面临危机。

表6.1总结了国际制度性权力的具体内容,具体包括其类型、形式、客体或来源、属性,这为更加清晰地梳理相关研究中的诸多混淆概念提供了可供参考的理论工具。正是由于国际制度具有强权力属性,制度方略的生成具有必然性。

表6.1 国际制度性权力的具体内容

类型	权力形式	制度客体或来源	属性	实例
操作性	组织决策权	国际组织国际决策观	问题领域性(issue-specific)	国际货币基金组织、世界银行、亚投行的投票权、机构份额、会员机制等。
	规范塑造权	国际规范		美国在第二次世界大战后塑造国际货币规范,"保护的责任"规范的塑造,全球气候治理中"共同但有区别的责任"。
	规则制定权	国际规则		20世纪80年代美国主导制定国际银行业监管规则。
工具性	议程设置权	议程设置过程	过程性(procedural)	轮值主席国对二十国集团峰会议程的影响使其偏好的问题和方案得到国际社会关注;中国作为亚投行的发起国,对亚投行议程设置的影响力。
结果性	国际话语权	国际秩序观国际决策观	总体性(aggregate)	美国在全球金融治理体系中的制度性话语权。
	国际秩序主导权	国际制度体系国际行为观		美国领导的自由主义国际秩序直接表现为美国的国际制度性霸权。

资料来源:笔者自制。

第三节 制度方略的操作策略与经验案例

在政策实践中,国家运用制度方略的具体方式和方法是不同的,这既取决于前述不同权力的国际结构和国家在这一权力结构中的位置,也取决于权力关系双方的利益和观念分歧程度。对主权国家运用制度方略的操作策略进行分类,首先需要确立一个标准。主流理性国际关系理论假定国家是自利的,权力策略的目的是实现绝对或相对收益,国际关系的高冲突性不可避免,因此制度方略的操作策略是自利性和高冲突性的。但是,如上文所述,国际制度有多重权力逻辑,国际制度还可能具有作为国际公共物品的功能性和作为独立主体的规范性,制度方略的操作策略还可能是低自利性和低冲突性的。因此,除传统主流理性理论所强调的高自利性和高冲突性方式外,利他和互利的方式也是权力策略的重要方面。借鉴乔纳森·科什纳对国际货币权力操作策略的分类,[36] 本章在自利性和冲突性两个维度下,将制度方略的操作策略区分为如下五类:利他、合作、诱陷、强迫和排他(如图 6.2)。

图片来源:作者自制。

图 6.2　制度方略的操作策略分类

关于这一分类,有两点需要说明。第一,这五类并不是一个五分法,而是在利益指向性从完全利他到完全自利的谱系中总结出五种具有代表性的类型。国家间经由国际制度所建立的权力关系极为复杂,上述分类尝试将复杂的现实概括为由五个节点或典型类型所构成的策略谱系。实践中的操作策略可能位于这一谱系中某些节点间的位置,如表面平等合作的背后可能暗含诱陷策略,也可能是不同典型策略的组合,如"胡萝卜大棒"策略。第二,自利性和冲突性两个维度高度正相关,一些特殊案例和策略可能被忽略。自利性导致国际关系的冲突性,这是主流理性国际关系理论(尤其现实主义)的核心假设,但这些理论往往聚焦于上述谱系中高自利性和高冲突性的一端。新自由制度主义通过引入国际制度的功能性,一定程度上涉及了较低自利性和较低冲突性的另一端。[37]上述分类尝试建立从利他到排他的谱系。但是,这种正相关可能忽略了自利性和冲突性非正相关的一些特例,如高(低)自利性但低(高)冲突性的国际制度性权力策略。例如,在特定领域国际制度高度发展和独立的情况下,国家的高自利性被强制度所约束,权力策略会表现出低冲突性,一个极端情形是有超越国家主权的权威存在;在存在文化冲突、历史隔阂和宗教矛盾的国家之间,低自利性的策略也可能具有高冲突性。下文对上述五种策略进行详细论述。

利他是指让他国获得利益而不求相应回报。在现实主义的权力逻辑下,利他策略是不存在的,新自由制度主义虽然尝试以国际制度的功能性和复合相互依赖解释合作,但依然主张国家的自利性。但是,随着特定国际制度的自主性增强,其设定的一些规范性目标或原则对国家的行为产生影响,从而使利他的行为和策略出现。例如,面对全球发展失衡,经济合作与发展组织发展援助委员会(DAC)在20世纪70年代承诺的官方发展援助目标(即援助总额占国民总收入0.7%)逐渐发展成了发达国家对外援助额度的规范,相关国家在该制度下的政策和行动往往是一种利他策略。在当今国际政治世界中,利他策略存在,但位于制度方略操作策略体系的边缘,且利他策略的背后往往存在国家获取软实力和国际道义话语权的自利性目标。

合作是更为中性的策略,是国际关系的一种基准形态,可广泛存在于国家间关系的不同问题领域和不同层次。只有当合作行为间接或直接与国际制度相关,其才是一种制度方略的操作策略。标准意义上的国际制度合作策略是指国家就相关目标和责任义务分配达成共识,在平等自愿的基础上共同创建国际制度、维系特定国际制度的功能和权力结构或推动既有国际制度的改革等,其根本目标是通过合作解决问题、实现目标或增加国际影响力。例如,2008年全球金融危机爆发后,主要国家在二十国集团(G20)平台上积极开展合作,应对危机和拯救全球经济;"一带一路"国际合作倡议背景下的区域或国际制度(如双边合作协议、亚洲基础设施投资银行等多边金融机构、《区域全面经济伙伴关系协定》等多边协定)都是合作策略的表现和结果。总结而言,在以下几种情形下,合作策略更可能被采用:国际制度的功能性促进国家间合作、特定国家的权力观偏好国际合作(如构建"人类命运共同体")或在战争和危机后国际合作存在必要性和较广泛的共识。

诱陷是指权力实施国通过与目标国创建新的国际制度,或使目标国进入其已主导建立的国际制度中,从而使目标国陷入相对不利的地位。科什纳对货币依赖和货币权力的研究提出了诱陷策略,但他所指的诱陷发生在权力双方已建立货币依赖之后,是在国际货币制度存续阶段的权力,而本章的诱陷强调权力双方通过构建新的国际制度而建立的权力关系。[38]诱陷策略的双方起初并不在同一国际制度中,权力的实施伴随着新国际制度的建立或既有国际制度向目标国的扩张,国际制度主要表现为权力的结果。新建或既有国际制度往往是以权力实施国的偏好为基础,是其拓展国家利益的工具,这体现了国际制度的非中性,也解释了为何权力实施国试图将更多国家纳入其中。诱陷策略冲突性较低,国际制度会掩盖目标实施国的真实动机,且权力实施国通常以利相诱,拥有较为高超的共识凝聚、规范塑造和议程设置等技巧。

《广场协议》是美国诱陷策略的一个代表性实例。在预防国际贸易冲突和经济危机的规范性目标掩饰下,美国意图通过该协议实现维护国际权力和推动国内经济增长的目标。船桥洋一详细描述了整个过程,虽然他在 1988 年出版的英文原著中否认《广场协议》是美国直接打压日本崛起的手段,但在 2017 年撰写的中文版序言中承认当时美国对日本的敌意,认为这是一种"'修昔底德陷阱'式的权力动力学",是美国对日本崛起和挑战的反击。[39]这种反击通过诱陷式的国际制度降低了冲突性,体现了国际制度改变目标国认识和行为的权力属性。

强迫是指权力实施国通过操纵既有国际制度使目标国的利益相对受损或面临受损的威胁,从而实现自我利益和对外政策目标,改变目标国的认识或行为。不同于诱陷,在强迫策略中,权力实施国和目标国已处于同一国际制度中,且实施国往往是该国际制度的主导者,目标国处于相对弱势地位,甚至对这一国际制度产生了依赖。强迫又进一步划分为协商式和单边式。协商式强迫即权力实施国凭借其在特定国际制度中的优势地位,尤其是组织决策和规则制定等方面的权力,迫使目标国主动按实施国的意愿采取行动。在这种方式中,权力实施国和目标国总体上保持沟通和合作的态度,实施国几乎不会使用强制手段,实施国的意愿尽管不一定是目标国的最优选择,但目标国也没有更好的替代选择。科什纳货币权力中所谓的"强迫"和"榨取"本质上指的是本章的协商式强迫。[40]

这种策略往往是在通过诱陷建立国际制度后,是主导国制度性话语权的延续。一个典型的协商式强迫案例是国际货币制度的美元中心化和美国货币霸权。在第二次世界大战后通过诱陷建立的国际货币制度中,美元处于绝对中心地位,这一中心地位即使在布雷顿森林体系解体后依然延续,很多国家产生了美元依赖,自愿在一定程度上放弃国内货币主权和国际货币权力,使其经济决策在很大程度上取决于美国货币政策和经济表现。[41]再如,美国等国家通过国际货币基金组织等国际金融机构的贷款条件性迫使借款国接受"华盛顿共识"经济发展政策。

单边式强迫是指权力实施国利用既有国际制度试图强行改变目标国的既得利益、认识或行为。这种策略将特定国际制度作为对目标国发起强制措施的合法性来源或手段,权力实施国和目标国几乎没有沟通和合作,或沟通和合作的效果不佳,实施国在特定国际制度中拥有主导权,并凭此单方面地采取强制措施。这一策略易于引起目标国的报复,冲突性较高。常见的一种单边式强迫是通过国际制度发起制裁。例如,通过控制"环球银行间金融电讯协会"(SWIFT)和"纽约清算所银行同业支付系统"(CHIPS),美国掌控了美元国际支付清算通道,并以此对伊朗和俄罗斯等国实施金融制裁。[42]借由相关国际制度发起的局部军事打击是另一种冲突性更高的单边式强迫,如美国获得联合国授权、具有较高合法性的海湾战争,以及先单方面发动战争、再获取联合国授权、合法性存在一定质疑的阿富汗战争。[43]

排他是指权力实施国通过强制或非强制的方式将目标国排除既有或新创建的国际制度。相较之下,诱陷是通过创建或拓展国际制度,权力实施国和目标国原本并不在同一国际制度中。强迫发生在既有国际制度的存续阶段,权力双方处在同一国际制度下,或与该制度密切关联。排他包含两种具体方式:选择式和驱逐式。选择式排他指在国际制度创建或变迁过程中,权力实施国选择性地将一些国家或经济体纳入其中,从而间接性地将其他国家或经济体排除在外。这种权力策略依赖于实施国在特定国际制度中的共识凝聚、议程设置和规范塑造等能力。在多边国际制度面临信任危机、治理困境和改革滞后等挑战的背景下,选择式排他的方式愈发盛行,如二十国集团的成立。为应对1997年亚洲金融危机,七国集团(G7)选择性地成立了二十国集团部长级会议,哪些国家或经济体应被纳入其中一直存在争议,这体现了传统西方国家选择式排他的国际制度性权力,以及新兴国家不断增加的国际制度性权力诉求。另一个例子是世界贸易制度从多边主义向"俱乐部式"或"小多边主义"转向,这些双边、小多边或区域贸易机制本质上是选择性地将其他国家或经济体排除在外。[44]

与选择式排他通过选择性地纳入而间接性排除不同,驱逐式排他直接通过强制性的方式将目标国排除既有国际制度。驱逐式排他的冲突性更高,在国际关系实践中的使用频率较低。这种策略需要实施国在特定国际制度中拥有绝对主导权。例如,由于对俄罗斯在克里米亚的行动不满,美国奥巴马政府2014年暂停了俄罗斯在八国集团中的会员资格,实质上将俄罗斯排除在外。驱逐式排他和单边式强迫较为类似,区别在于前者强调将目标国排除到特定国际制度之外,而后者是在既有国际制度内的权力关系,两者都是主要国家发动制裁的手段。由此可见,上述五种典型策略并非彼此排斥,而存在密切关联,在实践中常被综合使用。综上所述,表6.2对上述权力策略进行了总结和比较。

表6.2 制度方略的操作策略及案例

操作方式	冲突性	权力逻辑	涉及核心权力形式	实 例
利他	最低	来源	国际话语权	经济合作与发展组织的发展援助规范、以联合国难民署和《难民公约》为核心的国际难民机制
合作	低	来源工具	规范塑造权规则制定权组织决策权	"一带一路"国际合作倡议背景下的区域或国际制度

操作方式		冲突性	权力逻辑	涉及核心权力形式	实 例
诱陷		较低	结果工具	议程设置权国际话语权	第二次世界大战后"金融-贸易-安全"三位一体的国际制度与美国霸权、石油美元机制的形成、1985 年签订的《广场协议》、国际货币规范的形成
强迫	协商式	低-中	工具来源	组织决策权规则制定权	美元依赖与美国货币霸权机制、"华盛顿共识"与国际金融机构的条件性、美国迫使欧盟接受金融稳定论坛的设计方案
强迫	单边式	中-高	工具来源	组织决策权规则制定权秩序主导权	通过控制"环球银行间金融电讯协会"系统和"纽约清算所银行同业支付系统"对伊朗和俄罗斯等国发起金融制裁、通过相关国际协定中的安全例外条款在国际投资中发起次级制裁、美国通过联合国安理会对阿富汗发动战争
排他	选择式	低-中	结果工具	议程设置权规范塑造权	七国集团选择性地发起成立了二十国集团部长级会议、多边国际贸易制度向"俱乐部式"或"小多边主义"贸易制度的转变，如《跨太平洋伙伴关系协定》《跨大西洋贸易及投资伙伴协议》《区域全面经济伙伴关系协定》等、2009 年哥本哈根大会后期的 26 国会议
排他	驱逐式	最高	工具来源	组织决策权规则制定权秩序主导权	美国暂停俄罗斯在八国集团中的地位、美国将朝鲜从"环球银行间金融电讯协会"中除名

资料来源：笔者自制。

总而言之，国家实力不会自发性地转化成国际权力，国家实力和国际权力也不会自然地确保国家对外政策目标的实现，在实力向权力的转化和对外政策目标的实现过程中，有计划和有意识的策略十分重要，这正是国际关系中关于方略研究的核心内容。[45] 在国际政治世界中，主权国家运用多种方略推动其对外政策目标的实现，以增加国家福利，培育国际权力，包括军事方略和经济方略等。其中，制度方略愈发成为大国的重要方略选择，但却并未得到充分的研究关切。历史上，崛起大国的不同方略决定了其国家实力转化成国际权力的速度、方式和成效。[46] 作为结果，国际秩序及其变迁也表现出了和平与冲突的不同形态。这正是相关研究呼吁关注主要国家的权力策略,推动国际秩序和平演进的根本逻辑。[47]正是在国际秩序变革和大国竞争强化的背景下,中国对外政策目标的实现更加需要有效的方略保障,制度方略也日益成为中国不可忽视的重要选择。制定符合国情的制度方略,既需要对国际权力格局有清晰的认知,也需要准确的自我定位,还需要关于国际制度及其权力属性的政策和学术研究支撑。

注释

1. John J. Mearsheimer, "The False Promise of International Institutions," *International Security*, Vol.19, No.3, 1994—1995, p.7;李巍:《中美金融外交中的国际制度竞争》,《世界经济与政治》2016 年第 4 期,第 112—138 页。

2. Robert O. Keohane, *After Hegemony*: *Cooperation and Discord in the World Political Economy*, Princeton: Princeton University Press, 1984, pp.85—98;Andreas Hasenclever, Peter Mayer and Volker Rittberger, *Theories of International Regimes*, Cambridge: Cambridge University Press, 1997, pp.84—86;高奇琦:《制度性话语权与指数评估学》,《探索》2016 年第 1 期,第 145—148 页;任琳:《多维度权力与网络安全治理》,《世界经济与政治》2013 年第 10 期,第 38—57 页。

3. Michael N. Barnett and Martha Finnemore, "The Politics, Power, and Pathologies of International Organizations," *International Organization*, Vol.53, No.4, 1999, pp.699—732;丁韶彬:《国际政治中弱者的权力》,《外交评论(外交学院学报)》2007 年第 3 期,第 92 页。

4. 赵龙跃:《制度性权力:国际规则重构与中国策略》,北京:人民出版社 2016 年版。

5. 陈伟光、王燕:《全球经济治理制度性话语权:一个基本的理论分析框架》,《社会科学》2016 年第 10 期,第 16—27 页;高奇琦:《制度性话语权与指数评估学》,《探索》2016 年第 1 期,第 145—148 页。

6. 罗杭、杨黎泽:《国际组织中的权力均衡与决策效率:以金砖国家新开发银行和应急储备安排为例》,《世界经济与政治》2019 年第 2 期,第 123—154 页。

7. 张发林:《全球金融治理议程设置与国际话语权》,《世界经济与政治》2020 年第 6 期,第 106—131 页。

8. 关于"statecraft"的中文翻译和使用"方略"的解释,参见张发林:《经济方略与美元霸权的生成》,《世界经济与政治》2022 年第 1 期,第 103—129 页。

9. David A. Parker and Daniel G. Sofio, "U.S. Economic Statecraft, Homeland Security, and the Trans-Pacific Partnership," in Martin J. Alperen ed., *Foundations of Homeland Security*: *Law and Policy(second edition)*, Hoboken: John Wiley & Sons, 2017, pp.439—442.

10. Susan Strange, "Cave! Hic Dragones: A Critique of Regime Analysis," *International Organization*, Vol.36, No.2, 1982, p.479.

11. [美]汉斯·摩根索:《国家间政治:权力斗争与和平(第七版)》,徐昕等译,北京:北京大学出版社 2006 年版,第 309—312 页。

12. John J. Mearsheimer, "The False Promise of International Institutions," *International Security*, Vol.19, No.3, 1994—1995, p.7.

13. Robert O. Keohane, *After Hegemony*: *Cooperation and Discord in the World Political Economy*, Princeton: Princeton University Press, 1984, pp.85—98.

14. Andreas Hasenclever, Peter Mayer and Volker Rittberger, *Theories of International*

Regimes，Cambridge：Cambridge University Press，1997，pp.84—86.

15. Anders Wivel and T. V. Paul eds.，*International Institutions and Power Politic*：*Bridging the Divide*，Washington D.C.：Georgetown University Press，2019，p.13.

16. 李巍：《国际秩序转型与现实制度主义理论的生成》，《外交评论（外交学院学报）》2016 年第 1 期，第 32 页。

17. Michael Barnett and Raymond Duvall，"Power in International Politics," *International Organization*，Vol.59，No.1，2005，p.51.

18. 高奇琦：《制度性话语权与指数评估学》，《探索》2016 年第 1 期，第 145—148 页。

19. 任琳：《多维度权力与网络安全治理》，《世界经济与政治》2013 年第 10 期，第 38—57 页。

20. John J. Mearsheimer，"The False Promise of International Institutions," *International Security*，Vol.19，No.3，1994—1995，p.13.

21. 陈琪、管传靖：《国际制度设计的领导权分析》，《世界经济与政治》2015 年第 8 期，第 4—28 页。

22. 关于国际组织自主性的分析，参见 Nigel D. White and Richard Collins eds.，*International Organizations and the Idea of Autonomy*：*Institutional Independence in the International Legal Order*，London and New York：Routledge，2011。

23. ［美］斯蒂芬·克拉斯纳主编：《国际机制》，第 359 页。

24. Andreas Hasenclever，Peter Mayer and Volker Rittberger，*Theories of International Regimes*，Cambridge：Cambridge University Press，1997，p.139.

25. Michael N. Barnett and Martha Finnemore，"The Politics，Power，and Pathologies of International Organizations," *International Organization*，Vol.53，No.4，1999，pp.699—732.

26. Eric Helleiner，"What's Been Missing from Conventional Histories of Bretton Woods?" in Giles Scott-Smith and J. Simon Rofe eds.，*Global Perspectives on the Bretton Woods Conference and the Post-War World Order*，New York：Palgrave Macmillan，2017，p.18；［美］乔纳森·科什纳：《货币与强制：国际货币权力的政治经济学》，李巍译，上海：上海人民出版社 2013 年版，第 159 页。

27. Martha Finnemore and Kathryn Sikkink，"International Norm Dynamics and Political Change," *International Organization*，Vol.52，No.4，1998，pp.887—917.

28. 李巍、罗仪馥：《从规则到秩序：国际制度竞争的逻辑》，《世界经济与政治》2019 年第 4 期，第 39 页。

29. 赵龙跃：《制度性权力：国际规则重构与中国策略》，北京：人民出版社 2016 年版。

30. Beth A. Simmons，"The International Politics of Harmonization：The Case of Capital Market Regulation," *International Organization*，Vol.55，No.3，2001，pp.589—620；Thomas Oatley and Robert Nabors，"Redistributive Cooperation：Market Failure，Wealth Transfers，and the Basle Accord," *International Organization*，Vol.52，No.1，1998，p.36.

31. 黄薇：《国际组织中的权力计算：以 IMF 份额与投票权改革为例的分析》，《中国社会科学》2016 年第 12 期，第 181—198 页；罗杭、杨黎泽：《国际组织中的投票权与投票权力：以亚洲基础设施投资银行为例》，《世界经济与政治》2018 年第 2 期，第 127—154 页。

32. 张发林：《全球金融治理议程设置与中国国际话语权》，《世界经济与政治》2020 年第 6 期，第 106—131 页。

33. 陈正良、周婕、李包庚：《国际话语权本质析论——兼论中国在提升国际话语权上的应有作为》，《浙江社会科学》2014 年第 7 期，第 79 页；陈伟光、王燕：《全球经济治理中制度性话语权的中国策》，《改革》2016 年第 7 期，第 27 页；苏长和：《探索提高我国制度性话语权的有效路径》，《党建》2016 年第 4 期，第 28—30 页。

34. 张发林:《全球金融治理体系的演进:美国霸权与中国方案》,《国际政治研究》2018年第 4 期,第 9—36 页。

35. 唐世平:《国际秩序变迁与中国的选项》,《中国社会科学》2019 年第 3 期,第 187—203 页。

36. 科什纳在对货币依赖形式的讨论中将货币权力区分为:强迫(enforcement)、驱逐(expulsion)、榨取(extraction)和诱陷(entrapment)。这种货币权力策略的分类为本章的制度性权力策略分类带来了启示。参见[美]乔纳森·科什纳:《货币与强制:国际货币权力的政治经济学》,李巍译,上海:上海人民出版社 2013 年版,第 128—129 页。

37. 新自由制度主义同样承认现实主义关于主权国家自利性的假设,但认为国际制度的功能性将在一定程度上减弱这种自利性所带来的行为后果,从而使国家间关系的冲突性降低,合作性增加。

38. [美]乔纳森·科什纳:《货币与强制:国际货币权力的政治经济学》,第 128—129 页。

39. [日]船桥洋一:《管理美元:广场协议和人民币的天命》,于杰译,北京:中信出版社 2018 年版,第 14 页。

40. [美]乔纳森·科什纳:《货币与强制:国际货币权力的政治经济学》,第 129 页。

41. [美]巴里·艾肯格林:《嚣张的特权:美元的兴衰和货币的未来》,陈召强译,北京:中信出版社 2019 年版。

42. 徐以升、马鑫:《金融制裁:美国新型全球不对称权力》,北京:中国经济出版社 2015年版,第 51—52 页。

43. 朱同银:《冷战后美国发动的主要战争的合法性分析:以海湾战争、阿富汗战争、伊拉克战争为例》,《国际展望》2018 年第 5 期,第 117—135 页。

44. 在实际案例中,需要有意识地区分排他的结果是权力实施国的排他策略所致,还是目标国欠缺参与意愿所致,抑或兼而有之,只有权力实施国具有主观意图的政策或行动才属于选择式排他策略的范畴。

45. Morton A. Kaplan, "An Introduction to the Strategy of Statecraft," *World Politics*, Vol. 4, No. 4, 1952, pp. 548—576; Yi Edward Yang and Wei Liang, "Introduction to China's Economic Statecraft: Rising Influences, Mixed Results," *Journal of Chinese Political Science*, Vol. 24, No. 12, 2019, pp. 381—385;张清敏:《外交的本质与崛起大国的战略选择》,《外交评论(外交学院学报)》2016 年第 4 期,第 1—34 页。

46. Eric Helleiner, "What's Been Missing from Conventional Histories of Bretton Woods?" in Giles Scott-Smith and J. Simon Rofe eds., *Global Perspectives on the Bretton Woods Conference and the Post-War World Order*, New York: Palgrave Macmillan, 2017, p. 18.

47. T. V. Paul, "Recasting Statecraft: International Relations and Strategies of Peaceful Change," *International Studies Quarterly*, Vol. 61, No. 1, 2017, pp. 1—13.

第七章

中美制度竞争和国际秩序变迁

不用渴望"美国领导的自由主义霸权秩序",我们应当准备"大胆去走前人未走过的路"。

——阿米塔·阿查亚[1]

现实制度主义理论的核心关切是国际关系的冲突-合作复合形态和国际秩序变迁,这一理论创新试图解释急剧变化的国际关系现实——国际秩序已演进到另一次变迁的历史节点上。作为当前国际秩序中的主导国(美国)和主要的新兴国(中国),中美关系对 21 世纪的国际秩序变迁将起到决定性作用。诚如前文现实制度主义理论所述,国际制度性权力已成为国际权力中的一种重要形式,而国际制度性权力关系则是国际关系的核心内容。由此,中美制度竞争将在很大程度上决定国际秩序的演进。

第一节　国际体系、国际格局与国际秩序

在梳理中美制度竞争及其对国际秩序的影响之前,有必要对国际秩序的概念进行界定,并将其与其他概念区分开来。前文理论建构的部分在不同章节对相关概念(现实制度主义、国际制度、国际制度性权力、冲突-合作复合形态等)都做了较为细致的论述,但作为现实制度主义理论所解释的核心对象之一,国际秩序在本书中尚没有得到较为系统的讨论。此节正是对国际秩序进行界定,讨论其与相关概念的联系和区别。

国际关系学研究涉及诸多相关概念,如国际秩序、国际体系、国际格

150

局、国际制度、国际关系等，这些概念既存在密切联系和内涵的重叠，也存在重要的区别。阎学通教授对相关概念做了清晰的梳理，并通过下图 7.1 来界定和区分国际秩序和国际体系。[2] 在借鉴这一研究的基础上，结合本书的理论构建，下文对相关概念进行了界定和区分。

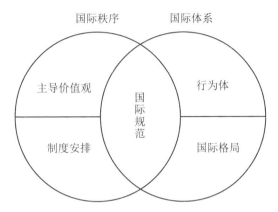

资料来源：阎学通：《无序体系中的国际秩序》，《国际政治科学》2016 年第 1 期，第 16 页。

图 7.1　国际秩序及其相关概念

国际体系（international system）是多元行为体跨越国界的多维互动所形成的一个客观且有机的整体。多元行为主体包含国家和非国家行为体，多维互动发生在政治、经济、文化等多个问题领域中，而互动方式既可能是和平的，也可能是暴力冲突性的。行为主体和问题领域都具有等级性，国家是国际体系中最重要的行为主体，国家间的政治交往和互动对国际体系具有决定性作用。由此，通常对国际体系的界定和梳理都是从国际政治关系的视角出发的，例如维也纳体系、雅尔塔体系、凡尔赛-华盛顿体系、布雷顿森林体系、美国主导的自由主义国际体系。但是，国际政治体系、国际经济体系和其他领域的国际体系存在密切联系，甚至因果关系。"有机的整体"表明国际体系不是零散部分的简单组合，而是具有复杂结构和显著特征的，这种复杂结构是多元行为体在多元领域中的互动所形成的，相关研究运用社会网络分析的方法尝试将这种复杂的结构形象地描绘出来，但也往往只能聚焦在某个特定的领域，如外交网络、金融网络、经济网络、军事安全网络等。[3]正因为这种复杂性的存在,对其构成要素和特征模式进行总结和提炼便更为重要和常见。

从更长周期的历史视角来看,本书将主权国家诞生以来的那个跨国交往所形成的体系称之为国际体系,这也与英文中"international"的含义更加契合。在国际关系学中,通常认为《威斯特伐利亚条约》的签订意味着主权国家的诞生,从此之后由主权国家主导、多元主体参与而形成的体系被称为国际体系。这一界定是从主权国家的视角出发的,由此可知,主权国家是构成国际体系的必要条件。在主权国家诞生以前,自 15 世纪地理大发现以来所形成的那个体系在经济史学和国际关系理论研究中通常被称为"现代世界体系"。伊曼纽尔·沃勒斯坦(Immanuel Wallerstein)的经典著作《现代世界体系》对这一体系的起源和演进有详细的描述。当然,现代世界体系的起源时间和模式是有争议的,如珍妮特·阿布-卢格霍德(Janet Abu-Lughod)便认为其起源于更早的 13 世纪,[4]贡德·弗兰克(Andre Gunder Frank)等学者挑战了欧洲中心主义的现代世界体系起源观,认为现代世界体系虽由欧洲发展起来,但却是建立在一个以东方为中心的、先前已经存在的体系之上。[5]

在现代世界体系之前,跨洲际的人类交往已经出现,并在漫长的历史中逐渐增加,古代丝绸之路就是这种交往的最佳印证和体现。这种在更长历史中、随着人类文明程度提升而不断自发增加的交往,以及由这些交往所逐渐形成的松散体系,被称为"基于不同文明的人类体系"。"人类命运共同体"正是基于不同文明的人类体系,其不强调国家与国家间的差异和利益分歧,而更加强调人与人之间的共性,从人类的视角理解发展,从而强调人类命运的休戚与共。

但在欧洲中心主义的学术话语体系中,当前的国际体系是美国领导的自由主义国际体系。通常认为,这一体系有四大核心支柱:西方民主价值观体系、国际贸易体系、国际金融体系和国际安全体系。美国在这四大支柱体系中的核心地位正是其霸权的来源和表现。近十余年来,尤其是2008 年全球金融危机以来,相关研究所讨论的国际体系演进、衰落或变迁,并不是指基于不同文明的人类体系的变化(这一体系具有更高的规范性价值和稳定性），也不是现代世界体系的变化（这一体系随着科技进步和人类发展而在总体变得更加一体化），亦不是指一般意义上国际体系的变化（这类体系是由主权国家定义的，只要现代意义上的主权国家依然存在，这一体系就必然存在），而是指在一般意义的国际体系之下，美国领导的自由主义国际体系作为一个阶段性体系的变化。本书关于制度竞争导致特定国际体系下的国际秩序变迁的论证，正是聚焦在这个较为狭义的国际体系，而非具有跨时空一般意义的理论解释。

综上所述，图7.2对相关概念进行了更为形象的概括和描述。

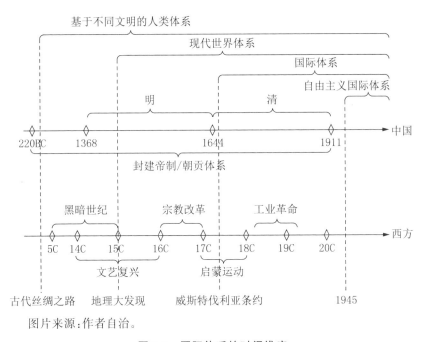

图片来源：作者自治。

图7.2　国际体系的时间维度

相较于国际体系，国际格局是从政治和权力结构的维度对国际体系特征的描述。图7.1也显示了国际体系和国际格局的关系，特定国际体系表现为某种国际格局，这种国际格局是国家实力较量和战略关系的结果。通常所说的单极、两极、多极是对国际格局的描述和分类，这些不同类别反映了特定国际体系中的核心政治权力结构特征。正因为国际格局是对特定国际体系的核心特征的描述，因此两者常常被混为一谈。例如，第二次世界大战后的国际体系总体上是在经济全球化背景下跨国政治、经济和其他交往密切增加所形成的体系，上文将其称为美国领导的自由主义国际体系，但是这一体系下的国际格局却发生过变化。在冷战结束以前，这一体系的国际格局是两极格局，即由美国和苏联及其各自阵营所形成的体系，而苏联解体之后，国际格局变成了美国一家独大的单极格局。由此可见，在同一国际体系之下，国际格局会发生变化，但变化也是有限度的。在美国领导的国际体系之下，国际格局必然要体现美国的领导地位，或者是美国领导的单极格局，或者是美国与另一国家共同构成的两极格局。一旦国际格局突破了这种限度，就意味着国际体系发生了革命性的变化。

国际秩序是对（表现为特定国际格局的）国际体系的行为规范和行为状态的概括。正因为国际秩序与国际体系和国际格局不易区分的关系，对国际秩序的定义存在分歧。本书理论合成所基于的两大理论流派对国际秩序的理解更是有明显的差异。权力逻辑下的国际秩序更加侧重国际体系的政治权力特征，即国际权力结构和国际格局。例如，阎学通教授将国际秩序定义为："国际体系中的国家依据国际规范采取非暴力方式处理冲突的状态"，[6]这一定义显然更加强调国家间的直接权力关系。制度逻辑下国际秩序的本质内涵是制度安排及其约束之下的行为模式，例如，约翰·伊肯伯里（G. John Ikenberry）将国际秩序的本质理解为国家间的"治理安排"（governing arrangements），这些安排是由基本的规则、原则和制度所构成。[7]

国际体系、国际格局和国际秩序虽然在概念界定上具有较为清晰的边界和内涵，但彼此之间联系密切，在经验分析中不宜被完全割裂开来理解和使用。国际体系是对客观世界联系的抽象概括，是国际格局和国际秩序的根本基础。国际格局是国际体系的政治权力特征，而国际秩序是国际体系的行为规范和行为状态。同时，特定国际格局塑造了特定的国际秩序，例如在美苏两极格局下，主要国家的行为受到冷战意识形态的强力约束，进而表现出各自阵营内部密切交往，而阵营之间孤立对抗的国际秩序。反过来，正是这种特定的国际秩序支撑着国际格局，行为规范和行为状态的改变会导致国际格局甚至国际体系的变化，例如两大阵营中苏联的行为改变和最终解体彻底改变了两极格局。综上所述，图7.3对国际

体系、国际格局和国际秩序三个核心概念的关系进行了概括。本书中对
国际秩序概念的使用虽然聚焦在主要国家的行为规范和行为状态的变
化,也考虑到其可能导致的国际格局变化,甚至在更长的时间周期里可能
诱发的国际体系变化。

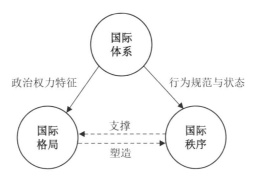

图 7.3　国际体系、国际格局与国际秩序的概念图

第二节　中美制度竞争的维度

在经济全球化和国际体系制度化的背景下,大国间的军备竞争和局
部军事冲突依然存在,但非军事化的竞争成为主要内容,这正是国际体系
无政府性及其影响在减弱、制度性在增强的直接结果。中美间的竞争不
再是单纯地获取军事上的相对优势,核威慑(确保相互摧毁的能力)、复合
相互依赖、技术进步等因素使权力竞争的范围被扩大至高科技、金融、贸
易、投资、观念等多个领域。权力竞争的形式也不仅是谋求自我实力的增
加,而更多地表现为基于实力、培育影响其他行为体的能力和关系,其中
国际制度是这种能力和关系的直接和重要形式。相关研究已广泛关注到
中美制度策略和竞争对国家权力的影响,如从"制度竞争"到"制度脱
钩"、[8]"改制"到"建制"、[9]国际到区域和国家间制度竞争等。[10]国家的国际
制度创建、改革、并行、退出等策略都具有不同的权力属性,国际制度竞争
成为国家间权力竞争的重要形式,中美制度竞争更是塑造国际关系形态
和决定国际秩序演进方式的最重要因素。[11]

中美多维度的制度联系导致了中美关系的冲突-合作复合形态。如第

四章所述,自特朗普政府以来的中美关系不是简单地表现为现实主义式的冲突关系,亦不是新自由制度主义式的"复合相互依赖",更不是理想主义的合作与和平,中美关系现状正位于两种理想模式之间,表现出了冲突-合作的复合形态。这个形态的一个重要决定因素是中美多维度的制度竞争。本书前文章节已经剖析了国际制度的三重权力属性(第三章和第六章),并定义了国际制度性权力(第五章)。在国际制度性权力的三重维度,中美已展开了较为激烈的竞争。

就作用于国际制度的权力而言,凭借强大的政治经济实力,美国通过多种手段维护或破坏既有国际制度,且多表现出了强制性和霸权属性,这些手段不同程度地导致了国际关系的冲突性。以国际货币制度为例,其是国际秩序的核心内容之一,历史上的国际秩序都伴生着特定的国际货币秩序,而霸权国家在建立和维护这种秩序时常采用强制性甚至暴力性手段。荷兰通过与西班牙的"八十年战争"最终确立了霸权,而白银本位的国际货币制度正是这一霸权的重要内容。经过西班牙与英国的大海战(1585—1604年)和英法战争等一系列冲突后,英国最终替代荷兰成为霸权国家,黄金支撑的英镑成为了国际货币。两次世界大战和其间的经济大萧条是国际货币从英镑向美元更迭的最重要外部驱动因素。对当前以美元为核心的国际货币制度,美国采用多种消极和积极的手段进行维护,甚至包括发动局部战争。对于同样由其主导创建的国际贸易制度,美国却采用了破坏性策略,如阻挠世界贸易组织争端解决机制的正常运行。此外,特朗普政府还单边退出了《巴黎气候协定》、世界卫生组织、《开放天空条约》等国际制度,增加了国际关系的冲突性。

相较美国的制度方略,中国起初主要是动用各种资源使国际组织接纳中国成为会员,学习和接受既有国际规则等,近年来开始尝试创建国际制度,如亚洲基础设施投资银行、上海合作组织等。后文第八章中对中国的国际制度策略有较为详细的论述。总体而言,美国作用于国际制度的权力更多表现出强制性和冲突性,是其利益和偏好在国际社会的表达,表现出了明显的现实主义权力观。

就通过国际制度的权力而言,美国将既有主流国际制度作为其建立和维系国际秩序的重要工具,而中国也将其视为融入国际社会、提升国际话语权的重要手段,双方在国际制度中的合作和竞争并存。战后美国重建国际秩序、锁定战后国际权力格局和国际资源分配格局、谋求利益和权力的最重要手段便是国际制度。即使偶有发生的局部军事冲突也是为了捍卫这种国际制度格局,或最终也需要通过国际制度确立军事冲突带来的权力和利益再分配。美国运用国际制度实现对外政策目标的方式也是多重的。一方面,在战后的较长时期里,美国在经贸领域的国际制度上总体保持了较为开放的态度,试图以此将更多的国家纳入到这些国际制度中。例如,有研究认为,美国为了建立和维系以美元为核心的国际货币制度,长期放任一些国家的贸易歧视政策。[12]这最终促使自由主义国际秩序下的国际经贸制度,尤其是国际货币制度和国际贸易制度真正发展成为囊括全世界绝大多数国家的国际制度。国际制度通过提供磋商平台、减少信息不对称、协调利益分歧等功能性作用增加了国家间的合作,这正是新自由制度主义国际制度观的要义所在。另一方面,一些国际制度也成为了美国采取强制性措施的重要工具。例如,美元霸权被视为美元武器,美国在经济制裁中常以国际货币制度为手段;《北大西洋条约》成为美国及其盟友实施军事措施的重要制度保障。[13]这正体现了部分新现实主义者所信奉的国际制度性权力观。

中国则更多通过国际制度表达其利益、认知和偏好,极少将其用作政策武器。这既和中国在主流国际制度中的地位和权力有关,也来源于国际制度的权力有限,更是因为中国所秉持的"构建人类命运共同体"的价值观和权力观。基于此,中美间既有美国违背国际贸易规则所引发的中美贸易摩擦,也有通过签订《中美第一阶段经贸协议》而达成了贸易合作;既有前述美国退出《巴黎气候协定》所导致的中美气候合作僵局,也有通过《中美关于在21世纪20年代强化气候行动的格拉斯哥联合宣言》而恢复的气候合作;既有因美国退出《中导条约》和《开放天空条约》给国际安全带来的隐患,也有五大拥核国家防止核战争与避免军备竞赛的合作。[14]

就来源于国际制度的权力而言,业已形成的国际制度体系赋予中美不同的组织决策权、规则制定权和规范塑造权。在美国主导建立的主要国际制度中,美国拥有了最大的话语权,在很多组织中依然保有否决权。中国是诸多国际制度的后来者,但其制度内的话语权却在不断提升,尤其是不断增加的国际组织决策权和一定程度的国际规则话语权。中美关于来源于国际制度的权力的竞争,主要表现为在推动既有国际制度改革上的博弈。中国是改革的发起者或积极呼吁者,而美国则扮演了改革的阻挠者。这正是由双方在既有国际制度中的不平衡权力和利益分配所决定的。但总体而言,在既有国际制度内,中美竞争的直接军事冲突极为少见,甚至连直接的非军事冲突和对抗都不常见,而更多表现为在制度内的间接竞争。一个典型的例子是国际货币基金组织的改革。中美对国际货币基金组织的改革有不同的立场和较大分歧,但国际货币基金组织改革总体依然依据其既定的程序和制度推进,国际制度的路径依赖效应体现十分显著,甚至国际制度开始脱离国家权力的影响,逐渐形成了相对独立的利益和发展路径,这也正是强制度主义者和理想主义者的观点。

综上所述,结合前文对权力内涵(资源、能力和关系)和国际制度性权力三重逻辑的分析,表 7.1 总结和对比了中美国际制度性权力。

表 7.1　中美国际制度性权力对比与竞争

		作用于国际制度	通过国际制度表达	源自于国际制度
美国	权力内涵 资源	最强经济和军事实力、技术水平和行业实力、国际制度人才	通过物质资源控制国际制度 通过供给人才影响国际制度	通过非中性国际制度获取资源、财富和权力
	能力	高超的国际设置议程能力、国际组织筹建能力和国际规则设计能力等	高超的地区或全球治理能力、影响国际制度的外交能力、制度内动员能力等	主导性的组织决策权、规则制定权、规范塑造权
	关系	擅于通过国家间、小多边和多边关系和博弈创建、维系或改变国际制度	通过国际制度构建地区或全球秩序、构建中心-外围国际结构	全球治理主导权、地区或国际秩序主导权
	权力实践	胁迫式创建国际制度、单边退出国际制度、无视或违背国际规则、破坏国际制度运行、阻挠国际制度改革	传播政治和经济意识形态、实施制裁、维系美国霸权和美元霸权、打压竞争对手、榨取全球财富	维系在主流国际制度中的核心地位、维护支撑自由主义国际秩序的核心制度

（续表）

			作用于国际制度	通过国际制度表达	源自于国际制度
中国	权力内涵	资源	日益增长的经济和军事实力	不断增加国际制度的资源投入、积极培育国际制度人才	通过加入国际制度获取基础性的资源、财富和权力分配
		能力	初步具备创建国际制度的经验和能力	地区治理能力增强、不断提升全球治理能力	一定的组织决策权、规则制定权、规范塑造权
		关系	凝聚共识，积极推动核心国际制度改革	构建地区周边秩序、尝试构建"一带一路"沿线秩序	全球治理的积极参与者、地区秩序的维护者
	权力实践		全面融入国际制度、尝试创建国际制度、积极推动国际制度变革	进入国际市场、融入主流国际社会、提升国际话语权	提升在主流国际制度中的地位、推动国际秩序有序变革

第三节　中美制度竞争与国际秩序变迁路径

中美国际制度竞争将在很大程度上决定国际秩序演进的方向和方式。国际秩序变迁的最根本驱动因素是国家间政治经济实力的相对变化，这是国际关系理论中权力逻辑的基本内涵。自冷战结束以来的几十年里，中国通过融入自由主义国际秩序下的主流国际制度，获得了快速发展，中美间实力差距大幅缩小。依据遵循权力逻辑的主流观点，实力差距的缩小和霸权国的地位焦虑必然导致冲突和战争。这些观点往往忽略了制度逻辑，只有将权力逻辑和制度逻辑融合，方能更好地理解国际秩序的演进，这也是本书现实制度主义理论的核心要义所在。中美制度竞争对国际秩序演进的影响，至少体现在以下三个方面。

其一，国际秩序的核心内涵是国际制度，美国维护其主导国际秩序的优先策略选择是维护或修正这些国际制度。从上文对国际秩序的界定可知，行为规范和行为状态是通过一系列制度安排确立的，国际制度在不同国家间具有差异性的利益和权力分配效应。崛起国实力的增长在很大程度上是因为其从既有国际制度中获利，中国经济高速发展的背后，除了对内的改革,对外的开放是另一个重要因素,而开放的核心内容便是通过接受国际制度而融入国际体系。最具代表性的案例是中国通过加入世界贸易组织,接受主流的国际贸易规则,进入世界贸易体系之中。除此之外,在诸多其他问题领域,中国也同样快速融入国际体系之中。即使在其实力相对较弱的国际金融体系中,中国已逐渐成为众多国际金融组织的成员,学习和接受了主流的国际金融规则,在国际金融体系中的影响力与日俱增。随着中国等新兴国家实力的提升,其便会逐步调整国际制度策略,策略调整的目的是提升其国际制度性权力。关于中国的国际制度策略,第八章有较为全面的论述。

对于霸权国美国而言,捍卫其所主导的自由主义国际秩序的首要政策选择便是修正国际制度,而非权力逻辑下的战争。对国际制度进行修正,使其可制约崛起国的持续发展,维护霸权国的利益和权力,是前特朗普政府国际制度策略的核心目标。美国退出、升级、创建和破坏国际制度等一系列对外政策便是为了实现这一目标。由此可见,国际体系制度化程度的提升改变了国家的策略选择次序,中美国际制度竞争成为国际秩序变革的重要决定因素。公元前5世纪的斯巴达缺少了这一策略选择,战争成为主要手段,但在当前的国际制度体系中,"修昔底德陷阱"的论断忽略了国际制度因素。

其二,美国在当前国际秩序的支柱性国际制度中依然占据主导性话语权,国际制度和国际秩序呈现出渐进变革的态势。如前文所提及,与国际体系相对应,美国领导的自由主义国际秩序至少有四大核心支柱:国际货币制度、国际贸易制度、国际安全制度和民主价值观念体系。其中,美国受到真正挑战的主要是国际贸易制度,尤其表现为以中国为代表的新兴国家通过国际贸易制度获得了经济快速发展,美国逐渐丧失了在国际贸易制度中的领导地位。于是,美国政府通过"瘫痪"世界贸易组织、发动贸易摩擦、升级区域贸易协定等手段尝试修正国际贸易制度。去美元化趋势增强、恐怖主义蔓延、西方民主价值观念的实践困境等因素也使得美国在其他几大支柱中的地位受到不同程度的冲击,但这尚未撼动美国在这些支柱中的绝对领导地位。由此,美国领导的自由主义国际秩序很难在短期出现"大爆炸式"的重构,中美制度竞争将成为未来较长时期内国际关系的常态,长期竞争的结果将决定国际秩序变迁的方向,而如上文所述的中美多维度制度竞争将决定国际秩序变迁的方式。

其三,即便是暴力式的秩序调整,最终也需要通过国际制度完成秩序修正或重构。制度逻辑并非完全否认暴力冲突的可能性。随着国际制度自主性的增强和美国在一些国际制度中影响力的下降,美国可能无法按其意愿修正国际制度,国际秩序危机会持续恶化,崛起国在制度竞争中逐渐获得更大的优势,这有可能诱发美国为捍卫霸权地位和推动国际制度重构的暴力冲突。"修昔底德陷阱"成为大国竞争和国际秩序变迁的一种选项,而非一种必然的结果。国际体系演进的历史充斥着无数的暴力冲突,但这些冲突不是证明权力逻辑的充分必要条件,暴力冲突是国际秩序变迁的一种方式,但不是唯一方式,而国际制度却是建构国际秩序的必要因素。正因如此,解释国际秩序变迁不一定需要解释为什么爆发冲突,但一定要解释国际制度的权力属性和大国的制度性权力博弈。

当前国际秩序变迁的方向将由中美国际制度竞争的结果所确定,国际秩序的演进结果大致有如下几种可能:美国衰落而中国未能或无意担当领导者的"领导缺失"(G0 秩序)、修正的美国式自由主义国际秩序(G1秩序)、新兴的中国特色秩序(新 G1 秩序)和中美合作的共生秩序(G2 秩序)。[15] 这几种可能的结果不是单独出现或存在的,而是有相互转化的可能,其往往是国际秩序变迁链条上的特定阶段。当前国际秩序的变迁可能会出现三条路径:(1)G1 秩序;(2)G1 秩序—G0 秩序/G2 秩序—新 G1秩序;(3)G1 秩序—G2 秩序。这几种路径都是条件性和概率性的,而非决定性的,且表现出不同的秩序变迁逻辑。

第一条路径是美国领导的自由主义国际秩序的延续,是一种秩序修正逻辑。当前国际秩序的根本基础依然是第二次世界大战结束后所建立起的一系列国际制度,但这些国际制度在过去半个多世纪中已发生了较大变化,如前文理论构建和经验分析部分所示,这些国际制度的权力属性、分配效应和自主性都有显著的变化。这使得美国领导的自由主义国际秩序也发生了变化,美国政府正极力维系其在这一秩序中的主导地位。

这一秩序变迁路径至少需要以下条件:美国能够扭转政治经济实力下滑势头(继续引领世界经济发展)、美国拥有强大的制度修正实力和能力(如对相关国际制度进行其偏好的改革)、美国对新兴国家的打压或遏制政策能够实现其国际战略目标。这种路径的冲突性和变化程度相对最小。

第二条路径表现出秩序替代的逻辑,现有国际秩序将被一种新的国际秩序所替代。当秩序危机持续恶化后,会出现两种可能的结果:一是中美都无意主导的 G0 秩序,二是中美都有意争取领导地位的 G2 秩序。在这一路径下,G0 秩序或 G2 秩序都是既有秩序向新秩序转变的过渡阶段,如两次世界大战期间英美都无意或无力领导的 G0 秩序、"八十年战争"期间西班牙和荷兰争霸而出现的 G2 秩序。无论 G0 秩序或 G2 秩序,在这种路径下,其都是一种新秩序建立前的过渡阶段,不会长期持续,这两种过渡秩序都可能呈现冲突性。此后,一种新的秩序将逐渐确立,如"八十年战争"后的荷兰霸权秩序、第二次世界大战结束后的美国霸权秩序等。对于当前国际秩序变迁而言,经历了过渡阶段之后是否会出现一种新的中国主导的秩序是相关争论的焦点。这种可能情形的出现,至少需要如下条件:美国总体实力的持续衰落、中国持续发展、中国的国际制度策略成功实施、不会发生使中美两败俱伤的大规模战争。这种路径的冲突性相对较高,尤其是在 G0 秩序和 G2 秩序的过渡阶段,主要大国间易发生暴力冲突。

第三条路径表现出秩序转型的逻辑,现有美国主导的 G1 秩序会向中美合作的共生秩序转型。这一路径下的 G2 秩序与第二条路径中作为过渡阶段的 G2 秩序不同。过渡阶段的 G2 秩序主要表现为两强争霸,而转型逻辑下的 G2 秩序是秩序变迁的结果,秩序存续更加长期,秩序状态更加稳定。这一路径至少需要如下条件:中美实力旗鼓相当、中美双方在关键问题领域中能够达成基本共识、中美都接受和维护主流国际制度等。这种路径的冲突可能性最低,但就当前情况而言,其可能出现的可能性也相对较低。

无论上述何种路径,其都与中美关系的发展直接相关,中美关系变化对国际秩序重构具有决定性的影响,[16] 国际秩序变迁将是一个长期的过程。国际秩序变迁的方式没有先验的必然结果,而是条件性地取决于多种因素和条件,其中中美国际制度竞争是一个重要的因素,并不存在"注定一战",国际秩序的和平演进具有可能性。由此,管控中美分歧,维系良性的中美关系,不仅事关中美两国,更事关国际秩序和人类发展。

注释

1. [加]阿米塔·阿查亚:《美国世界秩序的终结》,袁正清、肖莹莹译,上海:上海人民出版社 2017 年版。

2. 阎学通:《无序体系中的国际秩序》,《国际政治科学》2016 年第 1 期,第 13 页。

3. 庞珣、权家运:《回归权力的关系语境:国家社会性权力的网络分析与测量》,《世界经济与政治》2015 年第 6 期,第 39—64 页。

4. [美]珍妮特·阿布-卢格霍德著:《欧洲霸权之前:1250—1350 年的世界体系》,杜宪兵等译,北京:商务印书馆 2015 年版。

5. [德]贡德·弗兰克:《白银资本:重视经济全球化中的东方》,刘北成译,成都:四川人民出版社 2017 年版。

6. 阎学通:《无序体系中的国际秩序》,《国际政治科学》2016 年第 1 期,第 13 页。

7. G. John Ikenberry, *After Victory: Institutions, Strategic Restraint, and the Rebuilding of Order After Major Wars*, Princeton: Princeton University Press, 2001, p.45.

8. 王明国:《从制度竞争到制度脱钩:中美国际制度互动的演进逻辑》,《世界经济与政治》2020 年第 10 期,第 72—101 页。

9. 陈拯:《改制与建制之间:国际制度竞争的策略选择》,《世界经济与政治》2020 年第 4 期,第 81—109 页。

10. 赵洋:《中美制度竞争分析:以"一带一路"为例》,《当代亚太》2016 年第 2 期,第 28—57 页;汪海宝、贺凯:《国际秩序转型期的中美制度竞争:基于制度制衡理论的分析》,《外交评论(外交学院学报)》2019 年第 3 期,第 56—81 页。

11. 任琳:《"退出外交"与全球治理秩序:一种制度现实主义的分析》,《国际政治科学》2019 年第 1 期,第 84—115 页。

12. [美]弗朗西斯·加文:《黄金、美元与权力:国际货币关系的政治(1958—1971)》,严荣译,北京:社会科学文献出版社 2016 年版,第 4 页。

13. Henry Farrell and Abraham L. Newman, "Weaponized Interdependence: How Global Economic Networks Shape State Coercion," *International Security*, Vol. 44, No. 1, 2019, pp.42—79.

14. 外交部:《五个核武器国家领导人关于防止核战争与避免军备竞赛的联合声明》, https://www.mfa.gov.cn/zyxw/202201/t20220103_10478507.shtml,最后访问时间:2022 年 1 月 5 日。

15. C. Fred Bergsten, "China and the United States: The Contest for Global Economic Leadership," *China & World Economy*, Vol.26, No.5, 2018, pp.12—37.

16. Da Wei, "A Restructuring International Order and the Paradigm Shift in China—U.S. Relations," *China International Strategy Review*, No.1, 2019, pp.21—32.

第八章

中国的国际制度策略

> 知识生产者的文化人属性是鲜明的，在社会理论建构方面尤其
> 如此。他们是生活在文化体中的人，经历该文化体每日每时的实践，
> 受到该文化体背景知识的长期浸润，他们生产出来的知识也无疑会
> 带有自身文化体的烙印。[1]
>
> ——秦亚青

如秦亚青教授所言，社会理论构建恐难摆脱研究者的文化环境和价值偏好的影响，即便社会科学的理论可以是中性和无价值偏好的，运用理论进行具体经验问题的分析往往也是有目的和有偏好的。罗伯特·考克斯（Robert W. Cox）那句广为流传的经典名言"Theory is always for someone and for some purpose"（理论总是为某些人和某些目的服务）也精辟地表达了这层含义。[2]本书的现实制度主义试图成为在一定范围内具有解释力的一般性理论，为理解国际关系的变化提供了新的理论框架，为分析主要大国的国际制度策略提供了经验分析工具。但是，当将其运用到对特定国家的分析时便产生了价值偏好，本章对中国国际制度策略的分析就表现出了这种偏好，即希望中国能通过制定更有效的国际制度策略获得更多的利益和权力。虽然如此，本章所构建的国际制度策略分析框架应同样具有一般性意义，可被用于对其他国家国际制度策略的分析。

第一节　国家/制度的三层复合关系

中美国际制度性权力竞争的加剧是中国为何需要加快构建国际制度策略体系的重要现实经验背景。国际制度策略可理解为国家为维护和提升其国际制度性权力而采取的方式和方法。国际制度性权力在实践中体现为该国(权力实施国)与其他国家(权力目标国)通过国际制度而建立的间接性关系,以及该国与国际制度的直接性关系。同时,由于国际制度的非中性和其权力结构的非对称性,不同国际制度往往主要体现特定国家或国家集团的偏好,国家间国际制度性权力的竞争还间接通过国际制度间的关系体现出来。因此,从国家与国际制度间、国家间以及国际制度间三个层面出发,国际制度策略可被归纳为三个具体方面:国家与制度间权力关系、国家间通过国际制度所建立的权力关系和国际制度间的权力关系。这三个方面囊括了国家和国际制度的三种关系组合,为国际制度策略的分析提供了相关联系,但又可自成体系的三种视角。

国家如何处理与国际制度的关系是国际制度策略的第一个层面,也是最为直接的层面。第五章总结了国家获得国际制度性权力的手段,即创建、参与、改革、退出和破坏。为了分析上的简洁性,本章进一步将这五种手段合并和归纳为三大类:创建、进入和破坏,其中进入包含参与式和改革式两大类。创建是指国家主导建立新的国际制度。在多数情况下,主导建立国际制度的国家拥有更多涉及这一国际制度的制度性权力,如组织决策权和规则制定权等。进入是指国家主动融入或被动纳入到既有的国际制度中,具体可分为参与式和改革式。参与式进入是一种相对初级的形式,是指未参与国际制度创建的国家学习和接受这些国际制度。改革式进入是参与式进入的一个更高级的阶段,是指国家不仅参与国际制度,还积极谋求国际制度的改革,以推动其发展和完善,或以此为名为本国谋求更多制度性权力。破坏是使特定制度无法正常运转,从而影响与该制度相关的行为体。破坏包含了三种具体形式:退出式、阻碍式和抵制式。退出式破坏是指国家通过自动退出国际制度使其功能和作用受到负面影响,既有议程的实施受阻,共识逐渐瓦解,国际制度的合法性降低。阻碍式破坏中权力实施国不会主动退出国际制度,而是运用其在特定国际制度中的组织决策权和规则制定权等阻碍国际制度功能的正常运行或改革的推进。抵制式破坏是指权力实施国对其他国家或国家集团主导建立的国际制度进行抵制,试图破坏这些制度的创建或发展。

国家如何借助国际制度建立国家间的权力关系是国际制度策略的第二个层面。当国家运用不同策略与国际制度建立联系后,国际制度便可能成为国家间建立权力关系的工具或手段。第六章将其概括为国家实现对外政策目标的"制度方略"(institutional statecraft),并将这一方略下的具体策略通过冲突性和自利性两个相互关联的维度区分为五类:利他、合作、诱陷、强迫和排他。利他是指通过国际制度使他国获利,从而提升自己的国际制度性权力,这种策略的基本逻辑是先让利、后获利,力求双赢。合作是指在平等自愿的基础上共同创建、维系或改变国际制度,从而实现国际制度性权力的提升。相较于利他和合作这两种更加积极的策略,另外几种策略则更为侧重权力竞争。诱陷是指通过国际制度使目标国陷入相对不利的地位,从而提升自我的国际制度性权力。强迫是指通过操纵国际制度迫使目标国改变政策或行为,从而提升实施国的国际制度性权力。排他则指通过强制或非强制的方式将目标国排除国际制度,从而朝着自我有利的方向改变国际制度性权力的结构。无论策略的冲突性程度高低,这些手段的终极目标都是提升自我的国际制度性权力,这也是国际制度策略最为重要的目标。

国际制度间的关系折射出了国家的国际制度策略,是国际制度策略的第三个层面。本书将国家视为国际制度性权力的最重要主体,权力的实施国和目标国往往都是主权国家或经济体,而国际制度间竞争的直接主体是不同的国际制度。但是,出于以下两方面原因,对国际制度间关系进行单独分析具有必要性。一方面,国家间、国家与国际制度间、国际制度间的三组关系穷尽了国家与/或国际制度间的可能关系,具有逻辑上的完整性。另一方面,国际制度间的关系在很大程度上是国家与国际制度关系(第一层)和国家间制度关系(第二层)的结果和表现,仅当国际制度具有较高自主性时,国际制度间的关系才会更加独立于主权国家,如前文的创建和抵制式破坏两种策略在很大程度上表现为新旧制度间的竞争或对抗。在国际体系的制度化程度不断提升的大背景下,国际制度间的竞争愈发成为国家间权力竞争的方式和手段。因此,本书将国际制度间的不同关系也视为主权国家的国际制度策略。根据合作性程度,国际制度间的关系可分为三种:互动、竞合与对抗。

互动是国际制度间合作性程度较高的一种关系,指的是具有相似或不同宗旨和功能的国际制度,通过建立不同形式的联系,对彼此的有效性产生影响,甚至进行部分或整体式的融合,最终形成一个在特定问题领域内的松散整体。[3]与互动不同,竞合是指一种竞争与合作并存的状态,是指在宗旨、问题领域和功能等方面存在较大重叠的国际制度,一方面为提升制度的有效性和实现共同的目标而进行直接或间接的合作,但另一方面也试图获得比同类制度更多的合法性和更大的影响力。当国际制度的利益诉求发生冲突时,制度间的关系将由互动和竞合恶化成对抗。对抗是指国际制度为捍卫各自的利益和权力而相互排斥,甚至互相攻击。这种制度间关系的冲突性最高,在国际政治实践中并不常见,其往往发生在国际政治经济格局动荡期。在对抗的关系中,制度间几乎没有互动,竞争是制度间关系的常态。处于竞争中的国际制度并没有共识性的利益诉求,而是存在利益诉求的冲突。这些国际制度往往不能,或者其并不期望与彼此长期共存。

综上所述,表 8.1 对国际制度策略的三个层面进行了总结,并附之以具体的案例。

表 8.1 国际制度策略的三个层面与案例

维度	操作方式	冲突性	案　　例
主体与制度的关系	创建	低	美国主导创建联合国、国际货币基金组织、世界银行、世界贸易组织等核心国际机构,中国主导或参与创建亚投行、新发展银行(金砖银行)等新兴国际制度。
	参与式进入	低	中国成为全球金融治理相关国际机构的成员,学习和执行了主要的国际规则;中国加入世界贸易组织的谈判。
	改革式	中	二十国集团升级为领导人峰会,国际经贸规则重构和升级,中国推动国际货币基金组织改革,人民币进入特别提款权货币篮子。

维度	操作方式	冲突性	案　例
主体与制度的关系 破坏	退出式	低	特朗普政府退出了《巴黎气候协定》、《京都议定书》、《伊朗核协议》、联合国教科文组织、《跨太平洋战略经济伙伴协定》、万国邮政联盟等十多个国际组织或国际协定；新中国初期的"另起炉灶"策略。
	阻碍式	中	美国对国际货币基金组织、世界银行、国际清算银行等国际机构改革的阻碍。
	抵制式	极高	美国和日本对亚投行的态度，以及对中国"建制"行动的抵制；美国对日本成立亚洲货币基金组织的抵制。
主体间关系	利他	最低	通过国际制度的经济发展援助。
	合作	低	"一带一路"倡议下的双边合作和多边合作。
	诱陷	较低	石油美元的形成，1985年签订的《广场协议》。
	强迫	低-高	美国通过控制"环球银行间金融电讯协会"系统和"纽约清算所银行间同业支付系统"对伊朗和俄罗斯等国发起金融制裁。
	排他	低-高	"俱乐部式"或"小多边主义"贸易制度将传统多边主义贸易制度下的一些成员排除在外，美国将朝鲜从"环球银行间金融电讯协会"系统中除名。
制度间关系	互动	低	全球环境治理中的四种制度互动，全球金融治理中的制度互动与制度复合体。
	竞合	中	区域贸易制度与世界贸易组织主导建立的全球贸易制度，分别以人民币和美元为中心的货币互换网络，亚投行与其他多边开发银行。
	对抗	高	北约和华约组织，第二次世界大战中同盟国和轴心国的对抗。

　　上述三个层面共同构成了一个分析主权国家国际制度策略的框架。这三个层面的最核心区别是处于权力关系双方的行为主体不同，以及构建权力关系的主要策略不同。但是，它们也并不是相互排斥的，而是从不同的角度对国际制度策略的分类和总结，彼此密切关联，每一个层面又都可自成体系，并为国家国际制度性权力的培育和竞争提供了不同的分析视角。总结而言，如图8.1所示，国际制度策略体现在国家与/或国际制度间关系的三个层面，国家对国际制度的直接策略是第一层面，也是国际制度策略的最核心内容。国家与国家间通过国际制度建立权力关系的策略是第二层，是在第一层面国际制度策略的基础上，国际制度策略的延伸。

国际制度间关系的策略是第三层,也是国际制度策略中最间接的一层,这种策略往往是前两层策略的结果,即国家针对国际制度的策略,以及运用国际制度建立国家间关系的策略,决定了或在很大程度上影响了相关国际制度间的关系。

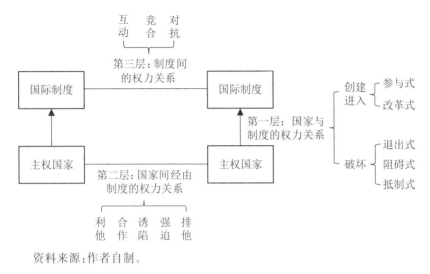

资料来源:作者自制。

图 8.1　国际制度策略的多层分析框架

第二节　构建中国国际制度策略体系的思考

上述框架提供了审视和思考中国国际制度策略的分析工具。在上述三层国际制度策略中,国家间关系的视角(第二层视角)更具强权政治的色彩,强调了国家间的权力不均衡和博弈。在这种视角下,国际制度的独立性和功能性相对被弱化。相较之下,制度间关系的视角(第三层视角)更加凸显国际制度的主体性和作用,国家成为了塑造国际制度间关系的隐性力量,不易于被直接观察和分析。因此,国家与制度间的关系(第一层视角)是一种讨论中国国际制度策略的更为直接的视角。这种视角不过度强调国家间的权力不均衡和博弈,因此不会激发或升级国家间权力竞争,同时又强调中国的主体性和国际制度的功能性,有助于中国提升国际制度性权力和国际地位。因此,下文首先着重从第一层视角分析中国的国际制度策略,然后从第二层面和第三层面出发,简要分析中国发展的制度方略和制度性权力观。

一、"改革-创建-退出"三位一体策略

新中国成立初期"另起炉灶"和"打扫干净屋子再请客"的外交战略,实质上是对当时的国际制度采用了退出式破坏的策略,其中包括退出联合国、国际货币基金组织、世界银行等国际机构和否认原南京国民政府签订的国际条约等。其核心目标并不是真正意义上破坏西方国家主导建立的国际制度,更多是为了表达政治立场和态度。在中美关系破冰之前,中国和西方主导的国际制度处于一种双向抵制的态势。一方面,在政治意识形态对抗的背景下,中国国内的政治氛围和态度总体上抵制任何西方国家主导建立的国际制度,其中便包括美国主导的国际货币制度、《关税及贸易总协定》以及安全体系等。另一方面,中国也尝试恢复在联合国、国际货币基金组织、世界银行等国际机构中的合法席位,但遭受了以美国为主的西方国家的阻挠。[4] 在中国恢复联合国合法席位、中美建交和中国重回国际货币基金组织和世界银行后,中国的国际制度策略发生了从退出式破坏到参与式进入的转变,如加入世界经济论坛(1979 年)、世界能源理事会(1983 年)和国际刑事警察组织(1984 年)。[5] 尤其在 1993 年改革开放提速之后,中国参与式进入国际制度的步伐也明显加快,标志性的事件是中国 2001 年加入世界贸易组织,正式接受主流的国际贸易制度。自此,中国全面参与了政治、经济等领域的国际制度。[6] 根据国际协会联盟(UIA)发布的《国际组织年鉴 2019—2020》,中国已加入了 5 312 个不同类型的广义国际组织,其中传统意义上的国际组织(即第 I 类)达到了 3 155 个,多边协定或政府间协议达到了 237 个。[7]

随着国内外政治经济形势的持续变化,中国参与式进入的国际制度策略悄然向改革式进入和创建策略转变。改革式进入期望通过改革使国际制度更加合理地反映世界政治经济格局的变化,提升制度有效性和合法性,同时增加中国的国际制度性权力。参与和改革两个层面的进入策略往往具有时间上的先后关系。在经历了较长时间的学习和接受后,推

动既有国际制度改革逐渐成为中国面对主要国际制度的态度和策略,如对国际货币基金组织投票权和份额改革的诉求,提出世界贸易组织改革的立场和主张,[8]对以美元为核心的国际货币体制的批评和改革贡献,[9]推动国际知识产权规则变革[10]等等。"中国方案"话语的提出便反映了中国提出自我主张和贡献智慧的态度和策略转变,"中国方案"的重要内容之一便是对国际制度改革的方案。国际制度的变革是缓慢的,既有权力结构很难在短期内得到较大幅度的调整,创建便因此成为中国表达对现有国际制度不满和提升国际制度有效性的另一策略。

创建是较(参与式和改革式)进入更为高级的国际制度策略,对国家认知凝聚、规范塑造、规则制定、议程设置等方面的能力要求更高。中国国际制度策略从进入到创建的转变,一方面是中国政治经济实力持续提升的必然结果,另一方面也是中国宏观外交战略从"韬光养晦"到"有所作为"的具体体现。创建策略更好地反映了中国对国际制度的偏好和诉求,愈发成为新兴国家表达诉求和凝聚共识的手段。自1997年中国主导建立全球性政府间的国际竹藤组织后,近年来中国主导或参与创建了亚投行、新发展银行(金砖银行)、《清迈协议》、上海合作组织等新兴国际制度。

中国国际制度策略的演进是国际格局变迁和中国政治经济发展双重作用的结果。在当前"百年未有之大变局"和中国特色社会主义新时代的国际和国内背景下,中国国际制度性权力的培育需要更加立体和多元的策略,单一的进入或创建策略都无法满足中国应对复杂国际局势的需求,综合运用不同策略方是可取之道。具体而言,中国国际制度性权力的培育可采用"改革-创建-退出"三位一体的策略。

首先,推动现有国际制度的改革(即改革式进入)在较长时期内仍将是中国国际制度策略的核心。通过改革,国际制度将更加客观地反映国际政治经济现实的变化,中国在现有国际制度内的组织决策权和规则制定权等国际制度性权力将得到相应的提升。如上所述,在经历了40余年的改革开放后,中国已与国际体系建立了密切的联系,这是参与式进入策略的结果。参与式进入是一个从局外人到局中人的过程,表现为中国与国际制度间联系的从无到有。改革式进入则是尝试从边缘向中心靠近的过程,表现为中国与国际制度间联系的深化。从参与式到改革式进入的战略转变至少可追溯至1997年亚洲金融危机后中国对国际货币基金组织等国际金融机构改革的呼吁。这一转变在2008年金融危机后更加显著,其根本原因是中国和国际政治经济形势变化速度与国际制度调整步伐的不一致。

但是,运用改革式进入的策略需要注意以下几点。其一,改革是以国际政治经济实力的变迁为基础的,追求实力增长是基本或根本目标,国际制度的调整往往是结果或手段,切勿本末倒置。实力是国际权力的基础和保障。中国对国际制度性权力的追求须以继续保障中国政治经济的持续发展为最终目标,国际制度变革本身并不是最终目的。其二,改革的对象不仅仅是如国际货币基金组织等国际机构,国际规范的调整也是重要内容,且往往调整的难度更大,产生的影响也更大。国际规范和规范塑造权力对于国家提升其国际制度性权力具有重要作用,如浮动汇率与固定汇率的规范之争,自由市场与政府干预的规范博弈,"保护的责任"与主权独立的规范冲突等等。近年来中国提出的"人类命运共同体"和"新型国际关系"便可视为改变或塑造国际规范的尝试。其三,改革是改变不合理和不公平的国际制度,但仍需维护当前主要国际制度的多边性和合法性,遏制逆全球化和大国沙文主义的崛起。在维护全球化和多边主义的前提下推动既有制度的改革,对国际体系的稳定至关重要。

其次,创建将愈发在中国国际制度策略中占据重要位置,但创建策略的运用还需谨慎,在短期内不应成为中国国际制度策略的核心。亚投行的创建是目前中国创建策略最成功的案例,提升了中国在基础设施投资方面的国际制度性话语权。但是,亚投行的成功并不意味着中国具备了大规模创建国际制度的时机和能力。制度创建易于发生在两种情形下:制度空缺和制度危机。制度空缺为制度创建带来了较高的需求和合法性,如第二次世界大战结束后国际货币体系的重建,20世纪80年代以前银行业国际监管制度的缺位等。在当前国际体系高度制度化的背景下,制度空缺的现象越发少见,制度重叠或制度冗余反而更加显著。这意味着制度创建易于诱发制度间或主导国家间的竞争。在国际秩序动荡的背景下,制度间和国家间竞争的加剧,将进一步恶化国际环境。如前文关于抵制和制度间竞合等策略的分析所示,亚投行的创建激发了主要国家间在基础设施投资领域的竞争,尤其在美日与中国之间。此外,既有制度的危机或失灵也会为创建新国际制度带来需求和合法性,亚投行的成立正是基于既有国际或区域金融机构在基础设施投资上的不足。当制度出现危机时,推动其改革往往是第一选择,只有在改革无果时,创建才会成为一种选择。

即使时机出现,制度创建需要强大的国家政治经济实力做保障,需要精心的设计和运筹,需要多方面的能力和技巧。40 余年改革开放已为中国积累了较强的经济实力和政治影响力,但是中国还依然自我定位为"发展中国家"。这说明在总体经济实力攀升的同时,中国还面临诸多内部问题,如发展不平衡、经济结构不合理、人均经济水平较低等。除了增加制度性权力,制度创建或即便只是深度融入既有国际制度,还会为主导国带来负担和责任。这些负担和责任是国家发展的表现,但与政治经济实力不相符合的负担和责任将成为发展的累赘。仅以参与国际组织的支出为例,中国 2019 年关于国际组织会费和股本金等预算高达 250.75 亿元。[11]有限度的增加创建或深度融入国际制度的投入,提升中国的国际制度性权力,可助力中国的持续发展,而不合理的投入则可能拖累中国发展。这正是关于中国承担"国际责任"和构建"负责任大国"身份诸多研究的要义所在。[12]

除了政治经济实力外,外交技巧和策略更是成功创建国际制度的必备因素。尤其对于没有绝对政治经济实力优势的国家而言,外交技巧和策略变得尤为重要。如前提及,相关研究探讨了非霸权国或小国在创建国际制度时的策略。例如,一项研究认为,崛起国成功创建国际制度并获得初始生存的关键因素是自我约束机制和国际制度的合作预期;[13]另一项研究认为非西方主导国塑造国际规范应该充分利用安全化操作增加规范合法性、充分利用规范演进(而非规范创建)的逻辑、充分利用规范间的互动关系、充分利用非西方的数量和合作优势;[14]小行为体也可通过规范制度、网络权力和过程实践创建并主导国际制度。[15]中国在创建国际制度中还需继续提升其认知凝聚、规范塑造、规则制定、议程设置等能力和技巧。在亚投行筹建过程中,这些能力和技巧的运用确实提供了成功的经验。

最后,退出也应是中国国际制度策略中的一部分,不应被忽略或避而不谈。前述进入、创建和破坏构成了国家与国际制度间关系的完整内容,中国国际制度策略同样应全面包含这三个方面的内容。创建策略实质上塑造了新的国际制度性权力来源,对国家实力和能力的要求较高,近年来已成为中国国际制度策略的重要内容。进入包含了参与式和改革式两种,改革式进入策略已发展为当前中国国际制度策略的核心。破坏包含了退出式、阻碍式和抵制式三种,其中至少"退出"策略应被纳入到中国的国际制度策略之中,其原因有三。

其一,退出可被用作一种策略,具有功能性作用,可被用于规避过度或不合理负担。不同问题领域中诸多国际制度的功能性和有效性不同,这正是中国积极推动相关国际制度改革的重要原因。[16]当特定国际制度的有效性极低时,其在政治和经济层面都会变成国家的一种负担,由此退出便是有效减轻这类负担的手段。阻碍式和抵制式破坏都易于诱发冲突和对抗,退出式破坏冲突性更低,尤其对于功能性和有效性受到极大质疑的国际制度。一些研究认为,特朗普政府的"制度收缩"或制度退出在很大程度上体现了这一逻辑。[17]根据国际协会联盟(UIA)发布的数据,在中国参与诸多国际组织中,有872个传统或非传统的国际组织处于不活跃或濒临解散的状态,这实质上变成了一种负担。[18]

其二,退出可被用作一种威慑,具有工具性作用,可用以表达诉求。大国退出国际制度会对国际制度的运行产生重要影响,正因为这种影响的存在,退出便成为了一种权力工具,既可用以表达不满,也可用于倒逼相应国际制度的改革。但是,退出威慑的有效性受限于发起国的实力和可信度。只有当行为主体在特定国际制度中具有较大影响力时,退出威慑才可能产生作用。因此,中小国家采用退出策略通常无法产生较大作用,而中国政治经济实力的攀升为其采用退出威慑策略创造了必要条件。同时,只有当行为主体的威慑具有可信度时,威慑才能发挥效用。[19]换言之,这种威慑在特定条件下需要能够切实转变为政策和实践。

其三,退出作为一种常设机制,增加了中国国际制度策略的完整性,具有战略性作用。在较长时间里,主流的政策和研究都聚焦如何进入国际制度和推动其改革,这是中国改革开放持续推进和深度融入国际体系的结果和必然。随着中国成为国际体系中的大国,制定或实施退出策略的条件更加成熟,需求愈发强烈。改革策略是争夺既有的权力,创建策略是塑造新的权力,而退出既是国际制度性权力的一种来源,也是对既有国际制度性权力进行结构性调整的一种手段。美国"退出外交"的负面影响不应是中国国际制度策略忽略"退出"的理由。相反,它给中国带来一个重要的启示:退出策略应是大国国际制度策略体系中的重要内容,不可被滥用,亦不可缺失。

二、中国发展的制度方略

上述中国处理与国际制度关系的策略及其效果决定了中国在这些国际制度中的影响力大小,从而也决定了中国的国际制度性权力大小,而这些影响力和权力可被用于实现更多的国内和对外政策目标。一个基本的共识是,国家经济实力不会自然和自动地转化为国际权力,国际权力的生成需要国家方略(statecraft)的推动。方略包含了和平和暴力两大类,和平的方略又可区分为问题领域内(如金融、贸易、军事等)和跨问题领域(如制度和观念等)。其中,制度方略便是推动中国持续发展和促进中国国际权力生成的重要方略。然而,在中国国际关系实践中,作为中国国际制度策略体系中的第二个层面,制度方略的有效使用还有待进一步提升。

总体而言,中国使用制度方略的决策意识需要进一步提升。如上文对中国与国际制度的关系演进梳理所示,在新中国成立以来的很长时期里,中国都是主流国际制度的被动学习者和接受者,一方面希望通过进入国际制度获得收益,提升国际地位,但另一方面也十分注重保持国家政策的自主性和独立性。借用科恩对权力的划分,在权力的两个维度下(自主性和影响力),中国的国际制度策略最初更多是为了增强自主性,既包括经济实力提升所带来的自主性,也包括政策层面不受外界因素干预的自主性。[20]然而,随着政治经济实力的不断攀升,通过制度方略提升影响力变得可行和必要。在诸多实现对外政策目标的方略中,制度方略相对更加易于获得国际合法性,这一点是由国际制度的特性和功能性作用所决定的。因此,中国不仅要将国际制度视为中国融入国际体系的通道,以及分享具体国际制度在特定问题领域中的功能性作用所带来收益的途径,更应主动将其视为政策工具,实现中国的对外政策目标。

在既有制度方略中,中国更偏好积极策略,尤其是利他和合作。利他虽然并不是一种长期和常见的制度方略,但在中国追求国际地位和培育道义领导力的道路上,却将是一种重要的制度方略,尤其是在援助、减贫、疾病防控等规范性属性很强的领域中,构建双边或多边制度的各方实力差距往往较大,通过建立利他性的国际制度更有利于相关问题的治理和中国道义性国际制度性权力的提升。合作策略是中国最常使用的制度方略,即通过平等协商构建制度性的国家间关系。这种策略在新中国成立后的较长时期里表现为中国谋求自我在主流国际制度中的平等合作地位,也即上文提及的自主性策略,而后逐渐发展成中国主动构建国家间国际制度关系的基本原则,"人类命运共同体""新型国际关系""一带一路国际合作倡议"都是在合作基础上构建双边和多边关系的中国理念,其中制度性关系是双边和多边关系中的重要一类。

但与此同时,偏消极性的制度方略也应得到关注,且在不同情况下酌情使用。这一点与上述中国适当采取国际制度退出策略的逻辑是一样的,诸如诱陷、强迫和排他等消极性制度方略并非在中国的制度方略体系中毫无作用,或作用完全是负面的。在激烈的国家间竞争中,尤其是面对强国或霸权国的打压时,这些制度方略是有效的反制政策工具,可用于表达自我立场和捍卫自我利益。无论是在传统国际制度的变迁中(如联合国、世界贸易组织和国际货币基金组织等改革),还是在新国际制度的构建中(如亚投行),主要国家间的竞争甚至对抗,从未停止,而竞争和对抗的策略也是消极与积极并存。例如,中国恢复在联合国等国际机构中的合法席位绝不仅仅是中国利他和合作策略的结果;亚投行的成立也不单纯是利他和合作策略的结果,而是处不同角色的国家采用不同策略博弈的结果,这些策略被概括为"制度制衡";[21]中国推动"一带一路"倡议一直以平等合作为基本原则,且并不直接追求其制度化发展,但却被认为激发了中美间的制度竞争,而在中美制度竞争中,中美双方采用的制度方略包含了积极和消极策略。[22]由此也可见,消极策略对于制度方略体系的完整性和有效性具有战略性的意义。

三、中国的"制度性权力观"与国际秩序的未来

国际秩序的核心支柱是国际制度,不同问题领域内的国际制度和跨领域的一般性国际制度共同塑造了特定的国际秩序,如第二次世界大战后美国在安全、金融、贸易等领域所构建的国际制度,塑造了战后美国领导的自由主义国际秩序。大国间的竞争在本质上是实力和能力的竞争,实力强调客观的物质层面,能力侧重主观能动性层面。但是,在经济全球化和国际体系日益制度化的背景下,竞争的方式却发生较大变化,国际制度竞争成为大国权力角逐的重要方式,无论是暴力的战争,还是非暴力的"冷战",竞争的结果都将以国际制度的形式确立下来,这一点在第二次世界大战结束后的国际秩序重建中就已清晰显现。由此可知,国际秩序的变迁将表现为主流国际制度的变革,国际制度变革的方式便将极大影响国际制度演进的方式。

国际制度和国际秩序将以何种方式演进,取决于主要大国的"制度性权力观"。国家处理与国际制度的策略和国家通过国际制度建立国家间关系的策略,都会最终表现为不同国际制度间的互动和博弈,也综合形成了一国的"制度性权力观",即对国际制度性权力的来源、获取权力的目的和运用权力的方式等方面内容的系统看法。如果主要大国通过作用于国际制度的权力,强行改变国际制度,国际秩序的变迁将显现出暴力革命的方式,呈现出库恩式"范式变迁",而如果大国通过制度方略或利用源自国际制度的权力,试图重塑国际制度,国际秩序的变迁会在既有制度内发生,可能同样显现出大国间的竞争性,但这种竞争未必是冲突性和暴力性的。因此,大国的国际制度策略和由此呈现出的国际制度竞争,不仅事关各自的实力和地位,更关乎国际体系的稳定和国际秩序的演进方式。

中国在前述两个层次上的国际制度策略将决定中国在国际制度博弈中的角色,也由此塑造了中国的制度性权力观和中国在未来国际秩序中的作用。中国奉行的"人类命运共同体""不称霸""不结盟""新型国际关系"的理念和战略体现出了和平导向和合作导向的国际权力观。这种权力观也很好地在中国的国际制度策略中体现出来,如积极参与主流国际制度中,接受主要国际规则,在国际组织中主张大小国家的一律平等,多以利他和合作的国际制度策略构建双边和多边的国家间关系等。但是,正如上文所述,这种权力观并不意味着中国应该完全放弃冲突性和强制性策略,而应建立更加完整的国际制度策略体系。中国国际制度策略的终极目的既是维系自身安全和可持续发展,更是维护国际体系的稳定,推动国际秩序的和平演进。

注释

1. 秦亚青:《中国国际关系理论的发展与贡献》,《外交评论(外交学院学报)》2019 年第 6 期,第 5 页。

2. Robert W. Cox, "Social Forces, States and World Orders: Beyond International Relations Theory," *Millennium—Journal of International Studies*, Vol.10, No.126, 1981, p.28.

3. Oran R. Young, *The Institutional Dimensions of Environmental Change: Fit, Interplay, and Scale*, MA: MIT Press, 2002, p.23; Oran R. Young, *Governance in World Affairs*, Ithaca and London: Cornell University Press, 1999, pp.165—172.

4. 凌胜利:《从"参与者"到"建设者":中国参与国际政治安全体系的进程分析》,《和平与发展》2016 年第 4 期,第 8—9 页。

5. 李晓燕:《中国国际组织外交的历史发展与自主创新》,《东北亚论坛》2020 年第 2 期,第 61 页。

6. 张发林:《全球金融治理与中国》,北京:中国人民大学出版社 2020 年版;凌胜利:《从"参与者"到"建设者":中国参与国际政治安全体系的进程分析》,《和平与发展》2016 年第 4 期,第 12 页;李巍:《历史进程中的国际经济制度与中国的角色》,《当代世界》2019 年第 10 期,第 10—16 页。

7. Union of International Associations, "Yearbook of International Organizations 2019—2020," June 20, 2019, https://uia.org/sites/uia.org/files/misc_pdfs/pubs/yb_2019_vol2_lookinside.pdf,最后访问时间:2020 年 6 月 19 日。

8. 全毅:《各国 WTO 改革方案比较与中国因应策略》,《亚太经济》2019 年第 6 期,第 110—117 页。

9. 张发林:《全球货币治理的中国效应》,《世界经济与政治》2019 年第 8 期,第 96—126 页。

10. 赵龙跃:《制度性权力:国际规则重构与中国策略》,北京:人民出版社 2016 年版,第 195—196 页。

11. 中华人民共和国财政部:《关于 2019 年中央本级支出预算的说明》,2019 年 3 月 29 日,http://yss. mof. gov. cn/2019zyczys/201903/t20190329_3209191. htm,最后访问时间: 2022 年 6 月 19 日。

12. 卢静:《国际责任与中国外交》,《国际问题研究》2019 年第 5 期,第 20—36 页;赵洋: 《纵向建构与中国负责任大国身份的形成》,《世界经济与政治》2016 年第 7 期,第 108— 130 页。

13. 刘玮:《崛起国创建国际制度的策略》,《世界经济与政治》2017 年第 9 期,第 84— 106 页。

14. 潘亚玲:《国际规范生成:理论反思与模型建构》,《欧洲研究》2019 年第 5 期,第 66— 67 页。

15. 魏玲:《小行为体与国际制度:亚信会议、东盟地区论坛与亚洲安全》,《世界经济与政 治》2014 年第 5 期,第 85—100 页。

16. 王明国:《国际制度的有效性:研究现状、路径方法与理论批评》,《欧洲研究》2011 年 第 2 期,第 30—45 页。

17. 温尧:《退出的政治:美国制度收缩的逻辑》,《当代亚太》2019 年第 1 期,第 4— 37 页。

18. Union of International Associations, "Yearbook of International Organizations 2019— 2020," June 20, 2019, https://uia. org/sites/uia. org/files/misc_pdfs/pubs/yb_2019_vol2_ lookinside. pdf,最后访问时间:2020 年 6 月 19 日。

19. Thomas C. Schelling, *The Strategy of Conflict*, Cambridge and London: Harvard University Press, 1980, pp.10—12.

20. Benjamin J. Cohen, *Currency Power: Understanding Monetary Rivalry*, Princeton: Princeton University Press, 2015, p.30.

21. 贺凯、冯惠云、魏冰:《领导权转移与全球治理:角色定位、制度制衡与亚投行》,《国际 政治科学》2019 年第 3 期,第 31—59 页。

22. 赵洋:《中美制度竞争分析——以"一带一路"为例》,《当代亚太》2016 年第 2 期,第 28—57 页。

参考文献

一、英文参考文献

Adrian Bazbauers，"The World Bank as a Development Teacher，" *Global Govern-ance*，Vol.22，No.3，2016，pp.409—426.

Alessandro Colombo，"The 'Realist Institutionalism' of Carl Schmitt，" in Louiza Od-ysseos and Fabio Petito，eds.，*The International Political Thought of Carl Schmitt：Terror，Liberal War and the Crisis of Global Order*，London and New York：Routledge，2007，pp.33—47.

Alexander Cooley，"Contested Contracts：Rationalist Theories of Institutions in American IPE，" in Mark Blyth ed.，*Routledge Handbook of International Po-litical Economy（IPE）：IPE as a Global Conversation*，London and New York：Routledge，2008，pp.48—61.

Alexander Wendt，"Anarchy is What States Make of It：the Social Construction of Power Politics，" *International Organization*，Vol.46，No.2，1992，pp.391—425.

Allison Carnegie，"States Held Hostage：Political Hold-Up Problems and the Effects of International，" *American Political Science Review*，Vol.108，No.1，2014，pp.54—70.

Anders Wivel and T. V. Paul eds.，*International Institutions and Power Politic：Bridging the Divide*，Washington D.C.：Georgetown University Press，2019.

Anders Wivel and T. V. Paul，"Exploring International Institutions and Power Poli-tics，" in Anders Wivel and T. V. Paul eds.，*International Institutions and Pow-er Politics：Bridging the Divide*，Washington，D.C.：Georgetown University Press，2019，pp.3—19.

Andreas Hasenclever，Peter Mayer and Volker Rittberger，*Theories of International Regimes*，Cambridge：Cambridge University Press，1997.

Andrew Yeo，"Not in Anyone's Backyard：The Emergence and Identity of a Transna-tional Anti-Base Network，" *International Studies Quarterly*，Vol.53，No.3，2009，pp.571—594.

Armen Alchian and Harold Demsetz，"The Property Rights Paradigm，" *Journal of*

Economic History，Vol.33，No.1，1973，pp.316—327.

Audie Klotz，*Norms in International Relations：The Struggle Against Apartheid*，Ithaca and London：Cornell University Press，1999.

B. S. Chimni，"International Institutions Today：An Imperial Global State in the Making，" *European Journal of International Law*，Vol.15，No.1，2004，pp.1—37.

Barbara Koremenos，Charles Lipson and Duncan Snidal，"The Rational Design of International Institutions，" *International Organization*，Vol. 55，No. 4，2001，pp.761—799.

Bas Arts，Math Noortmann and Bob Reinalda eds.，*Non-State Actors in International Relations*，Burlington：Ashgate Pub Ltd，2001.

Benjamin J. Cohen，*Currency Power：Understanding Monetary Rivalry*，Princeton：Princeton University Press，2015.

Benjamin J. Cohen，"The Benefits and Costs of an International Currency：Getting the Calculus Right，" *Open Economies Review*，Vol.23，No.1，2012，pp.13—31.

Bernhard Zangl，"Judicialization Matters！ A Comparison of Dispute Settlement Under GATT and the WTO，" *International Studies Quarterly*，Vol.52，No.4，2008，pp.825—854.

Beth A. Simmons and Lisa L. Martin，"International Organizations and Institutions，" in Walter Carlsnaes，Thomas Risse and Beth A. Simmons eds.，*Handbook of International Relations*，London，Thousand Oaks and New Delhi：Sage Publications，2006，pp.192—211.

Beth A. Simmons，"The International Politics of Harmonization：The Case of Capital Market Regulation，" *International Organization*，Vol. 55，No. 3，2001，pp.589—620.

C. Fred Bergsten，"China and the United States：The Contest for Global Economic Leadership，" *China & World Economy*，Vol.26，No.5，2018，pp.12—37.

Cai Fang，Ross Garnaut and Ligang Song，"40 Years of China's Reform and Development：How Reform Captured China's Demogaphic Dividend，" in Ross Garnaut，Ligang Song and Cai Fang eds.，*China's 40 Years of Reform and Development 1978—2018*，Canberra：Australian National University Press，2018，pp.5—26.

Carolina Milhorance and Folashade Soule-Kohndou，"South-South Cooperation and Change in International Organizations，" *Global Governance*，Vol. 23，No. 3，2017，pp.461—481.

Caroline Fehl，"Unequal Power and the Institutional Design of Global Governance：the Case of Arms Control，" *Review of International Studies*，Vol.40，No.3，2014，pp.505—531.

Christina J. Schneider，"Weak States and Institutionalized Bargaining Power in International Organizations，" *International Studies Quarterly*，Vol.55，No.2，2011，pp.331—355.

Christopher Layne，"Preventing the China-U.S. Cold War from Turning Hot，" *Chi-*

nese *Journal of International Politics*, Vol.13, No.3, 2020, pp.343—385.

Christopher Marcoux and Johannes Urpelainen, "Non-compliance by Design: Moribund Hard Law in International Institutions," *Review of International Organizations*, Vol.8, No.2, 2012, pp.163—191.

Colin Hay, "Constructivist Institutionalism," in R. A. W. Rhodes, Sarah S. Binder and Bert A. Rockman eds., *Oxford Handbook of Political Institutions*, Oxford: Oxford University Press, 2006, pp.56—74.

Daniel Beland and Robert Henry Cox, "Ideas and Politics," in Daniel Beland and Robert Henry Cox, *Ideas and Politics in Social Science Research*, Oxford: Oxford University Press, 2010, pp.3—24.

David A. Baldwin, "Power and International Relations," in Walter Carlsnaes, Thomas Risse and Beth A. Simmons eds., *Handbook of International Relations (second edition)*, Los Angeles et al.: Sage Publications, 2013, pp.273—297.

David A. Lake, *Hierarchy in International Relations*, Ithaca and London: Cornell University Press, 2009.

David A. Lake, "Theory is Dead, Long Live Theory: The End of the Great Debates and the Rise of Eclecticism in International Relations," *European Journal of International Relations*, Vol.19, No.3, 2013, pp.567—587.

David A. Lake, "Why 'isms' Are Evil: Theory, Epistemology, and Academic Sects as Impediments to Understanding and Progress," *International Studies Quarterly*, Vol.55, No.2, 2011, pp.465—480.

David A. Parker and Daniel G. Sofio, "U.S. Economic Statecraft, Homeland Security, and the Trans-Pacific Partnership," in Martin J. Alperen ed., *Foundations of Homeland Security: Law and Policy (second edition)*, Hoboken: John Wiley & Sons, 2017, pp.439—442.

David M. Lampton, "Reconsidering U.S.-China Relations: From Improbable Normalization to Precipitous Deterioration," *Asia Policy*, Vol. 14, No. 2, 2019, pp.43—60.

David M. Mccourt, "Practice Theory and Relationalism as the New Constructivism," *International Studies Quarterly*, Vol.60, No.3, 2016, pp.475—485.

David Shambaugh, "U.S.-China Rivalry in Southeast Asia: Power Shift or Competitive Coexistence?" *International Security*, Vol.42, No.4, 2018, pp.85—127.

Da Wei, "A Restructuring International Order and the Paradigm Shift in China-U.S. Relations," *China International Strategy Review*, Vol. 1, No. 1, 2019, pp.21—32.

Dennis C. Mueller, *Public Choice II*, Cambridge: Cambridge University Press, 1989.

Edward D. Mansfield and Eric Reinhardt, "International Institutions and the Volatility of International Trade," *International Organization*, Vol. 62, No. 4, 2008, pp.621—652.

Edward Hallett Carr, *The Twenty Years' Crisis 1919—1939: An Introduction to the Study of International Relations*, London: Macmillan & Co. Ltd., 1946.

Elizabeth Lapovsky Kennedy, "Socialist Feminism: What Difference Did It Make to the History of Women's Studies?" *Feminist Studies*, Vol. 34, No. 3, 2008, pp.497—525.

Eric Helleiner, "What's Been Missing from Conventional Histories of Bretton Woods?" in Giles Scott-Smith and J. Simon Rofe eds., *Global Perspectives on the Bretton Woods Conference and the Post-War World Order*, New York: Palgrave Macmillan, 2017, pp.17—34.

Evan S. Medeiros, "The Changing Fundamentals of U.S.-China Relations," *The Washington Quarterly*, Vol.42, No.3, 2019, pp.93—119.

Falin Zhang, "Holism Failure: China's Inconsistent Stances and Consistent Interests in Global Financial Governance," *Journal of Contemporary China*, Vol. 26, No.105, 2017, pp.369—384.

Fariborz Moshirian, "Globalisation and the Role of Effective International Institutions," *Journal of Banking & Finance*, Vol.31, No.6, 2007, pp.1579—1593.

Friedrich Kratochwil and John G. Ruggie, "International Organization: A State of the Art on an Art of the State," *International Organization*, Vol.40, No.4, 1986, pp.753—775.

G. John Ikenberry, *After Victory: Institutions, Strategic Restraint, and the Rebuilding of Order After Major Wars*, Princeton: Princeton University Press, 2001.

Geoffrey M. Hodgson, "What are Institutions?" *Journal of Economic Issues*, Vol.40, No.1, 2006, pp.1—25.

Gregory Shaffer, "Governing the Interface of U.S.- China Trade Relations," *American Journal of International Law*, Vol.115, No.4, pp.622—670.

Harold Demsetz, "Towards a Theory of Property Rights," *American Economic Review*, Vol.57, No.2, 1967, pp.347—359.

Hay Colin, "Constructivist Institutionalism," in R. A. W. Rhodes, Sarah S. Binder and Bert A. Rockman eds., *Oxford Handbook of Political Institutions*, Oxford: Oxford University Press, 2006, pp.56—74.

Hay Colin, "The 'Crisis' of Keynesianism and the Rise of Neoliberalism in Britain: an ideational Institutionalist Approach," in John L. Campbell and Ove Kaj Pedersen eds., *The Rise of NeoLiberalism and Institutional Analysis*, Princeton: Princeton University Press, 2001, pp.191—218.

Henry Farrell and Abraham L. Newman, "Weaponized Interdependence: How Global Economic Networks Shape State Coercion," *International Security*, Vol. 44, No.1, 2019, pp.42—79.

Ilias Kouskouvelis and Kyriakos Mikelis, "Institutions and International Political Economy: Realist Readings of International Regimes," in Spyros Vliamos and Michel S. Zouboulakis, eds., *Institutionalist Perspectives on Development: A Multidis-*

ciplinary Approach，Cham：Plagrave Macmillan，2018，pp.191—209.

J. Martin Rochester，"The Rise and Fall of International Organization as a Field of Study," *International Organization*，Vol.40，No.4，1986，pp.777—813.

J. Samuel Barkin and Laura Sjoberg，*International Relations' Last Synthesis？ Decoupling Constructivist and Critical Approaches*，New York：Oxford University Press，2019.

J. Samuel Barkin，*International Organization：Theories and Institutions(second edition)*，New York：Palgrave Macmillan，2013.

J. Samuel Barkin，"Realist Constructivism," *International Studies Review*，Vol.5，No.3，2003，pp.325—342.

Jack Donnelly，"Sovereign Inequalities and Hierarchy in Anarchy：American Power and International Society," *European Journal of International Relations*，Vol.12，No.2，2006，pp.139—170.

James Fearon and Alexander Wendt，"Rationalism v. Constructivism：A Skeptical View," in Walter Carlsnaes，Thomas Risse，and Beth Simmons，eds.，*Handbook of International Relations*. London，UK：Sage，2002，pp.52—72.

James G. March and Johan P. Olsen，*Rediscovering Institutions：The Organisational Basis of Politics*，New York：The Free Press，1989.

James G. March and Johan P. Olsen，"The New Institutionalism：Organizational Factors in Political Life," *The American Political Science Review*，Vol.78，No.3，1984，pp.734—749.

Jay Goodliffe et al.，"Dependence Networks and the International Criminal Court," *International Studies Quarterly*，Vol.56，No.1，2012，pp.131—147.

Jayne Huckerby，"Feminism and International Law in the Post 9/11 Era," *Fordham International Law Journal*，Vol.39，No.3，2016，pp.533—590.

Jeffrey M. Chwieroth，"Normative Change from Within：The International Monetary Fund's Approach to Capital Account Liberalization," *International Studies Quarterly*，Vol.52，No.1，2008，pp.129—158.

Jeffrey T. Checkel ed.，*International Institutions and Socialization in Europe*，Cambridge：Cambridge University Press，2007.

Jeffrey T. Checkel，"Theoretical Pluralism in IR：Possibilities and Limits," in Walter Carlsnaes，Thomas Risse and Beth A. Simmons eds.，*Handbook of International Relations*，Los Angeles：Sage，2013，pp.226—227.

Jeffrey W. Legro and Andrew Moravcsik，"Is Anybody Still a Realist？" *International Security*，Vol.24，No.2，1999，pp.5—55.

Jeffry A. Frieden，David A. Lake and Kenneth A. Schultz，*World Politics：Interests，Interactions，Institutions(third edition)*，New York：W. W. Norton & Company，2015.

Jitendra Mohan，"Parliamentary Opinions on the Suez Crisis in Australia and New Zealand," *International Studies*，Vol.2，No.1，1960，pp.60—79.

John Duffield, "What Are International Institutions?" *International Studies Review*, Vol.9, No.1, 2007, pp.1—22.

John Gerard Ruggie, "International Responses to Technology: Concepts and Trends," *International Organization*, Vol.29, No.3, 1975, pp.557—583.

John J. Mearsheimer, "The False Promise of International Institutions," *International Security*, Vol.19, No.3, 1994—1995, pp.5—49.

John-ren Chen, "Fair Distribution of Welfare Gain: Application of the Equity Principle in Forming International Institutions," *Progress in Development Studies*, Vol.9, No.4, 2009, pp.285—295.

John Ruggie, Constructing the World Polity: Essays on International Institutionalization, New York: Routledge, 1998.

John W. McArthur and Eric Werker, "Developing Countries and International Organizations: Introduction to the special issue," *Review of International Organizations*, Vol.11, No.2, 2016, pp.155—169.

John W. Meyer et al., "World Society and the Nation-State," *American Journal of Sociology*, Vol.103, No.1, 1997, pp.144—181.

John W. Meyer, "Reflections on Institutional Theories of Organizations," in Royston Greenwood et al., eds., *The SAGE Handbook of Organizational Institutionalism*, Los Angeles, London: Sage, 2008, pp.790—811.

John W. Meyer, "World Society, Institutional Theories, and the Actor," *Annual Review of Sociology*, Vol.36, No.1, 2010, pp.1—20.

Joseph Jupille, James A. Caporaso and Jeffrey T. Checkel, "Integrating Institutions: Rationalism, Constructivism, and the Study of the European Union," *Comparative Political Studies*, Vol.36, No.1—2, 2003, pp.7—40.

Joseph S. Nye and Robert O. Keohane, "Transnational Relations and World Politics: An Introduction," *International Organization*, Vol.25, No.3, 1971, pp.329—349.

Judith Goldstein and Robert O. Keohane eds., *Ideas and Foreign Policy: Beliefs, Institutions and Political Change*, Ithaca: Cornell University Press, 1993.

Jue Zhang and Jin Xu, "China-U.S. Strategic Competition and the Descent of A Porous Curtain," *Chinese Journal of International Politics*, Vol.14, No.3, 2021, pp.321—352.

Kai He, "Does ASEAN Matter? International Relations Theories, Institutional Realism, and ASEAN," *Asian Security*, Vol.2, No.3, 2006, pp.189—214.

Kai He, *Institutional Balancing in the Asia Pacific: Economic Interdependence and China's Rise*, New York: Routledge, 2009.

Karen L. Remmer, "Theoretical Decay and Theoretical Development: The Resurgence of Institutional Analysis," *World Politics*, Vol.50, No.1, 1997, pp.34—61.

Kathleen Thelen and Sven Steinmo, "Historical Institutionalism in Comparative Perspective," in Sven Steinmo, Kathleen Thelen and Frank Longstreth, eds.,

Structuring Politics: *Historical Institutionalism in Comparative Analysis*, Cambridge: Cambridge University Press, 1992, pp.1—31.

Kenneth A. Shepsle, "Studying Institutions: Some Lessons From the Rational Choice Approach," *Journal of Theoretical Politics*, Vol.1, No.2, 1989, pp.131—147.

Kenneth N. Waltz, *Theory of International Politics*, Reading, Mass.: Addison Wesley Publishing Company, 1979.

Kirsten Haack, "Breaking Barriers? Women's Representation and Leadership at the United Nations," *Global Governance*, Vol.20, No.1, 2014, pp.37—54.

Kristen Intemann, "25 Years of Feminist Empiricism and Standpoint Theory: Where Are We Now?" *Hypatia*: *A Journal of Feminist Philosophy*, Vol.25, No.4, 2010, pp.778—796.

Larry Laudan, *Beyond Positivism and Relativism*: *Theory*, *Method*, *and Evidence*, Boulder: Westview Press, 1996.

Lauge N. Skovgaard Poulsen, "Bounded Rationality and the Diffusion of Modern Investment Treaties," *International Studies Quarterly*, Vol.58, No.1, 2014, pp.1—14.

Laura J. Shepherd, "Power and Authority in the Production of United Nations Security Council Resolution 1325," *International Studies Quarterly*, Vol.52, No.2, 2008, pp.383—404.

Leonardo Baccini and Johannes Urpelainen, *Cutting the Gordian Knot of Economic Reform*: *When and How International Institutions Help*, Oxford: Oxford University Press, 2015.

Leonardo Baccini and Mathias Koenig-Archibugi, "Why do States Commit to International Labor Standards?" *World Politics*, Vol.66, No.3, 2014, pp.446—490.

Leonardo Baccini and Soo Yeon Kim, "Preventing Protectionism: International Institutions and Trade Policy," *Review of International Organizations*, Vol.7, No.4, 2012, pp.369—398.

Leon Pompa, eds. & trans., *Vico*: *The First New Science*, Cambridge and Singapore: Cambridge University Press, 2002.

Lisa L. Martin and Beth A. Simmons eds., *International Institutions*: *An International Organization Reader*, Cambridge and London: The MIT Press, 2001.

Lisa L. Martin and Beth A. Simmons, "Theories and Empirical Studies of International Institutions," *International Organization*, Vol.52, No.4, 1998, pp.729—757.

Lisa Martin, "Interests, Power, and Multilateralism," *International Organization*, Vol.46, No.4, 1992, pp.765—792.

Luis Simón, "Between Punishment and Denial: Uncertainty, flexibility, and U.S. military strategy toward China," *Contemporary Security Policy*, Vol.41, No.3, 2020, pp.361—384.

Malcolm Rutherford, *Institutions in Economics: The Old and the New Institutionalism*, Cambridge: Cambridge University Press, 1994.

Mancur Olson, *The Logic of Collective Action*, Cambridge: Harvard University Press, 1971.

Mancur Olson, *The Rise and Decline of Nations*, New Haven: Yale University Press, 1982.

Marc A. Levy, Oran R. Young and Michael Zurn, "The Study of International Regimes," *European Journal of international Relations*, Vol.1, No.3, 1995, pp.267—330.

Margrit Shildrick, Leaky Bodies and Boundaries: Feminism, Postmodernism and (Bio) ethics, London: Routledge, 1997.

Mark Blyth, *Great Transformations*, New York: Cambridge University Press, 2002.

Mark S. Copelovitch and David Ohls, "Trade, Institutions, and the Timing of GATT/WTO Accession in Post-colonial States," *Review of International Organizations*, Vol.7, No.1, 2012, pp.81—107.

Martha Finnemore and Kathryn Sikkink, "International Norm Dynamics and Political Change," *International Organization*, Vol.52, No.4, 1998, pp.887—917.

Martin Wight, "Why is There No International Theory?" in James Der Derian eds., *International Theory*, London: Palgrave Macmillan, 1995, pp.15—35.

Mary C. Brinton and Victor Nee, eds., *The New Institutionalism in Sociology*, Stanford: Stanford University Press, 2001.

Michael Barnett and Raymond Duvall, "Power in International Politics," *International Organization*, Vol.59, No.1, 2005, pp.39—75.

Michael Brecher, "International Studies in the Twentieth Century and Beyond: Flawed Dichotomies, Synthesis, Cumulation," *International Studies Quarterly*, Vol.43, No.42, 1999, pp.213—264.

Michael C. Jensen and William H. Meckling, "Theory of the Firm: Managerial Behaviour, Agency Costs, and Ownership Structure," *Journal of Financial Economics*, Vol.3, No.4, 1976, pp.305—360.

Michael N. Barnett and Martha Finnemore, "The Politics, Power, and Pathologies of International Organizations," *International Organization*, Vol.53, No.4, 1999, pp.699—732.

Michael Nacht, Sarah Laderman and Julie Beeston, *Strategic Competition in China-U.S. Relations*, Livermore Papers on Global Security No.5, 2018.

Micheal Brecher, "International Studies in the Twentieth Century and beyond: Flawed Dichotomies, Synthesis, Cumulation: ISA Presidential Address," *International Studies Quarterly*, Vol.43, No.2, 1999, pp.213—264.

Millennium-Journal of International Studies, Vol. 10, No. 126, 1981, pp. 126—155.

Minghao Zhao, "Is a New Cold War Inevitable? Chinese Perspectives on U.S.-China

Strategic Competition," *Chinese Journal of International Politics*, Vol. 12, No. 3, 2019, pp. 371—394.

Moonhawk Kim, "Costly Procedures: Divergent Effects of Legalization in the GATT/WTO Dispute Settlement Procedures," *International Studies Quarterly*, Vol. 52, No. 3, 2008, pp. 657—686.

Morton A. Kaplan, "An Introduction to the Strategy of Statecraft," *World Politics*, Vol. 4, No. 4, 1952, pp. 548—576.

Navroz K. Dubash, "Global Norms Through Global Deliberation? Reflections on the World Commission on Dams," *Global Governance*, Vol. 15, No. 2, 2009, pp. 219—238.

Nicholas Khoo, "Deconstructing the ASEAN Security Community: A Review Essay," *International Relations of the Asia-Pacific*, Vol. 4, No. 1, 2004, pp. 35—46.

Nicholas Onuf, "Institutions, Intentions and International Relations," *Review of International Studies*, Vol. 28, No. 2, 2002, pp. 211—228.

Nigel D. White and Richard Collins eds., *International Organizations and the Idea of Autonomy: Institutional Independence in the International Legal Order*, London and New York: Routledge, 2011.

Nina Tannenwald, "Ideas and Explanation: Advancing the Theoretical Agenda," *Journal of Cold War Studies*, Vol. 7, No. 2, 2005, pp. 13—42.

Ole Waver, "The Rise and Fall of the Inter-paradigm Debate," in Steve Smith et al., eds., *Internatioanl Theory: Positivism and Beyond*, Cambridge: Cambridge Unviersity Press, 1996.

Oliver E. Williamson, *The Economic Institutions of Capitalism*, New York: Free Press, 1985.

Oran R. Young, *Governance in World Affairs*, Ithaca and London: Cornell University Press, 1999, pp. 165—172.

Oran R. Young, *International Cooperation: Building Regimes for Natural Resources and the Environment*, Ithaca: Cornell University Press, 1989.

Oran R. Young, "International Regimes: Toward a New Theory of Institutions," *World Politics*, Vol. 39, No. 1, 1986, pp. 104—122.

Oran R. Young, *The Institutional Dimensions of Environmental Change: Fit, Interplay, and Scale*, MA: MIT Press, 2002, p. 23.

Paul Poast and Johannes Urpelainen, "How International Organizations Support Democratization: Preventing Authoritarian Reversals or Promoting Consolidation?" *World Politics*, Vol. 67, No. 1, 2015, pp. 72—113.

Peter A. Hall and Rosemary C. R. Taylor, "Political Science and the Three New Institutionalisms," *Political Studies*, Vol. 44, No. 5, pp. 936—957.

Peter M. Haas, "Introduction: Epistemic Communities and International Policy Coordination," *International Organization*, Vol. 46, No. 1, 1992, pp. 1—35.

Peters, B. Guy, *Institutional Theory in Political Science*, Cheltenham, UK: Edward Elgar Publishing, 2019.

Pierre Charron, *Of Wisdom: Three Books*, George Stanhope trans., London: Printed for R. Bonwick etc., 1707.

R. A. W. Rhodes, "Old Institutionalisms an Overview", in Robert E. Goodin, *The Oxford Handbook of Political Science*, Oxford: Oxford University Press, 2011, pp.141—158.

Rachel Minto and Lut Mergaert, "Gender Mainstreaming and Evaluation in the EU: Comparative Perspectives from Feminist Institutionalism," *International Feminist Journal of Politics*, Vol.20, No.2, 2018, pp.204—220.

Randall L. Schweller and David Priess, "A Tale of Two Realisms: Expanding the Institutions Debate," *Mershon International Studies Review*, Vol. 41, No. 1, 1997, pp.1—32.

Richard Devetak, "Postmodernism," in Scott Burchill et al., *Theories of International Relations(third edition)*, New York: Palgrave McMillan, 2011, pp.161—187.

Richard K. Ashley, "The Poverty of Neorealism," *International Organization*, Vol. 38, No.2, 1984, pp.225—286.

Robert Gilpin, *War and Change in World Politics*, Cambridge: Cambridge University Press, 1981.

Robert Jackson and Georg Sørensen, *Introduction to International Relations: Theories and Approaches*, Oxford: Oxford University Press, 2006.

Robert K. Merton, *Social Theory and Social Structure*, New York: The Free Press, 1968.

Robert O. Keohane, *After Hegemony: Cooperation and Discord in the World Political Economy*, Princeton: Princeton University Press, 1984.

Robert O. Keohane, "International Institutions: Two Approaches," *International Studies Quarterly*, Vol.32, No.4, 1988, pp.379—396.

Robert O. Keohane, *International Institutions and State Power: Essays in International Relations Theory*, Boulder, CO: Westview Press, 1989.

Robert W. Cox, "Social Forces, States and World Orders: Beyond International Relations Theory," *Millennium-Journal of International Studies*, Vol.10, No.126, 1981, p.28.

Ronald H. Coase, "The New Institutional Economics," *Journal of Institutional and Theoretical Economics*, Vol.140, No.1, 1984, pp.229—231.

Ronald R. Krebs, "Perverse Institutionalism: NATO and the Greco-Turkish Conflict," *International Organization*, Vol.53, No.2, 1999, pp.343—377.

Rosemary Foot and Amy King, "Assessing the Deterioration in China-U.S. Relations: U.S. Governmental Perspectives on the Economic-security Nexus," *China International Stategy Review*, No.1, 2019, pp.39—50.

Rudra Sil and Peter Katzanstein, *Beyond Paradigms: Analytic Eclecticism in the Study of World Politics*, Basingstoke: Palgrave Macmillan, 2010.

Shawn Donnelly, *Power Politics, Banking Union and EMU: Adjusting Europe to Germany*, New York and London: Routledge, 2018.

Songying Fang and Erica Owen, "International Institutions and Credible Commitment of Non-democracies," *Review of International Organizations*, Vol. 6, No. 2, 2011, pp.141—162.

Sorpong Peou, *International Democracy Assistance for Peacebuilding: Cambodia and Beyond*, Basingstoke and New York: Palgrave Macmillan, 2007.

Stephen Bell, "Institutionalism: Old and New," in Dennis Woodward, Andrew Parkin and John Summers, eds., *Government, Politics, Policy and Power in Australia(eighth edition)*, Frenchs Forest, NSW: Pearson Education Australia, 2002, pp.1—16.

Stephen D. Krasner ed., *International Regimes*, Ithaca: Cornell University Press, 1983.

Stephen D. Krasner, "Structural Causes and Regime Consequences: Regimes as Intervening Variables," *International Organization*, Vol.36, No.2, 1982, pp.185—205.

Steve Smith, "New Approaches to International Theory," in John Baylis and Steve Smith eds., *The Globalization of World Politics*, Oxford: Oxford University Press, 1998.

Suisheng Zhao, "Engagement on the Defensive: From the Mismatched Grand Bargain to the Emerging U.S.-China Rivalry," *Journal of Contemporary China*, Vol.28, No.118, 2019, pp.501—518.

Susanne Zwingel, "How Do Norms Travel? Theorizing International Women's Rights in Transnational Perspective," *International Studies Quarterly*, Vol.56, No.1, 2012, pp.115—129.

Susan Strange, "Cave! Hic Dragones: A Critique of Regime Analysis," in Stephen D. Krasner ed., *International Regimes*, Ithaca: Cornell University Press, 1983.

Sven Steinmo, "What is historical institutionalism?" in Donatella Della Porta and Michael Keating eds., *Approaches in the Social Sciences*, Cambridge UK: Cambridge University Press, 2008.

T. V. Paul, "Recasting Statecraft: International Relations and Strategies of Peaceful Change," *International Studies Quarterly*, Vol.61, No.1, 2017, pp.1—13.

Terry Nardin, "Theorising the International Rule of Law," *Review of International Studies*, Vol.34, No.3, 2008, pp.385—401.

Thomas C. Schelling, *The Strategy of Conflict*, Cambridge and London: Harvard University Press, 1980.

Thomas Oatley and Robert Nabors, "Redistributive Cooperation: Market Failure, Wealth Transfers, and the Basle Accord," *International Organization*, Vol.52,

No.1，1998，pp.35—54.

Thomas Oatley, "The Reductionist Gamble: Open Economy Politics in the Global Economy," *International Organization*, Vol.65, No.2, 2011, pp.311—341.

Thomas Pedersen, "Cooperative Hegemony: Power, Ideas and Institutions in Regional Integration," *Review of International Studies*, Vol.28, No.4, 2002, pp.677—696.

Thucydides, *History of the Peloponnesian War*, Richard Crawley trans., Mineola, N.Y.: Dover Publications Inc., 2004.

Tim Dunne, Lene Hansen, and Colin Wight, "The end of International Relations theory?" *European Journal of International Relations*, Vol.19, No.3, 2013, pp.405—425.

Tim Dunne, "Society and Hierarchy in International Relations", *International Relations*, Vol.17, No.3, 2003, pp.303—320.

Timothy R. Heath and William R. Thompson, "Avoiding U.S.-China Competition Is Futile: Why the Best Option Is to Manage Strategic Rivalry," *Asia Policy*, Vol.13, No.2, 2018, pp.91—120.

Todd Allee and Clint Peinhardt, "Evaluating Three Explanations for the Design of Bilateral Investment Treaties," *World Politics*, Vol.66, No.1, 2014, pp.47—87.

Tony Porter, "Private Authority, Technical Authority, and the Globalization of Accounting Standards," *Business and Politics*, Vol.7, No.3, 2005, pp.1—30.

Victor Nee, "Sources of the New Institutionalism," in Mary C. Brinton and Victor Nee, eds., *The New Institutionalism in Sociology*, Stanford: Stanford University Press, 1998.

Victor Nee, "The New Institutionalisms in Economics and Sociology", in Neil Smelser and Richard Swedberg, eds., *The Handbook of Economic Sociology (second edition)*, Princeton and Oxford: Princeton University Press, 2005, pp.49—74.

Vinod K. Aggarwal, *Institutional Designs for a Complex World: Bargaining, Linkages, and Nesting*, Ithaca: Cornell University Press, 1998.

Vinod K. Aggarwal, "Reconciling Multiple Institutions: Bargaining, Linkages, and Nesting," in Vinod K. Aggarwal ed., *Institutional Designs for a Complex World*, Ithaca and London: Cornell University Press, 1998.

Vivien A. Schmidt, "Taking Ideas and Discourse Seriously: Explaining Change Through Discursive Institutionalism as the Fourth 'New Institutionalism'," *European Political Science Review*, Vol.2, No.1, 2010, pp.1—25.

Vivien Lowndes, *"Varieties of New Institutionalism,"* *Public Administration*, Vol.74, No.2, 1996, pp.181—197.

Volker Rittberger, *International Regimes in East-West Politics*, London and New York: Printer Publishers, 1990.

Wang Jisi and Hu Ran, "From Cooperative Partnership to Strategic Competition: A Review of China-U.S. Relations 2009—2019," *China International Strategy*

Review，Vol.1，No.1，2019，pp.1—10.

Wesley C Mitchell，*Business Cycles and Their Causes*，Berkeley：University of California Press，1960.

Wu Chengqiu，"Ideational Differences，Perception Gaps，and the Emerging Sino-U.S. Rivalry，" *Chinese Journal of International Politics*，Vol. 13，No. 1，2020，pp.27—68.

Xinyuan Dai，*International Institutions and National Policies*，Cambridge：Cambridge University Press，2007.

Yi Edward Yang and Wei Liang，"Introduction to China's Economic Statecraft：Rising Influences，Mixed Results，" *Journal of Chinese Political Science*，Vol. 24，No.12，2019，pp.381—385.

二、中文参考文献

［加拿大］阿米塔·阿查亚：《美国世界秩序的终结》，袁正清、肖莹莹译，上海：上海人民出版社 2017 年版。

［加拿大］阿米塔·阿查亚、［英］巴里·布赞：《迈向全球国际关系学：国际关系学科百年反思》，张发林译，《中国社会科学评价》2019 年第 4 期，第 25—34 页。

安刚、王一鸣、胡欣：《探索中美关系新范式及全球安全治理》，《国际安全研究》2020 年第 2 期，第 23—48 页。

［美］巴里·艾肯格林：《嚣张的特权：美元的兴衰和货币的未来》，陈召强译，北京：中信出版社 2019 年版。

蔡昉：《中国崛起与"修昔底德效应"》，《美国研究》2014 年第 6 期，第 9—10 页。

曹玮：《选边还是对冲：中美战略竞争背景下的亚太国家选择》，《世界经济与政治》2021 年第 2 期，第 47—77 页。

陈家刚：《前言：全球化时代的新制度主义》，载薛晓源、陈家刚：《全球化与新制度主义》，北京：社会科学文献出版社 2004 年版，第 2 页。

陈琪、管传靖：《国际制度设计的领导权分析》，《世界经济与政治》2015 年第 8 期，第 4—28 页。

陈琪、黄宇兴：《春秋时期的国家干涉——基于〈左传〉的研究》，《国际政治科学》2008 年第 1 期，第 33—73 页。

陈伟光、王燕：《全球经济治理制度性话语权：一个基本的理论分析框架》，《社会科学》2016 年第 10 期，第 16—27 页。

陈伟光、王燕：《全球经济治理中制度性话语权的中国策》，《改革》2016 年第 7 期，第 25—37 页。

陈伟光、王燕等：《全球经济治理与制度性话语权》，北京：人民出版社 2017 年版。

陈兆源：《法律化、制度竞争与亚太经济一体化的路径选择》，《东南亚研究》2017 年第 5 期，第 64—76 页。

陈拯:《霸权国修正国际制度的策略选择》,《国际政治科学》2021 年第 3 期,第 33—67 页。

陈拯:《改制与建制之间:国际制度竞争的策略选择》,《世界经济与政治》2020 年第 4 期,第 81—109 页。

陈正良、周婕、李包庚:《国际话语权本质析论——兼论中国在提升国际话语权上的应有作为》,《浙江社会科学》2014 年第 7 期,第 78—83 页。

陈志敏、常璐璐:《权力的资源与运用:兼论中国外交的权力战略》,《世界经济与政治》2012 年第 7 期,第 4—23 页。

陈志瑞、刘丰:《国际体系、国内政治与外交政策理论:新古典现实主义的理论构建与经验拓展》,《世界经济与政治》2014 年第 3 期,第 111—128 页。

[日]船桥洋一:《管理美元:广场协议和人民币的天命》,于杰译,北京:中信出版社 2018 年版。

丁韶彬:《国际政治中弱者的权力》,《外交评论(外交学院学报)》2007 年第 3 期,第 87—96 页。

[美]弗朗西斯·加文:《黄金、美元与权力:国际货币关系的政治(1958—1971)》,严荣译,北京:社会科学文献出版社 2016 年版。

高奇琦:《现实主义与建构主义的合流及其发展路向》,《世界经济与政治》2014 年第 3 期,第 87—110 页。

高奇琦:《制度性话语权与指数评估学》,《探索》2016 年第 1 期,第 145—148 页。

[德]贡德·弗兰克:《白银资本:重视经济全球化中的东方》,刘北成译,成都:四川人民出版社 2017 年版。

郭树勇:《国际关系研究中的批判理论:渊源、理念及影响》,《世界经济与政治》2005 年第 7 期,第 7—14 页。

郭晓兵:《防扩散还将是中美合作亮点吗? 中美防扩散合作模式、动因及前景探析》,《国际安全研究》2017 年第 5 期,第 111—127 页。

韩献栋、赵少阳:《中美战略竞争背景下韩国的对华战略:基于对冲概念框架的分析》,《国际论坛》2021 年第 3 期,第 97—118 页。

韩召颖、黄钊龙:《从"战略协调"到"战略竞争":中美关系的演进逻辑》,《国际观察》2020 年第 2 期,第 66—91 页。

[美]汉斯·摩根索:《国家间政治:权力斗争与和平(第七版)》,徐昕等译,北京:北京大学出版社 2006 年版。

贺凯、冯惠云、魏冰:《领导权转移与全球治理:角色定位、制度制衡与亚投行》,《国际政治科学》2019 年第 3 期,第 31—59 页。

[英]赫德利·布尔:《无政府社会:世界政治中的秩序研究》,张小明译,上海:上海人民出版社 2015 年版。

胡令远、王高阳:《国际关系理论正在走向终结吗?》,《国际观察》2015 年第 6 期,第 63—74 页。

胡宗山:《西方国际关系理论中的理性主义论析》,《现代国际关系》2003 年第 10 期,第 56—61 页。

黄薇:《国际组织中的权力计算:以 IMF 份额与投票权改革为例的分析》,《中国社会科学》2016 年第 12 期,第 181—198 页。

[美]肯尼斯·华尔兹:《国际政治理论》,信强译,上海:上海人民出版社 2003 年版。

李滨:《考克斯的批判理论:渊源与特色》,《世界经济与政治》2005 年第 7 期,第 15—20 页。

李滨:《什么是马克思主义的国际关系理论?》,《世界经济与政治》2005 年第 5 期,第 37—44 页。

李开盛:《东北亚地区碎片化的形成与治理:基于分析折中主义的考察》,《世界经济与政治》2014 年第 4 期,第 21—38 页。

李开盛:《间接性结构冲突:第三方引发的中美危机及其管控》,《世界经济与政治》2015 年第 7 期,第 90—106 页。

李少军:《"冲突-合作模型"与中美关系的量化分析》,《世界经济与政治》2002 年第 4 期,第 43—49 页。

李少军:《当代国际关系理论的主要学派与争论》,载李慎明、王逸舟编:《2002 年:全球政治与安全报告》,北京:社会科学文献出版社 2002 年版,第 263—283 页。

李少军:《国际关系大理论与综合解释模式》,《世界经济与政治》2005 年第 2 期,第 22—29 页。

李巍:《国际秩序转型与现实制度主义理论的生成》,《外交评论(外交学院学报)》2016 年第 1 期,第 31—59 页。

李巍:《历史进程中的国际经济制度与中国的角色》,《当代世界》2019 年第 10 期,第 10—16 页。

李巍:《中美金融外交中的国际制度竞争》,《世界经济与政治》2016 年第 4 期,第 112—138 页。

李巍、罗仪馥:《从规则到秩序:国际制度竞争的逻辑》,《世界经济与政治》2019 年第 4 期,第 28—57 页。

李巍、张玉环:《美国自贸区战略的逻辑:一种现实制度主义的解释》,《世界经济与政治》2015 年第 8 期,第 127—154 页。

李晓:《美元体系的金融逻辑与权力:中美贸易争端的货币金融背景及其思考》,《国际经济评论》2018 年第 6 期,第 52—71 页。

李晓燕:《中国国际组织外交的历史发展与自主创新》,《东北亚论坛》2020 年第 2 期,第 58—70 页。

李峥:《美国推动中美科技"脱钩"的深层动因及长期趋势》,《现代国际关系》2020 年第 1 期,第 33—41 页。

林定夷:《科学理论的演变与科学革命》,广州:中山大学出版社 2016 年版。

凌胜利:《从"参与者"到"建设者":中国参与国际政治安全体系的进程分析》,《和平与发展》2016 年第 4 期,第 7—17 页。

凌胜利:《中美亚太海权竞争的战略分析》,《当代亚太》2015 年第 2 期,第 61—81 页。

刘丰:《范式合成与国际关系理论重构:以现实主义为例的分析》,《中国社会科学》

2019 年第 8 期,第 187—203 页。

刘丰:《国际关系理论研究的困境、进展与前景》,《外交评论(外交学院学报)》2017
　　年第 1 期,第 23—42 页。

刘胜湘:《国际关系研究范式融合论析》,《世界经济与政治》2014 年第 12 期,第
　　95—117 页。

刘铁娃:《中美联合国维和行动比较与合作空间分析》,《国际政治研究》2017 年第
　　4 期,第 33—52 页。

刘玮:《崛起国创建国际制度的策略》,《世界经济与政治》2017 年第 9 期,第 84—
　　106 页。

刘玮、徐秀军:《发达成员在世界贸易组织改革中的议程设置分析》,《当代世界与
　　社会主义》2019 年第 2 期,第 164—172 页。

刘永涛:《后现代主义与后现代国际关系:一个基本考察》,《世界经济与政治》2005
　　年第 7 期,第 36—42 页。

卢静:《国际责任与中国外交》,《国际问题研究》2019 年第 5 期,第 20—36 页。

卢凌宇:《国际关系理论中国学派生成的路径选择》,《欧洲研究》2016 年第 5 期,第
　　126—149 页。

[美]鲁德拉·希尔、[美]彼得·卡赞斯坦:《超越范式:世界政治研究中的分析折
　　中主义》,秦亚青、季玲译,上海:上海人民出版社 2013 年版。

鲁楠、高鸿钧:《中国与 WTO:全球化视野的回顾与展望》,《清华大学学报》2012
　　年第 6 期,第 5—17 页。

罗伯特·班尼斯特:《社会学》,载[美]西奥波·波特、[美]多萝西·罗斯编:《剑桥
　　科学史(第七卷):现代社会科学》,郑州:大象出版社 2008 年版,第 285—
　　309 页。

[美]罗伯特·基欧汉:《霸权之后:世界政治经济中的合作与纷争》,苏长和等译,
　　上海:上海人民出版社 2012 年版。

[美]罗伯特·基欧汉、[美]约瑟夫·奈:《权力与相互依赖(第四版)》,门洪华译,
　　北京:北京大学出版社 2012 年版。

[美]罗伯特·吉尔平:《世界政治中的战争与变革》,宋新宁、杜建平译,上海:上海
　　人民出版社 2019 年版。

[美]罗伯特·杰维斯:《系统效应:政治与社会生活中的复杂性》,李少军等译,上
　　海:上海人民出版社 2020 年版。

罗杭、杨黎泽:《国际组织中的权力均衡与决策效率:以金砖国家新开发银行和应
　　急储备安排为例》,《世界经济与政治》2019 年第 2 期,第 123—154 页。

罗杭、杨黎泽:《国际组织中的投票权与投票权力:以亚洲基础设施投资银行为
　　例》,《世界经济与政治》2018 年第 2 期,第 127—154 页。

马国林:《反思赫德利·布尔的国际制度思想》,《世界经济与政治》2015 年第 1 期,
　　第 111—126 页。

毛维准、王钦林:《大变局下的中美人文交流安全化逻辑》,《国际展望》2021 年第 6
　　期,第 34—55 页。

门洪华:《"一带一路"规则制定权的战略思考》,《世界经济与政治》2018 年第 7 期,

第 19—40 页。

［加拿大］诺林·里普斯曼、［美］杰弗里·托利弗、［美］斯蒂芬·洛贝尔：《新古典现实主义国际政治理论》，刘丰、张晨译，刘丰校，上海：上海人民大学出版社2017 年版。

潘亚玲：《国际规范生成：理论反思与模型建构》，《欧洲研究》2019 年第 5 期，第66—67 页。

庞珣：《国际关系研究的定量方法：定义、规则与操作》，《世界经济与政治》2014 年第 1 期，第 5—25 页。

庞珣、权家运：《回归权力的关系语境：国家社会性权力的网络分析与测量》，《世界经济与政治》2015 年第 6 期，第 39—64 页。

庞中英、黄云卿：《国际关系理论合成与分析折中主义比较评析：基于科学哲学的视角》，《国际论坛》2016 年第 3 期，第 42—47 页。

漆海霞：《当前国际关系理论创新的途径》，《国际关系研究》2019 年第 4 期，第66—74 页。

漆海霞：《中国与大国关系影响因素探析：基于对 1960—2009 年数据的统计分析》，《欧洲研究》2012 年第 5 期，第 61—78 页。

［美］乔纳森·科什纳：《货币与强制：国际货币权力的政治经济学》，李巍译，上海：上海人民出版社 2013 年版。

乔伟：《先秦儒家的法律思想及其历史地位》，《文史哲》1985 年第 3 期，第 68—73 页。

秦海：《制度范式与制度主义》，《社会学研究》1999 年第 5 期，第 38—67 页。

秦亚青：《国际关系理论中国学派生成的可能和必然》，《世界经济与政治》2006 年第 3 期，第 7—13 页。

秦亚青：《国际关系研究中科学与人文的契合》，《中国社会科学》2004 年第 1 期，第78—82 页。

秦亚青：《权力·制度·文化：国际关系理论与方法研究文集（第 2 版）》，北京：北京大学出版社 2016 年版。

秦亚青：《文化与国际社会：建构主义国际关系理论研究》，北京：世界知识出版社2006 年版。

秦亚青：《行动的逻辑：西方国际关系理论"知识转向"的意义》，《中国社会科学》2013 年第 12 期，第 181—198 页。

秦亚青：《中国国际关系理论的发展与贡献》，《外交评论（外交学院学报）》2019 年第 6 期，第 1—10 页。

全毅：《各国 WTO 改革方案比较与中国因应策略》，《亚太经济》2019 年第 6 期，第110—117 页。

任东来：《对国际体制和国际制度的理解和翻译》，《国际问题研究》2000 年第 6 期，第 49—54 页。

任琳：《多维度权力与网络安全治理》，《世界经济与政治》2013 年第 10 期，第 38—57 页。

任琳：《"退出外交"与全球治理秩序：一种制度现实主义的分析》，《国际政治科学》

2019 年第 1 期,第 84—115 页。

[英]萨米尔·奥卡沙:《科学哲学》,韩广忠译,江苏:译林出版社 2013 年版。

[德]桑德拉·希普:《全球金融中的中国:国内金融抑制与国际金融权力》,辛平、罗文静译,上海:上海人民出版社 2016 年版。

桑玉成:《也谈春秋时期的诸侯国是否为主权国家——以〈墨子〉为例、国际法为视角》,《国际政治研究》2006 年第 2 期,第 137—149 页。

沈大伟:《纠缠的大国:理解中美关系》,载沈大伟主编:《纠缠的大国:中美关系的未来》,丁超、黄富慧、洪漫译,北京:新华出版社 2015 年版。

石贤泽:《"大辩论"与国际关系学科史的自我意象建构》,《世界经济与政治》2013 年第 3 期,第 134—153 页。

时殷弘:《国际政治:理论探究、历史概观、战略思考》,北京:当代世界出版社 2002 年版。

时殷弘、叶凤丽:《现实主义、理性主义、革命主义:国际关系思想传统及其当代典型表现》,《欧洲研究》1995 年第 3 期,第 4—16 页。

[美]斯蒂芬·克拉斯纳主编:《国际机制》,北京:北京大学出版社 2005 年版。

[美]斯蒂芬·沃尔特:《联盟的起源》,周丕启译,北京:北京大学出版社 2007 年版。

宋亦明:《国际官僚与国际制度竞争退出》,《世界经济与政治》2018 年第 8 期,第 62—93 页。

苏长和:《探索提高我国制度性话语权的有效路径》,《党建》2016 年第 4 期,第 28—30 页。

[英]苏珊·斯特兰奇:《权力流散:世界经济中的国家与非国家权威》,肖宏宇、耿协峰译,北京:北京大学出版社 2005 年版。

孙吉胜、何伟:《跨学科借鉴与国际关系理论的发展和创新》,《国际关系研究》2019 年第 4 期,第 49—66 页。

孙学峰、丁鲁:《伙伴国类型与中国伙伴关系升级》,《世界经济与政治》2017 年第 2 期,第 54—76 页。

谭再文:《三大国际关系范式的理论构成及其与中国传统理论模式之比较》,《国际观察》2009 年第 4 期,第 73—79 页。

唐世平:《国际秩序变迁与中国的选项》,《中国社会科学》2019 年第 3 期,第 187—203 页。

唐世平:《社会科学的基础范式》,《国际社会科学杂志(中文版)》2010 年第 1 期。

田野:《建构主义视角下的国际制度与国内政治:进展与问题》,《教学与研究》2013 年第 2 期,第 55—62 页。

田野、卢玫:《全球经济治理的国家性:延续还是变革》,《探索与争鸣》2020 年第 3 期,第 42—49 页。

[美]托马斯·库恩:《科学革命的结构》,金吾伦、胡新和译,北京:北京大学出版社 2012 年版。

[美]托斯丹·范伯伦:《有闲阶级论:关于制度的经济研究》,李华夏译,北京:中央编译出版社 2012 年版。

汪海宝、贺凯:《国际秩序转型期的中美制度竞争:基于制度制衡理论的分析》,《外交评论(外交学院学报)》2019 年第 3 期,第 56—81 页。

王存刚:《议题联盟:新兴大国参与全球治理的新方式》,《中国社会科学报》2015 年第 712 期。

王日华:《国际体系与中国古代国家间关系研究》,《世界经济与政治》2009 年第 12 期,第 58—68 页。

王明国:《从制度竞争到制度脱钩:中美国际制度互动的演进逻辑》,《世界经济与政治》2020 年第 10 期,第 72—101 页。

王明国:《国际制度的有效性:研究现状、路径方法与理论批评》,《欧洲研究》2011 年第 2 期,第 30—45 页。

王毅:《世纪谈判:在复关/入世谈判的日子里》,北京:中共中央党校出版社 2006 年版。

王正毅:《超越“吉尔平式”的国际政治经济学:1990 年代以来 IPE 及其在中国的发展》,《国际政治研究》2006 年第 2 期,第 22—39 页。

王正毅:《全球治理的政治逻辑及其挑战》,《探索与争鸣》2020 年第 3 期,第 5—8 页。

[意]维柯:《新科学》(上、下册),朱光潜译,北京:商务印书馆 1989 年版。

[美]大卫·鲍德温主编:《新现实主义和新自由主义》,肖欢容译,杭州:浙江人民出版社 2001 年版。

魏玲:《小行为体与国际制度:亚信会议、东盟地区论坛与亚洲安全》,《世界经济与政治》2014 年第 5 期,第 85—100 页。

温尧:《退出的政治:美国制度收缩的逻辑》,《当代亚太》2019 年第 1 期,第 4—37 页。

[美]沃勒斯坦等:《开放社会科学:重建社会科学报告书》,北京:生活·读书·新知三联书店 1997 年版。

伍俐斌:《论美国退出国际组织和条约的合法性问题》,《世界经济与政治》2018 年第 11 期,第 59—79 页。

[美]小约瑟夫·奈、[加拿大]戴维·韦尔奇:《理解全球冲突与合作:理论与历史(第 10 版)》,张小明译,上海:上海人民出版社 2018 年版。

肖晞、马程:《中国伙伴关系:内涵、布局与战略管理》,《国际观察》2019 年第 2 期,第 76 页。

[古希腊]修昔底德译:《伯罗奔尼撒战争史》,徐松岩、黄贤全译,南宁:广西师范大学出版社 2004 年版。

徐海娜、楚树龙:《美国对华战略及中美关系的根本性变化》,《美国研究》2021 年第 6 期,第 35—53 页。

徐进:《孟子的国家间政治及启示》,《世界经济与政治》2009 年第 1 期,第 6—16 页。

徐秀军:《新兴经济体与全球经济治理结构转型》,《世界经济与政治》2012 年第 10 期,第 49—79 页。

徐以升、马鑫:《金融制裁:美国新型全球不对称权力》,北京:中国经济出版社 2015

年版。

许田波:《战争与国家形成:春秋战国与近代早期欧洲之比较》,上海:上海人民出版社 2009 年版。

[美]亚历山大·温特:《国际政治的社会理论》,秦亚青译,上海:上海世纪出版集团 2014 年版。

阎学通:《对中美关系不稳定性的分析》,《世界经济与政治》2010 年第 12 期,第 4—30 页。

阎学通:《科学方法与国际关系研究》,《中国社会科学》2004 年第 1 期,第 84 页。

阎学通:《无序体系中的国际秩序》,《国际政治科学》2016 年第 1 期,第 1—32 页。

阎学通:《再论为何没有"中国学派"》,《国际政治科学》2018 年第 1 期,第 4—7 页。

阎学通、徐舟:《数字时代初期的中美竞争》,《国际政治科学》2021 年第 1 期,第 24—55 页。

阎学通、周方银:《国家双边关系的定量衡量》,《中国社会科学》2004 年第 6 期,第 90—103 页。

杨光斌、高卫民:《历史唯物主义与历史制度主义:范式比较》,《马克思主义与现实》2011 年第 2 期,第 142—148 页。

杨师群:《论法家的"法治"及其法律思想》,《史林》1997 年第 4 期,第 11—17 页。

[匈]伊·拉卡托斯:《科学研究纲领方法论》,兰征译,上海:上海译文出版社 1986 年版。

伊曼纽尔·沃勒斯坦:《结构性危机:一次迥异的危机》,张发林译,《北京大学学报(哲学社会科学版)》2017 年第 1 期,第 5—10 页。

余博闻:《治理竞争与国际组织变革:理解世界银行的政策创新》,《世界经济与政治》2018 年第 6 期,第 78—107 页。

余潇枫、章雅荻:《和合主义:国际关系理论的中国范式》,《世界经济与政治》2019 年第 7 期,第 49—76 页。

余永定:《货币基金组织亚洲化尝试:〈亚洲货币基金〉和亚洲经济合作》,《国际贸易》1999 年第 8 期,第 17—19 页。

袁正清:《国际政治理论的社会学转向》,上海:上海人民出版社 2005 年版。

[美]约翰·康芒斯:《制度经济学》(上、下册),赵睿译,北京:华夏出版社 2009 年版。

詹德斌:《试析中国对外关系的差序格局:基于中国"好关系"外交话语的分析》,《外交评论(外交学院学报)》2017 年第 2 期,第 13—37 页。

张发林:《国际金融权力:理论框架与中国策略》,《当代亚太》2020 年第 6 期,第 124—152 页。

张发林:《经济方略与美元霸权的生成》,《世界经济与政治》2022 年第 1 期,第 103—129 页。

张发林:《全球货币治理的中国效应》,《世界经济与政治》2019 年第 8 期,第 96—126 页。

张发林:《全球金融治理体系的演进:美国霸权与中国方案》,《国际政治研究》2018

年第 4 期,第 9—36 页。

张发林:《全球金融治理议程设置与国际话语权》,《世界经济与政治》2020 年第 6
　　期,第 106—131 页。

张发林:《全球金融治理与中国》,北京:中国人民大学出版社 2020 年版。

张发林:《中美金融竞争的维度与管控》,《现代国际关系》2020 年第 3 期,第 22—
　　30 页。

张发林、杨佳伟:《统筹兼治或分而治之:全球治理的体系分析框架》,《世界经济与
　　政治》2021 年第 3 期,第 126—155 页。

张乾友:《从权力改变处境的功能区分权力的不同类型》,《中国人民大学学报》
　　2016 年第 2 期,第 101—109 页。

张清敏:《外交的本质与崛起大国的战略选择》,《外交评论(外交学院学报)》2016
　　年第 4 期,第 1—34 页。

赵可金:《"软战"及其根源:全球新冠肺炎疫情危机下中美关系相处之道》,《美国
　　研究》2020 年第 3 期,第 9—34 页。

赵可金:《新时代的中美关系:表层与深层分析》,《当代世界与社会主义》2019 年
　　第 1 期,第 25—33 页。

赵龙跃:《制度性权力:国际规则重构与中国策略》,北京:人民出版社 2016 年版。

赵洋:《中美制度竞争分析:以"一带一路"为例》,《当代亚太》2016 年第 2 期,第
　　28—57 页。

赵洋:《纵向建构与中国负责任大国身份的形成》,《世界经济与政治》2016 年第 7
　　期,第 108—130 页。

[美]珍妮特·阿布-卢格霍德著:《欧洲霸权之前:1250—1350 年的世界体系》,杜
　　宪兵等译,北京:商务印书馆 2015 年版。

郑先武:《"四次大合成"与国际关系理论综合化趋势》,《教学与研究》2008 年第 7
　　期,第 49—56 页。

郑宇:《中等收入国家的国际制度"陷阱"》,《世界经济与政治》2016 年第 7 期,第
　　131—155 页。

钟震等:《国际金融监管规则演变的逻辑演绎及我国应对之策》,《宏观经济研究》
　　2017 年第 1 期,第 31—41 页。

周方银、何佩珊:《国际规则的弱化:特朗普政府如何改变国际规则》,《当代亚太》
　　2020 年第 2 期,第 4—39 页。

周文重:《斗而不破:中美博弈与世界再平衡》,北京:中信出版社 2017 年版。

朱锋:《贸易战、科技战与中美关系的"范式变化"》,《亚太安全与海洋研究》2019
　　年第 4 期,第 1—14 页。

朱光潜:《朱光潜全集(第六卷)》,合肥:安徽教育出版社 1987 年版。

朱光胜、刘胜湘:《权力与制度的张力:美国国际制度策略的选择逻辑》,《世界经济
　　与政治论坛》2021 年第 2 期,第 55—83 页。

朱杰进:《崛起国改革国际制度的路径选择》,《世界经济与政治》2020 年第 6 期,第
　　75—105 页。

朱同银:《冷战后美国发动的主要战争的合法性分析:以海湾战争、阿富汗战争、伊

拉克战争为例》，《国际展望》2018 年第 5 期，第 117—135 页。

朱小略：《中国外交的起源问题再讨论》，《中国社会科学》2020 年第 9 期，第 186—203 页。

三、互联网资料

Graham Allison，"The Thucydides Trap：Are the US and China Headed for War?" The Atlantic，Sept 24，2015，https://www. theatlantic. com/international/archive/2015/09/united-states-china-war-thucydides-trap/406756/，最后访问时间：2021 年 4 月 21 日。

Judith Lorber，*The Variety of Feminisms and their Contributions to Gender Equality*，Oldenburger Universitätsreden：BIS Verlag，1997，http://oops. uni-oldenburg. de/1269/，最后访问时间：2022 年 3 月 7 日。

Ryan Hass，"The 'New Normal' in U. S.-China Relations：Hardening Competition and Deep Interdependence，" Brookings，August 12，2021，https://www. brookings. edu/blog/order-from-chaos/2021/08/12/the-new-normal-in-us-china-relations-hardening-competition-and-deep-interdependence/，最后访问时间：2022 年 4 月 11 日。

U.S. Department of State，"Treaties and International Agreements，" https://www. state. gov/policy-issues/treaties-and-international-agreements/，最后访问时间：2021 年 2 月 22 日。

U.S. Department of State，"U.S.-China Joint Glasgow Declaration on Enhancing Climate Action in the 2020s，" November 10，2021，https://www. state. gov/u-s-china-joint-glasgow-declaration-on-enhancing-climate-action-in-the-2020s/，最后访问时间：2022 年 2 月 10 日。

Union of Internatioanl Association，*Yearbook of International Organizations 2020—2021*，https://uia. org/yearbook，最后访问时间：2022 年 2 月 22 日。

Union of International Associations，"Yearbook of International Organizations 2019—2020，" June 20，2019，https://uia. org/sites/uia. org/files/misc_pdfs/pubs/yb_2019_vol2_lookinside. pdf，最后访问时间：2020 年 6 月 19 日。

清华大学国际关系研究院："中外关系数据"，http://www. tuiir. tsinghua. edu. cn/ky-cg/zwgxsj. htm，最后访问时间：2022 年 1 月 26 日。

外交部：《五个核武器国家领导人关于防止核战争与避免军备竞赛的联合声明》，https://www.mfa. gov. cn/zyxw/202201/t20220103_10478507. shtml，最后访问时间：2022 年 1 月 5 日。

新华网：《中国共产党第十八届中央委员会第五次全体会议公报》，2015 年 10 月 29 日，http://www. xinhuanet. com//politics/2015-10/29/c_1116983078. htm，最后访问时间：2022 年 1 月 20 日。

中华人民共和国财政部：《关于 2019 年中央本级支出预算的说明》，2019 年 3 月

29 日，http：//yss. mof. gov. cn/2019zyczys/201903/t20190329_3209191. htm，
　　最后访问时间：2022 年 6 月 19 日。

中华人民共和国条约数据库，http：//treaty. mfa. gov. cn/Treaty/web/index. jsp，最后
　　访问时间：2021 年 2 月 22 日。

索　引

203

后　记

　　本书主体部分的写作是在新冠肺炎疫情期间完成的，从美国前总统特朗普上台到新冠肺炎疫情的暴发，在过去六七年里，很多与国际制度相关的国际事件验证着本书的一些想法，这让我信心倍增，但同时多变的国际局势也使我更加深刻地意识到国际关系现实之复杂，一般性理论创建之困难。无论多么复杂和困难，知识的进步和积累总需要大胆的尝试，本书便是一次颇为胆大的尝试。既为一试，难免纰漏，书中很多想法有待进一步打磨和深化。如果能激起国际关系理论的争论也算贡献，这可能便是本书的重要意义之一。

　　新冠肺炎疫情暴发以来，国内和国际学术交流受到了极大的影响，除了借助互联网工具的星星点点外，国际学术交流几乎完全中断。在疫情之前，很多国际和国内的国际关系学大家都曾到访南开大学周恩来政府管理学院，前言提及了一些对本书有直接影响的学者和学术活动。本书的很多想法正来源于与这些学者的交流和在这些学术活动中所受到的启发和感悟。但新冠肺炎疫情使我有更多时间主动或被迫地思考本书的内容，进行更加集中的写作。怀念疫情前那个学术鼎盛的时期，也更加期待在大的外部冲击下必然会产生的学术创新和制度创新。

　　行文至此，回首本书写作历程中的点点滴滴，心有喜悦，更有感激。北京大学的王正毅教授一直指引着我的学术和生活，正是他的极力推荐，本书才得以顺利入选"当代国际政治丛书"系列。我的博士生导师罗伯特·奥布莱恩(Robert O'Brien)教授将我引入国际政治经济学中，也时常成为我指导博士生的效仿对象。我指导的在读博士生姚远、崔阳、靳天熙、杨明真、沈昱泽、杨雨培和几位留学生等，总是能恰到好处地以不同方式激发我作为老师的潜力，也帮助我完成了本书写作中的很多事务性工作，明真同学校对了序、前言和后记等内容，整理了索引。南开大学周恩来政府管理学院的领导和同事更是有求必应，多有照拂，南开在国际关系理论研究方面的历史传统和深厚底蕴也为我出版此书增添了不少底气。没有南开大学亚洲中心的出版资助，书稿恐要束之高阁，久不能面世。在出版过程中，上海人民出版社的王冲女士细心呵护了本书的成长。

学界同仁和好友对本书也多有帮助。提及"现实制度主义"，首先需要感谢中国人民大学的李巍教授，他富有创造力地在中文研究中提出了这一概念，并将其运用到具体经验问题的分析之中，还阅读了本书最为核心的一章（第三章理论构建），并提出了宝贵的意见。本书尝试在现实制度主义路径下，进一步做一些理论化的工作。南开大学周恩来政府管理学院的前同事、现清华大学长聘教授刘丰给予了本书莫大的帮助，他深厚的理论功底常常成为我解决疑惑的有力保障。澳大利亚格里菲斯大学教授、南开大学周恩来政府管理学院的客座教授贺凯博士，也对本文的核心章节提出了宝贵意见，他所提出的"制度现实主义"在国内和国际学术界已颇具影响力。中国人民大学的田野教授、中国社会科学院世界经济与政治研究所的徐进研究员，以及中国社会科学杂志社国际部主任、副编审张萍女士等在不同场合对本书的整体思路或部分内容提出过建设性意见。学术研究的乐趣显然不来自于闭门造车的自娱自乐，而是存在于学术交流所带来的成就感与挫败感交融的复杂情绪中。很多人给予了正面帮助，亦有人提供负面激励，他们都是我前进的动力，无法逐一感谢。很多问题有待更深入的探索，只能轻叹来日方长。

随着书稿渐近尾声，书中若干章节的核心部分也陆续在相关杂志发表——第一章和第二章的部分内容发于《国际论坛》2021 年第 1 期（《国际关系的理论回归与基础路径：以国际制度理论为例》），第二章和第六章的部分内容发于《东北亚论坛》2022 年第 5 期（《国际政治中的制度方略：内涵、逻辑与策略》），第三章和第七章部分内容发于《国际政治研究》2022 年第 4 期（《现实制度主义：一种国际关系理论的合成》），第四章的核心内容发表于《国际展望》2022 年第 6 期（《中美关系的"冲突-合作"

复合形态》),第五章主要内容发表于《太平洋学报》2022 年第 11 期(《国际制度性权力的生成及其实践》),第八章部分内容发表于《学术论坛》2022年第 5 期(《制度性权力竞争与中国策略体系构建》)。衷心感谢这些学术期刊对书中不同章节内容的认可,若不是一篇篇文章先后得到认可而得以发表,我恐怕没有信心将书稿写到最后。

　　社会科学研究少有灵光乍现的一鸣惊人,多是持之以恒的点滴积累,个中苦乐,非体味不得而知。

图书在版编目(CIP)数据

国际制度性权力:现实制度主义与国际秩序变迁/
张发林著.—上海:上海人民出版社,2024
(当代国际政治丛书)
ISBN 978-7-208-18552-4

Ⅰ.①国…　Ⅱ.①张…　Ⅲ.①国际关系-研究　Ⅳ.
①D81

中国国家版本馆 CIP 数据核字(2023)第 185161 号

责任编辑　王　冲
封扉设计　人马艺术设计・储平

当代国际政治丛书
国际制度性权力
——现实制度主义与国际秩序变迁
张发林　著

出　　版　上海人民出版社
　　　　　(201101　上海市闵行区号景路 159 弄 C 座)
发　　行　上海人民出版社发行中心
印　　刷　上海商务联西印刷有限公司
开　　本　720×1000　1/16
印　　张　15
插　　页　2
字　　数　208,000
版　　次　2024 年 1 月第 1 版
印　　次　2024 年 1 月第 1 次印刷
ISBN 978-7-208-18552-4/D・4204
定　　价　72.00 元

当代国际政治丛书

国际制度性权力——现实制度主义与国际秩序变迁　　　　　　　　张发林　著

投资国家能力：外国直接投资结构与发展中世界的国家建设　　　　陈兆源　著

霸权体系与国际冲突：美国在国际武装冲突中的支持行为（1945—1988 年）

　　　　　　　　　　　　　　　　　　　　　　　　　　　　　　秦亚青　著

世界政治的关系理论　　　　　　　　　　　　　　　　　　　　　秦亚青　著

中华经典国际关系概念　　　　　　　　　　　　　　　　　　潘忠岐　等著

位置现实主义：一种外交政策理论　　　　　　　　　　　　　　　宋伟　著

国际政治学概论（第五版）　　　　　　　　　　　　　　　　　　李少军　著

说辞政治与"保护的责任"的演进　　　　　　　　　　　　　　　陈拯　著

边缘地带发展论：世界体系与东南亚的发展（第二版）　　　　　　王正毅　著

西方国际政治学：历史与理论（第三版）　　　　　　　　　　　　王逸舟　著

国际关系理论的中国探索——中国国际关系理论研究文献选编（1987—2017 年）

　　　　　　　　　　　中国国际关系学会、上海国际关系学会　编

国际关系中的制度选择：一种交易成本的视角（增订版）　　　　　田野　著

制衡美元：政治领导与货币崛起　　　　　　　　　　　　　　　　李巍　著

当代国际政治析论（增订版）　　　　　　　　　　　　　　　　　王逸舟　著

东亚秩序论——地区变动、力量博弈与中国战略　　　　　　　　　门洪华　著

国家的选择——国际制度、国内政治与国家自主性　　　　　　　　田野　著

关系与过程——中国国际关系理论的文化建构　　　　　　　　　　秦亚青　著

危机下的抉择——国内政治与汇率制度选择　　　　　　　　　　　曲博　著

规范、网络化与地区主义——第二轨道进程研究　　　　　　　　　魏玲　著

社会认知与联盟信任形成　　　　　　　　　　　　　　　　　　尹继武　著

全球公共问题与国际合作：一种制度的分析　　　　　　　　　　　苏长和　著

语言、意义与国际政治——伊拉克战争解析　　　　　　　　　　　孙吉胜　著

中国安全观分析（1982—2007）　　　　　　　　　　　　　　　李小华　著

意识形态与美国外交　　　　　　　　　　　　　　　　　　　周琪　主编

国际政治理论的社会学转向：建构主义研究　　　　　　　　　　　袁正清　著

世界秩序：结构、机制与模式　　　　　　　　　　　　　　　　　潘忠岐　著

社会性别视角下的国际政治　　　　　　　　　　　　　　　　　　李英桃　著